汉译世界学术名著丛书

托克维尔回忆录

〔法〕托克维尔 著

董果良 译

商务印书馆

2019年·北京

Alexis de Tocqueville
SOUVENIRS
Éditions Gallimard
根据法国加利马尔出版社 1964 年版译出

汉译世界学术名著丛书
出版说明

我馆历来重视移译世界各国学术名著。从20世纪50年代起，更致力于翻译出版马克思主义诞生以前的古典学术著作，同时适当介绍当代具有定评的各派代表作品。我们确信只有用人类创造的全部知识财富来丰富自己的头脑，才能够建成现代化的社会主义社会。这些书籍所蕴藏的思想财富和学术价值，为学人所熟知，毋需赘述。这些译本过去以单行本印行，难见系统，汇编为丛书，才能相得益彰，蔚为大观，既便于研读查考，又利于文化积累。为此，我们从1981年着手分辑刊行，至2004年已先后分十辑印行名著400余种。现继续编印第十一辑。到2010年底出版至460种。今后在积累单本著作的基础上仍将陆续以名著版印行。希望海内外读书界、著译界给我们批评、建议，帮助我们把这套丛书出得更好。

商务印书馆编辑部

2009年10月

译 者 前 言

　　1848年法国二月革命，是法国推翻七月王朝、建立第二共和国的资产阶级民主革命，对欧洲各国的革命进程具有重大影响。现代的历史学家研究这段历史时，经常引用马克思的《1848年至1850年的法兰西阶级斗争》、路易·勃朗的《一八四八年革命史》和达尼埃尔·斯特恩的《一八四八年革命史》（共3卷）等书。对于二月革命的回忆和见闻，主要有维克多·雨果的《见闻偶记》、当时奥地利驻法大使馆馆员鲁道夫·阿波尼的日记，以及当时任巴黎督察总监的山岳派科西迪埃尔的《回忆》。现在译出的《托克维尔回忆录》，在这类回忆录中占有尤其重要的地位。关于此书的介绍，请读者阅读本书的《编者导言》，我在这里就不赘述了。

　　作为历史学家，托克维尔有他自成一家的看法，但作为政治家，他又不免受到出身和阶级地位的限制。读者只应仁者见仁，智者见智。

　　本书对于当时许多人物（比如路易·菲力浦、路易·拿破仑、阿道夫·梯也尔、路易·勃朗、奥迪隆·巴罗、阿尔方斯·拉马丁、阿尔芒·马拉斯特、弗朗索瓦·维维安，等等）的评述十分尖锐，用语刻薄。我认为可能由于这个原因，本书在他死后34年（1893年）才首次刊印出版。这时，上述的人物都已去世了。

　　《回忆录》涉及的时间，如作者自己所说，仅限于二月革命，而且只到他辞去外长职务为止,为时只有1年零8个月,但实际上也谈到路易·拿破仑政变(1851年12月2日)。作为回忆录来说,时间似乎短了一些,但我认为它对于研究这位世界文化名人的思想和活动仍是十分重要的资料。

译文依据的原本是梅耶编《托克维尔全集》的第12卷(1964年版)。本卷的编者吕克·莫尼埃对《回忆录》的出版经过和特点作了详细的介绍,省去译者在序言里再啰唆了。

限于译者的水平,错译和误解之处在所难免,惟望读者指正。

董果良　于北京寓所
2003年3月

目　录

编者导言 …………………………………………………… 1

第 一 部 分

第一章　[《回忆录》的由来和性质——1848年革命之前时期的概况——这次革命的前兆] ………… 27

第二章　[宴会运动——政府的安全——反对派首领关心的事情——他们对大臣们的指控] ……………… 43

第三章　[2月22日动乱——23日的会议——新内阁——迪福尔先生和博蒙先生的感想] ………………… 54

第四章　[2月24日——内阁的反抗计划——国民自卫军——贝多将军] …………………………………… 63

第五章　[议会开会——奥尔良公爵夫人——临时政府] ………………………………………………… 74

第 二 部 分

第一章　我对2月24日的原因的判断及对由此产生的事态的看法 ……………………………………… 95

第二章　2月24日次日的巴黎以及以后几天的情况——新革命的社会主义特点 ……………………… 104

第三章	旧国会议员在作决定时态度暧昧——我对自己的所作所为的反思和我的决心	114
第四章	我在芒什省竞选——地方的情况——大选	124
第五章	制宪议会第一次会议——这个议会的场面	136
第六章	我与拉马丁的关系——拉马丁的犹豫不定	149
第七章	1848年5月15日	157
第八章	协和的庆典和走向六月事件的道路	172
第九章	六月事件	183
第十章	六月事件(续)	205
第十一章	宪法委员会	218

第 三 部 分

第一章	归国——内阁成立	239
第二章	内阁的面貌——至6月13日造反失败内阁的初期行动	251
第三章	国内政治——内阁的内部纷争——内阁面对多数派和总统困难重重	268
第四章	外交问题	285

附 录

一	古·德·博蒙谈2月24日	325
二	与巴罗的谈话(1850年10月10日)巴罗谈2月24日	330
三	1848年2月24日纪要迪福尔先生和他的朋友为阻止	

目 录

二月革命所做的努力——梯也尔先生使这些努力不起
作用应负的责任 ………………………………………… 334

四 为1848年6月至1849年6月的《回忆录》所写的
笔记(1851年4月) …………………………………… 338

五 关于我将要写的《回忆录》部分内容的提要(1851年
4月,在归国途中) …………………………………… 344

六 1851年5月15日我与共和国总统的谈话(我从意大利
回国后与他首次见面) ………………………………… 352

七 修改宪法——1851年6月21日应我之邀来我家会晤
中贝里耶与我的谈话。我们二人都是宪法修改委员
会委员 …………………………………………………… 355

人名索引 ……………………………………………………… 358

编者导言

阿列克西·德·托克维尔的《回忆录》具有双重意义：它是一位既是一出重大历史剧的观众又是其演员的人关于这出历史剧的证言。还没有人像他这样非常动人地描写过法国的1848年革命，也没有人像他这样对这一事件作过十分精湛的评述。因此，《回忆录》使它的作者一举名列19世纪的伟大回忆录作者之中。但是，《回忆录》还有另一个理由引起我们重视：这部著作也是托克维尔人格的最明显的表现。《论美国的民主》和《旧制度与大革命》的一向严肃的作者，在这里却表现得非常不同，即《回忆录》反映了他一生中尚不太为人所知的一面：政治生涯。

托克维尔当了将近12年的政治家，并把他的最充沛精力都用于公务。公务甚至使他没有时间从事写作。他的公务活动始于1839年。这年，他在故乡诺曼底省参加众议员竞选，在该省的瓦洛涅区当选。当时他只有34岁。但他只担任了一届议员。4年前，即1835年，他的《论美国的民主》上卷问世。七月革命不久，他同友人古斯塔夫·德·博蒙去了美国，在那里对这个国家的制度和民情进行了广泛的调查研究。1830年的七月革命，加强了他认为社会必须走向民主的信念。因此，他决定去这个似乎已将民主提出的政治和社会问题解决了的伟大国家去亲眼看一看。托克维尔考察平等给新大陆带来的成果时并没有忘记欧洲,因为汇报其旅行观感的那部书的唯一目的,是叫他的同时代人对这场伟大的民主革命做好思想准备。这部名为《论美国的民主》的著作,取得了公认的辉煌成就,曾多次再版。《论美国的民主》为他在1838年进入人文和政治科学院打开了大门,也使他在1841年成为法兰西学院的院士。于是,他的个人声誉得到同胞的赞同。另一方面,他的名字也可能被一些人诋毁。托克维尔出身于贵族家庭,这个家族的历史在几个世纪中同诺曼底的历史有密切的联系:他的一位祖先曾跟随征服者纪尧姆跨过英吉利海峡征服英格兰,所以这个家庭在诺曼底地方影响很大,因而可以认为是贵族家庭。在法国大革命期间,托尔维克的父亲差一点儿上了断头台,是热月9日政变救了他。热月9日复辟期间,他的父亲当过一任省长和一届贵族院议员。因此,在查理十世时当上凡尔赛最高行政法院初审法官的托克维尔,就被认为是贵族,并有正统主义派观点。但是,说他在七月王朝下依靠选民的拥护而获得各种头衔并不完全正确。托克维尔在1837年首次参选失败。2年多之后,他反败为胜。从此以后,瓦洛涅区一直支持他。他一再连续当选,而且票数一直增加,总是领先,直到12月2日政变退出公共生活。

夏尔·德·雷米萨写道:"此人个子不高,也不魁梧,为人和蔼,规规矩矩,但面带病容,只有他那稠密弯曲的棕色头发,能给人以年轻的感觉;他沉默的忧郁表情,在谈话时显得最为清楚。他的面色苍白,使人立即觉得他身体有病,猜测他容易发火和被人嫉妒以及由此引发的一切。但他绝非如此。他只是容易被人怀疑,为此经常感到痛苦,但总是能自己消解。因此,他不太爱与人交谈,绝不无缘无故地反对一切自由主义。在他看来,自由主义绝不是搞阴谋诡计或表示革命愤懑的思想。他没有主动去讨好梯也尔和基佐,而这二人认为这是出于他的嫉妒心理。他们也没有去争取他。他给他们留下的印象是:在众议院的表现卓越而且态度冷静,只是对议长鲁瓦耶—科拉尔阻止他伸张正义大发其火。他几乎不在心中记仇,所以也不生恨。他想得很多,说得不多,从不打听我们都写了什么和做了什么。因此,他与同行之间的关系长期冷淡,在评价他时这一点特别值得注意。这种冷淡自然也使他与我之间几乎完全断绝往来。我们最后只是彼此心照不宣,谁也没有为此大吵大闹……他的为人处世简单和缺乏热情,使人觉得他好像生活在与他所在的世界不同的另一个世界里。但是,他的完全不需求助和缺乏情感,只会损害他的发言效果;他在讲坛上发言的时候总是冷静的;他从不大言不惭,从不恶语伤人。"[①]

亨利希·海涅谈到托克维尔时不无奚落地说:"此人头脑不易冲动,所以他的言辞像是一块有棱有角的冰,发射着某种冷光。但是,他的友人博蒙先生却没有给人以这种感觉,此人感情丰富。尽管如此,我们却经常看到这两位密不可分的友人在旅行、出版著作和众议院中始终合作,给人以相得益彰的印象。一个是严肃的思想家,一个是热情奔放人士,好像是醋瓶与油瓶并排摆放在一起。"[②]

政治给托克维尔带来的失意,大于他从中得到的满意。他在众议院没有取得他想要获得的地位,没有能够发挥他想要发挥的

---

① 夏尔·德·雷米萨:《我一生的回忆》,由夏尔·H.普塔斯推荐和注释,第4卷,巴黎,普隆出版社,1962年,第45页。

② 亨利希·海涅:《德国人与法国人》,巴黎,1868年,第313页。

作用,没有取得他拟议的成功。但他却积极工作。他参与辩论和在会上发言,有些发言后来成为名文。他是一些重要法案的报告人,但他未能立即适应议会工作,或总是感到这项工作不是随心所欲。他很快就指出这一点,揭发有人在这项工作中搞阴谋诡计。对于有人把政治看成出风头的一般手段,公务人员是出于个人利益和依靠自吹而轻易实现其原则,他是绝对不能容忍的。这样的行为有悖他的道德,当然也有悖他的绅士自尊。终于有一天他写道:"我们看到的几乎所有卑鄙行径,不是从事政治活动的人由于时运不济,害怕失去职位而遭到惨败时所为,就是他们把野心和激情集中于追求权力,不愿意失去权力时所为。他们有一种害怕心理,使他们对权力产生错误的理解,以至为了现在而牺牲未来,为了职位而不顾荣誉。"①托克维尔绝不以委曲求全(即使是轻微的)来获得成功。有人强迫他采取这种态度。这便给他带来痛苦,因为这使他辞谢了一切暧昧的好意,远离一切轻而易得的亲近。托克维尔非常清楚,停于不应停止之处问心有愧。他认为附庸他人是可耻的。他不会奉承恭维。他写道:"不管我遇到什么人,只要他的精神或感情中没有什么罕见的东西打动我,都可以说我没有见过这个人。我向来认为,不管是平凡的人还是才能出众之士,都有一个鼻子、一张嘴、两只眼睛,但我又记不住他们每个人的容貌特征。我不断询问这些每天见面但又叫不出名字的人士的姓名,而后又不断把他们的姓名忘掉;我绝不是轻视他们,而是不常同他

---

① 《1841年11月30日致斯托费尔的信》,载《未曾发表的作品与通信集》,第1卷,第446页。

们见面,见面时也只是说些客套话。他们在领导大众,所以我尊敬他们,但他们又使我感到非常厌烦。"①另一方面,这位信心坚定的人又令人十分感动地、不知疲倦地献身于议会工作。他认为政治是不可缺少的,所以他便竭尽一切力量去从事这一工作。在辩论中,他积极讨论政治问题。他在《回忆录》中写道:"讨论我不感兴趣的问题时我讨厌;讨论我认为重要的问题时我痛心。我认为真理非常金贵和十分罕见,但我一旦发现它,并不爱随便拿来讨论。"②因此,他登上讲台时总是忐忑不安。他确实没有口才,他的朋友古斯塔夫·德·博蒙向我们透露说:当他受到一种活跃而深刻的感情控制时,这种感情就会推动他、影响他和控制他。托克维尔不是一位卓越的演说家。他的声音很弱,没有抑扬顿挫。尤其是他不能放弃他的文人习惯。有一天纳索·西尼尔问他:"你知道你说话时你那作家的态度造成的后果吗?"托克维尔回答说:"是可怕的。我进入众议院后,就试图去掉作家的形象,但没有成功;我知道在这方面做得完美的只有一个人,他就是基佐。"③其中有一篇谈话还提到因托克维尔的体力不支而经常中断谈话。托克维尔继续以其需要关心照料的虚弱身体忙碌于官场。在通信中他曾多次表示自己不得不放弃政治生活,感到自己没有继续从事这项工作所需的体力。

在进入众议院后,托克维尔本想深入到极其广泛的政治生活

---

① 《回忆录》,见本书第二部分,第3章,第103页(指原书页码,即本书边码,下同。——译者)。
② 《回忆录》,见本书第二部分,第3章,第103页。
③ 《1834年至1859年阿列克西·德·托克维尔与纳索·威廉·西尼尔的通信和谈话》,辛普森出版社,共两卷,伦敦,1872年。第1卷,第68页。

的中心。他发现自己进入了一个同国家并无实际联系的死气沉沉的封闭的世界,每天都感觉不到有留在这里的必要。

议会上的辩论并不高尚。在辩论中,一些原则性问题经常带有庸俗的私见,而热火朝天的争论都是事先安排的,所以他很快对这种辩论失去兴趣。而在不是因学说的对立而是因个人的好恶而分成的党派之间他是怎样行事的呢?托克维尔心中决定,对于自己必须做的并认为不会有错误的事情绝不动摇不定。他在一次回忆中提到他在路易·菲力浦统治的最后十几年中的政治生活的苦恼。对七月王朝的最严厉指责,使他确实失去关于这个王朝伟大的思想,希望法国人也放弃这种想法和不再怀有无谓的激情,在继续追求物质财富时爱护他们的自尊心,以便更好地提高自己的道德涵养和健全自己的斗志。

但这里有一个问题。托克维尔信守的是什么政治原则呢?他属于哪个党派呢?1837年3月22日他写信给英国友人里夫说:"人们都殷切地希望我成为一个有党派的人,而我绝不这样。人们叫我振奋激情,而我则只认为,与其振奋激情,不如爱自由和珍惜人的自尊。在我看来,各式各样的统治形式,只能是比较完善地满足人的这种神圣而合法的激情。"①

这段思想表白,可以视为《旧制度与大革命》的作者的政治和道德抱负的总结。托克维尔为了自由而热爱人的本性。关于他因为没有自由而未能使国家真正伟大、使人真正自尊的想法,并没有被任何人接受。他只要谈到自由就一定提到人的自尊,认为前者

---

① 梅耶编:《托克维尔全集》,第4卷,《英国通信》第一部分,第37页。

必须求助于后者。自由，人的自尊，是评价人有理由存在的最高标准。他在年轻时期目睹的事件，只能加强他对自由的这种根深蒂固的看法。1825年，托克维尔已经20岁。他11岁时，看到了拿破仑帝国已经崩溃。波旁王朝的复辟，使法国重新得到安全与和平。复辟使法国有了一个代议制的政府，承认了反对派的权利。法国首次学习实行君主立宪政体。不难看出，当时的法国青年也像托克维尔一样热烈地欢迎新的制度，满怀激情地跟着这个试验的发展前进。这几年给他留下的印象极为深刻，以至很久以后在1848年革命后他还在怀念这几年。他在《回忆录》中写道："我年轻时期，在一个恢复了自由的重新走向繁荣和伟大的社会环境里度过极为美好的岁月；我在这个社会里产生了关于中庸适度的、受到信仰、道德和法律支配的自由的思想。我被这种自由的魅力所征服，它后来成为贯穿我一生的激情。"①

在这样的条件下，正如人们所知，凡是走向民主的事件，一直受到托克维尔的关心。这种以不同速度在世界上加速前进的革命，是托克维尔最严重关注的对象。他考察了民主在美国的作用，从中精心联系了民主在欧洲的进展。他知道，民主既能发生良好的作用，又能发生不良的作用；民主既能提供安全，又能带来危险。他向他的同时代人指出了这种危险的苗头：社会在向下拉平了身份的平等；身份的平等正使传统的精英部分逐渐消失并破坏社会的良好风尚；个人在权力更加集中和更加强大的政权面前更加孤立、更加软弱无力和更加麻木不仁；公民养成凡事依靠国家的习

---

① 《回忆录》，见本书第二部分，第1章，第86页。

惯,不知不觉地丧失独立思考和行动的能力;在民主制度下生活的人民必然消失的政治激情,只能被另一种激情所取代,而这另一种激情又随着另一种激情,即对安定生活和物质福利的热爱的逐渐消沉而加强起来;这些人民为了得到这种福利每天都急于把自己的一些权利让给国家,而国家也鼓励这种使独立的人更加软弱无力的趋势。一个失去了自尊心的社会还能有爱好自由的兴趣吗?因此,托克维尔对于未来的几代人中间能否出现不使进步停止的民主深表忧虑。民主不是在破坏使人应当尊严地生活的一切,叫人忘记其本质的东西而歌颂人的奴性吗?但是,怎样才能立即摆脱这种厄运呢?怎样才能防止社会在走向民主的时候无意之中扼杀人的自尊心和光荣感呢?托克维尔认为只有一种救治办法:那就是提倡公民精神。

他认为公民精神是人对自由的天生热爱。这是一种家庭的遗产,一种不仅由男人而且也由女人传下来的传统。实际上,这是托克维尔在赞扬他的祖母——他经常提到她。他在嘱咐他的过继儿子要在个人生活中尽到自己的一切义务后,总是不忘附带说:"还有,我的孩子!千万不要忘记一个人应对祖国应尽的义务;不对祖国尽义务,就不能为国献身;不能对祖国的命运漠不关心;上帝要求人随时准备贡献一切,用自己的时间、财产甚至生命去为国家和国王服务。"[1]

对托克维尔说来,从政是一种义务,一种道义责任。他没有忘

---

[1] 《1856年9月10日致斯威琴夫人的信》,载《未曾发表的作品与通信集》,第2卷,第340页。

记自己是属于曾经统治过法国的那个贵族阶级的。在这个贵族阶级中,依然存在着旧的领导阶级的责任感。他就是以这种心情投入七月王朝下的公务的,在投入时不仅怀有个人的工作热情和抱负,而且怀有尽义务的精神。

1848年2月24日,当七月王朝垮台的时候,托克维尔并未为此而惋惜。这不是因为他已经预想到这场革命的结果,也不是因为他已经认识到自由更有惊人的活力,而是因为他看到法国从长期的沉睡中猛醒过来。法国好像又看到自己的前途。不错,法国是在跟跟跄跄中走向未知的未来。许许多多丑恶的势力在使法国消沉,但也有一股伟大的精神在激励法国。尽管局势有些混乱,但并未妨碍托克维尔尝到获得解放的感觉。他看到了这个一直使他感到局促的貌似彬彬有礼的世界无疾而终。他呼吸到更加清新的空气。特别是在困难重重之中,清晰地看到前进的道路。当然,这条道路上满布荆棘,艰难险阻。但却步不前已不可能。曾多年困扰他的迟疑一去不复返了。斗争在召唤他。他比以往任何时候都认为值得勇敢地面向斗争。如果生活失去其存在的理由而变为赌博,则没有任何价值,因为自由和人的自尊受到了威胁。托克维尔要满腔热情地去保卫自由和人的自尊。"这里在拯救祖国,而那里在毁灭它。"他以从未有过的热情投入了激烈的斗争,危险没有把他吓倒,反而激起他的斗志。很快,失望接二连三出现。但是,他的政治责任感从来没有停止增强。

共和国在领导阶级的忙乱之中宣布成立,但3天之后领导阶级又突然失去权力。托克维尔毫不迟疑地归服于新政府。这不是因为他相信共和国政府很好地适应了法兰西的需要。但他认为,这是当时唯一可能存在的政府。他只想要一个保守主义的和自由主义的共和国。但是，革命的社会主义特点，却直接摆在他的面前。他对此并没有特别惊异。工人阶级长期以来进行的地下活动，已使他看到这方面的许多征兆。他曾多次向议员们发出警告信号："你们没有看到他们的激情正从政治激情变为社会激情了吗？你们没有看到他们当中逐渐散布的观点和思想不仅要推翻现有的法律、内阁和政府本身，而且要推翻社会，动摇社会今天赖以存在的基础吗？"这些话是在七月王朝垮台前一个月，于其有名的1848年1月27日讲演中说的。

但是，托克维尔在阐述促使巴黎工人采取起义行动的原则时对情况的不甚了了，使我们发现这位先生的观察力并不敏锐。他认为，工人阶级起义的原因不是饥饿，而是贪婪而盲目的愿望和错误的思想：喜欢物质享乐，既羡慕民主，又鼓吹那种叫人民相信人类贫困是现行统治的结果而非天意的结果，认为贫困是可以通过改变基础社会而消除的。他在《回忆录》中谈到六月事件时说："贪婪的欲望和错误理论的结合，使这次动乱在发生之后变得如此可怕。有人叫这些穷人相信，富人的财富在某种程度上可以说是偷窃的产物。他们还叫穷人相信，财产的不平等既违反自然，又有悖于道德与社会。在贫困和激情的促使下，许多人相信了这些宣传。"①

1848年4月10日，他在致纳索·西尼尔的信中又发挥了这一思想："这不是出于贫困，而是出于导致这次大动乱的那些思想：即关于工人阶级和资产阶级相对地位的空想思想，关于社会权力

---

① 《回忆录》，见本书第二部分，第9章，第151—152页。

可以在劳资关系中发挥一切作用的夸张性理论,最终要使绝大多数人相信国家不仅能使他们摆脱贫困,而且能为他们提供富裕生活和福利的极端中央集权化学说。"①

《回忆录》中关于巴黎工人的论述,今日可能使我们有些反感,觉得他说得太简单了,不合人情和不公正。托克维尔把六月起义评价为"悲惨的",但又是"必然的"。他甚至没有向我们隐瞒他不希望法国的革命运动按部就班地、和平地进展的观点,也就是说,他为巴黎开始的一场大战把社会主义阻止了而高兴,并曾"祝愿战士们抓住开战的最初机会"。不错,这个观点不只是托克维尔个人所独有,正如夏尔·德·雷米萨在他的回忆录中所说的,他的大部分政治友人也同样持有。② 还需要论证他不理解工人问题吗? 需要用我们所主张的社会主义观点来指责托克维尔也像他同时代的有产阶级的大部分人那样认为贫困是使人丧失部分尊严的命运所注定,而不认为社会应负责任吗? 这样的要求是正确的吗? 如果这样断言,不是对他有失公正吗?

托克维尔非常清楚,主张正义不是为反对现存的而且已被他看到的那些弊端。他十分了解社会问题的复杂性和这方面已经存在的而特别是将来还会出现的严重问题的复杂性。他先在美国,后来又在英国研究了这种复杂性,而且比当时的其他人研究得更充分。在同多年研究救济法的英国1835年济贫法创始人之一纳索·西尼尔讨论救济法当中就有这方面的例证,并在撰写他的《回

---

① 《未曾发表的作品与通信集》,第2卷,第136页。
② 同上书,第4卷,第325页。

忆录》时也提到这种事例。毫无疑问,他对工人问题完全没有1848年时全法国已对这个问题所表示的那种同情。他是以感到法国伟大的爱国者的观点,从为了发展小规模的地主所有制而要保证社会十分安定的乡绅的立场出发,来看待工人问题的。在他看来,农村的劳动阶级要想在本省取得像城市的工人阶级那样的地位,就得离开农村。① 他自己就看到了这种情况。他与乔治桑在六月起义前夕进行的谈话(在《回忆录》中也曾提到),是对这个问题的表白。他说,这是他第一次同一位曾在工人中间生活过的人谈论这个问题。他当时感到各政党和人民之间的隔阂是深邃的。

显而易见,托克维尔关心社会问题不是出于内心的冲动,而是出于理智的思考,因为他认为根治贫困要比将来医治社会动乱少受痛苦。一些人坚决反对社会主义是出于他们的阶级本性。这种反对毫不迟疑,又不示弱。他们的反抗不是出于害怕或失望。反抗最强烈的,是资产阶级和农民:前者是无论如何要保卫既得的利益,而后者的反抗则是出于仇恨城市的人口集中和农村缺乏劳动力。托克维尔之所以反对社会主义,那是因为社会主义会使个人自由受到最严重的威胁。但是在各种大动乱之后,谁能断言所有权不是未来的主战场呢?托克维尔忧心忡忡地提出这个问题。"社会主义今后还要在1848年的社会主义者遭到的那种合理的嘲笑中被埋葬吗?我对这个问题不作回答。我毫不怀疑,我们当代

---

① 关于这个问题,请参看杰克·莱夫里:《托克维尔的社会思想与道德思想》,牛津,1962年。

社会的各项立法在长期之内不会发生重大变化,它们的许多主要部分已经存在很久,但就不能加以破坏或取而代之吗？我认为这是很难办到的。随着我深入研究世界的古代情况,更加细致观察我们今天的世界,我不能对未来再说什么。当我看到不仅法律的内部,而且它们的原则内部都存在极大的多样性,看到已经存在很久而且至今仍然存在的所谓土地所有权的各种不同形式的时候,我不能不认为我们所说的必要制度,向来只是我们所习惯的制度,而社会组织可能具有的形式要比生活在每个社会的人所想象的广泛得多。"①

托克维尔对1848年的社会主义者的这种嘲笑,卡尔·马克思也在他的《路易·波拿巴的雾月十八日》*中说过。这两位立场完全相反而且未曾谋面的人,对第二共和国的事件和人物做出了惊人一致的论断。② 只是马克思认为其中的一部分人的行为还是可取的,而1848年不过是历史上的一个阶段。但托克维尔与此相反,他坚信正直人士的责任应当是捍卫他们认定的唯一的社会形式,甚至为了使它成为最好的形式而应当牺牲自己。

当工人运动在血腥的六月里被镇压下去的时候,它造成的动荡不安并未立即消失。尽管付出很大代价,但建立秩序的胜利还是被出卖了！在这个时期,托克维尔已从并不看好的远景中看到

---

① 《回忆录》,见本书第二部分,第2章,第96—97页。
* 路易·波拿巴的原名为路易·拿破仑·波拿巴,雾月十八日政变称帝后改称拿破仑三世,所以这本书亦被译为《拿破仑第三政变记》。法文中都用路易·拿破仑称他,而不用路易·波拿巴。——译者
② 参看雷蒙·阿伦:《工业社会十八讲》,加利马尔出版社,1962年,第33页和以下各页。

未来。对社会主义的恐惧没有使资产阶级厌恶自由主义的制度吗？资产阶级没有进行更加危险的反抗吗？托克维尔在这方面没有犯错误。六月起义标志着第二共和国的历史发生了决定性的转变。它在全国掀起一场把法国推上专制道路的反革命运动。

一年以后，当托克维尔出任当时被选为共和国总统的路易·波拿巴亲王的外交部长时，他的处境就困难了。政府的任务，是在忠实于新宪法的同时确保统治维持下去。但是如何治理这个再没有人想要的共和国呢？如何使共和国存在下去，反对只想推翻共和国的君主派议会多数，反对一心要把共和国据为己有的总统呢？尤其是如何防止自由不毁于这种冲突呢？政府在这两难的处境下不久便支持不住了。托克维尔不再对共和国未来不被推翻的命运抱有幻想。共和国直接走向专制，这样的局势使托克维尔深感痛苦。

在法国60多年来经过几次革命之后，托克维尔认为共和国是显示建立明智而公正的自由的最后机会。他曾毫无私心地为此而服务，也曾竭尽一切力量在自由受到威胁当中去巩固自由。他的努力没有成果，但失望也没有使他停止努力。他为了克服一些阻碍他的愿望实现的困难进行了盲目的努力而累得疲惫不堪，对一些重大的问题表示过迟疑，但却多次不承认对事件的发展无能为力！《回忆录》中叙述负责制定新宪法的委员会的工作的一章，向我们展示了这方面的范例。但这次斗争累垮了他，他的健康遭到破坏。他曾多次不得不暂时请假休息。后来他到国外去休养：先到德国的莱茵地区，后到意大利的索伦托。

托克维尔应当承认，全力投入政治生活已经失败。政治生活没有给他带来一点个人乐趣。他发现政治生活对他实现首要的任务是最大的障碍。政治生活只给他带来失望、烦恼、忧伤和痛苦。政治生活迫使他同大部分是他看不起的和长期阻碍他勇往直前的人接触。政治生活也使他在谈论他自己的主张时不能完全自主。他说:"我希望在思想和行动上都表现得很好,而如果我想要为这个世界留下点儿什么,那主要是我在回忆我所做的事情时写下的东西。"①

托克维尔并没有错误地走下去。事情的发展使他发现自己的政治生活该结束了。他已经计划把自己的精力放在一项需要长期努力的工作上去。历史使他重振精神;他投身于写作。

在这决定性的时刻和开始新生活之前,他想最后回顾一下他曾长期生活的一段时期,但这一时期已经完全不属于他,因为它已经成为他的过去。他要以最后的看法观察这一时期。他试图说明能够解释最近几年发生的事件的缘由的所有变迁。他要评论自己和同时代人在这场革命中的行为,分析促使他们行动的激情,确定每个人应负的责任。因此,他要写《回忆录》。"使《回忆录》成为我的精神消遣,而不是成为文学作品……智力的消遣胜于体力的消遣……"但是,当他的"这个想法"没有满足他的智力活动的要求时,也把十分紧张的精力用于轻微的体力活动。

在重新研究这段历史的主要情节时,他再次确认所犯的一切错误。在回顾刚刚逝去的这段过去的过程中,托克维尔再也控制不住自己的悔恨情绪。这种愤恨自己的心情,使他产生把内心的

---

① 《1850年12月15日在索伦托致路易·德·凯尔戈莱的信》,载博蒙编:《托克维尔全集》,第7卷,《新通信》,第258页。

最隐秘活动完全暴露出来的冷静清醒。于是,他情不自禁地批判人们的虚荣心,揭露人们的卑躬屈膝和藏在最严肃态度后面的伪善。这种刺伤同时代人的报复性揶揄,可能使人感到惊讶。但它没有违背受伤的心灵吗?不再怀有雄心壮志的托克维尔,在预见一种与他格格不入的文明出现的时候,便把他在从事政治活动的年代逐渐积累起来的辛酸,完全洒在他的《回忆录》里了。既然政变粉碎了他寄托于共和国的最后希望,就不能要求他不放弃他的希望。如果相信他在信中向纳索·西尼尔所说的,则于他同自己的同事一起被困在外交部的大房子里的12月12日夜,巴黎第10区的区长并没有给他留下太坏的记忆。他在信里对纳索·西尼尔说:"我从来没有像那天在外交部里那样感到满意。教育、贵族出身、天才以及特别是社会精神方面的法国精英,都被关在这间大房子里了。我们勇敢地参加的长时间的战斗结束了,我们完成了我们的任务,我们遭到一些失败,但我们也从中看到另外一些东西。我们都处于面对危险而不害怕的兴奋状态。在扣押我们两个多小时的庭院中,布罗伊公爵和我撕碎或咬碎文件后,被转入一个类似长廊式建在大厦上层的仓库中,这个地方是在较好的房间住满人时供人住的。我们这些受尽折磨的人住进供士兵居住的铺有草垫的房间。我懒得整理床铺,和衣躺在铺位上。我们无法入睡,整夜从这个铺位转到另一铺位,互讲轶闻和笑话或胡吹一阵。整夜热热闹闹,妙语连篇。"[1]真是一段很有意思的奇遇!他对自己身负

---

[1] 《1834年至1859年阿列克西·德·托克维尔与纳索·威廉·西尼尔的通信和谈话》,辛普森出版社,伦敦,1872年,第2卷,第9页。

重大责任而陷入这样的危险境地并没有一点儿惊慌,反而立即清除一切烦恼,觉得这一事件早已在酝酿之中,而现在终于发生了。

12月2日政变使托克维尔重新回到书斋,着手去写《旧制度与大革命》。很有可能,《回忆录》是为构思这部著作做某些准备的。毫无疑问,托克维尔在写《回忆录》的时候经常在想这个问题。但是,《回忆录》或许未能帮助他决心写《旧制度与大革命》。因为如他自己所说,法国不需要反复多次的革命,只有一次革命就可以解决众多任务。这次革命还没有结束,而1848年的二月革命只是它的一个阶段。托克维尔想探究他目睹的这场可怕的悲剧的深远原因,但他未能做到。由此可见,既然1848年的事件没有自然而然地导致1789年革命的结果,而他又想查找第二共和国的产生原因,所以他没有动手写作《旧制度与大革命》。这部著作是他一生的最后著作,与这位历史家的声誉密切相关,因为他的全部政治经验都写在里面了。

※　　※　　※

关于托克维尔的公务生涯,我们有两项资料可以用来说明和补充《回忆录》:第一是"通信",但"通信"的正式出版还有待一些时日;第二是他与纳索·西尼尔的"谈话",我们引用了已经多数出版的部分①。纳索·西尼尔是牛津大学的政治经济学教授,英国自

---

① J.P.梅耶又再版了纳索与托克维尔的"谈话",数量比以前增加很多。参看梅耶在我们已在前面引论过的《英国通信》关于纳索的注释(第1章,第72页)。我们顺便指出,纳索在《英国通信》的其他几卷与大陆的一些知名人士的通信中,也谈到托克维尔问题。

由派的著名代表人物之一。他有一个习惯,从1848年5月起,凡与托克维尔在巴黎、在伦敦相遇,或与托克维尔在诺曼底、在索伦托编写《回忆录》期间,都要把他们每天的谈话记录下来。西尼尔把他做好的谈话记录交给他的朋友,托克维尔有时对记录加上注释,以使自己的思想表达得更为准确。在1848年和以后几年间,当时的政治和托克维尔在《回忆录》记述的事件,是他们谈话的主要题目。这位英国经济学教授的记录,往往经托克维尔的精选而再现于《回忆录》。但是,他的朋友送来记录叫他看时,他便同他的朋友一起在记录上做某些修改,并且好像没有向西尼尔说明而把一些讽刺的字句保留在《回忆录》里。

西尼尔的笔下留下了托克维尔的一些真心话。托克维尔的所有朋友都一致认为,托克维尔没有政治家的气派。而且没有人发现托克维尔自己意识到这一点。他的脾气和精神烦躁的问题,同健康情况一样,日益变坏。1850年8月21日里韦就指出,托克维尔的学识连同他的性格、勇气和才华,似乎可以使他成为以迪福尔、博蒙、朗瑞奈为主要成员的一派的首领。"但是,首先他体力不支,妨碍他在议会的辩论中能够经常以党首的身份出现。其次他也不愿意附庸随和。他不想阿谀奉迎,也不迎合或听取在议会占多数的庸俗分子的意见。他几乎叫不出这些人的姓名。"[1]博蒙也有同样的评述。他对西尼尔追述托克维尔在七月王朝时期的政治活动时,说托克维尔生前数年曾经有过主掌政权的雄心,但他未能说服托克维尔要对特别反对他的议员们表示彬彬有礼。"在他再

---

[1] 见上述《托克维尔与纳索·西尼尔的通信和谈话》,第1卷,第124页。

次规劝他之后,由于他对人家的意见表示冷漠,他才握了一下(迪朗·德·)罗莫兰坦的手,然后表示他同意我的看法。但我怀疑他今后是否还会保持这样。"博蒙接着补充说,托克维尔的这种轻薄态度,绝不是想平息今后将与他在几乎所有的委员会里共事的同僚的愤怒。①

这本《回忆录》分三次写成。托克维尔于1850年6—7月间在诺曼底的宅邸开始写作;1850—1851年冬在那不勒斯湾的索伦托疗养时继续写作;1851年9月,他利用立法议会休息期间又拿起笔来续写。当时他住在凡尔赛郊区,是从6月初搬到这里的。从意大利回来后,他要住在离巴黎较近的地方,以便参加立法议会的工作。但为了不受运动的影响和避开城市的夏季炎热,他在乡间租了他朋友里韦的房屋居住。

在《回忆录》的最初几行,托克维尔就把他的设想告诉了我们:既不追忆1848年革命以前的事情,又不谈他在1849年10月31日辞去外长以后的事情。可惜这个计划并未完全按照他的设想实

---

① 见上引书第2卷,第264页。托克维尔的这种不得人心的做法,是他只能在朋友面前暴露的单纯心理问题。关于博蒙的这次谈话,请见 J. P. 梅耶《阿列克西·德·托克维尔》(加利马尔出版社,1948年)。作者在此书《托克维尔对待批评》一章中,提到人们并不太熟悉的德国历史学家卡尔·希尔布兰德的著作《从路易·菲力浦基到拿破仑三世垮台的法国史》(戈塔,1879年),并在第163页抄录关于托克维尔特点的一段:"他的同时代人并未给予他以足够的重视,或没有完全理解他:他们总是指责他希望保持已经死去的过去的思想,有喜欢建立还没有成熟的新秩序的愿望;说托克维尔既不关心君主制和共和国,又不关心否决权和政府责任,等等。他在以某种方式寻找一种可以自行治理而不致退化为专制的民主制度,认为这种制度可以在历史中自然产生。因此,保守分子和自由主义者都把他看成美好的统一和法国在1789年革命创造的秩序的敌人⋯⋯甚至有教养的公民都不太喜欢他⋯⋯"

现。托克维尔没有写完《回忆录》的全部。对1848年六月起义期间他担任外交部长的活动,只是一年以后在索伦托写了一个提纲。这就是关于这一期间的全部回忆。人们可能更加惋惜的是:他只想对德国的政治局势作极其简要的叙述,比如他对1849年春去法兰克福和波恩旅行时的所见所闻,就说得十分简单。关于外交工作的最后一章,也是写得不够完整。使人感到吃惊的是:托克维尔对他入阁的暂短期间所处理的重大问题,比如罗马问题,事实上几乎没有谈及。这样的空白是不应当有的。在瑞士问题、皮埃蒙特问题和匈牙利难民问题之后,罗马问题始终是托克维尔需要处理的问题,并把它放在《回忆录》的最后一章加以略述,因为这个问题是使内阁垮台的主要原因,所以把它作为《回忆录》的结尾了。国民议会的复会,毫无疑问占去了他的时间。议会在反复讨论修改托克维尔所报告的宪法草案之后,一直开到1851年8月初。11月4日议会复会工作。而在这一天,托克维尔已经离开凡尔赛去了巴黎。1个月以后,政变剥夺他的职务,而这次终于使他下了决心,开始写《回忆录》。他的生活也从此揭开新的篇章。

托克维尔的这部《回忆录》完全是为自己写的,而且写得断断续续。"这部作品将是一面自我消遣地从中观看我的同时代人和我自己的镜子,而不是准备公之于众的画像。我的最好的朋友们也不知道我在写《回忆录》,因为我要保持既不想炫耀自己又不想取悦于他们的写作自由。"①他在1850年12月15日从索伦托致友人路易·德·凯尔戈莱的信中,也有同样的表示:"……我无须对

---

① 《回忆录》,见本书第一部分,第1章,第29页。

你说1848年的回忆不能公布于众……我对于公众以及我的同时代人和我本身所作的自由判断,使这种公布是不可能的,甚至在我以某种文学形式适合公众口味表述自己的时候,这也肯定是不可能的。"①

因此,托克维尔从来也未曾想写一部适合公众口味的文学作品。"这是一个当人们能够愿意怎么做就怎么做的时候,才能对工作带来兴趣的问题。他曾向博蒙透露过:他只想为自己高兴而写作,不想为给观众看而写作。这个决定将来可否发表的观点,完全损害了智力作品所能提供的乐趣。"②因此,他从不想减弱其感情的冲动力量,从不想缓和他对人对事所做的往往是冷酷无情的论断的口气。他的思想对一切反对的意见全然不顾,完全自由地以直截了当的尖刻形式表现出来。若干年以后,他向他的朋友里韦意味深长地承认并告诉他说,基佐将开始发表他的回忆录:"我对这方面感到遗憾,他不让他的后人在他身后发表他的回忆录。我倒是特别喜欢作者身后出版的回忆录。当一个人再没有什么希求又没有什么恐惧的时候,应当在他死后叫人们尽兴地去琢磨他生前所负责的事情。"③

这表明他在授权他的好友在他死后发表《回忆录》,但绝不要在他活着的时候发表而使他看到。托克维尔在他的遗嘱中明确地作了这样的嘱咐。托克维尔不希望他的《回忆录》给生前与他关系好的人带来烦恼——虽然他知道自己对这些人的评论是十分严厉

---

① 见前引的这封信。
② 1851年1月5日发自索伦托,载《未曾发表的作品和通信集》,第2卷,第169页。
③ 《英国通信》,第1卷,第217页。

的。他也担心自己的这部作品不够全面。文中只是对公众认为值得尊重的人物的评论作了某些必需的小小删节。

他的这些生前安排,受到他的侄孙克里斯蒂昂·德·托克维尔伯爵的审慎尊重,伯爵十分仔细地审阅了初版文本。初版在1893年由卡尔蒙—莱芳出版社出版,这时已是托克维尔死后34年了。在初版中,原稿有许多页被剔除没有付印。其中一部分涉及一些人的人格的地方较多。但大部分与托克维尔描述的政治家有关,而且对一些大人物还写得特别尖刻,这些地方只有让读者将来去看了。这样做是符合托克维尔原来就曾删节的想法的。1893年,还离第二共和国的存在时期不远。慎重是必要的。

另一方面,我们又对全文进行了简单的整理。这可以从原稿中找出托克维尔绝不愿意留在发表后的文本中的疏漏和笔误。因此,对这些地方做了更正或修改。为了避免同一个词在一行中重复出现,还由另一个词来代替。

1942年,在第二次世界大战期间,本《回忆录》由加利马尔出版社列入《为了现在而回顾过去》丛书再版。我们这次对第一版的文本几乎做了全面修订。修订的地方涉及一页、两页,甚至更多页。有时只修订几行、几个词,甚至是一个因过于尖刻而被删去的形容词。在第一版没有排入的最重要部分中,我们恢复了对路易·菲力浦的原来只是零星谈到的精彩评论,以及托克维尔自述他在七月王朝时的政治生活的段落。这些段落好像向我们解释他为何被议会的同事批评和由此产生的误解。除了这些增补和更改,再没有对初版的文本做任何修改。阿列克西·德·托克维尔的家属也这样嘱咐过我们。这样,我们就尊重了为这一版规定的宗旨和它具有的特点。

今天,《回忆录》一书已被收进梅耶编的这套《托克维尔全集》。和本全集的其他各卷一样,它也应当满足历史科学的要求。我们欢迎必要的批评。这次新版也完全忠实于原稿。经过修复的文本,恢复了托克维尔留有疏漏的初始底稿的原貌,改正了笔误。原稿的个别页中留下的可能忘记涂掉的段落,也被注释出来。异文全部收在本书的卷末。* 异文多半属于单词和动词时态变位。

不管怎么说,托克维尔是关心他的著作有不完善之处的。边注或栏外旁注显示,他要对他感到无用或冗长的段落进行修改。但他通常只用笔将他拟删改的部分圈起来。这样的段落大部分仍保留在1893年版和1942年版中。细心的读者可能感到奇怪,这些地方怎么又出现在新版上了。不错,我们这次又把它们保留下来,但不是在正文里,而是在注释中。

还有一点应当说明,即《回忆录》的第一部分是托克维尔没有间断一气呵成写出的。各部分自第一版起就分成章的。这应当感谢克里斯蒂昂·德·托克维尔伯爵,他对每章作了简明的提要。第二部分和第三部分的章次是由托克维尔自己分的。这是不是保存了原稿的原样呢?要不要变更这样的分章和每章前面的提要呢?我们认为没有这个必要。原来的章次是十分合理的。它使整个作品保持了良好的平衡,而如果让第一部分只由长长的一章构成,则将破坏这一平衡而读起来不舒服。

---

* 中译本将其改放在各页的下方,注码用〔1〕、〔2〕、〔3〕……标示。但因两种语言的特点,异文并未全译。——译者

在写作《回忆录》的时候，托克维尔并未全凭他的记忆，而是请教过同时代人和利用了他收到的私人信件。其中拉莫里西埃的来信，就在关于外交问题的一章中利用过。也使用过官方文件。可以发现他在文中从《总汇导报》或制宪委员会的辩论记录上摘下的文句。许多不明情况的人可能认为，经作者多次涂改或修正的手稿不是他们所认为的初稿。但既然一开始就有许多涂改和修正，则不是托克维尔自己所为又是谁呢？手稿中涉及某些人的词句，有的被涂掉，有的字迹难以辨认。人们可以看到，托克维尔还从原稿中把他所批评的某些人删掉。那么，是谁叫他这样做的呢？可能存在这个问题。大概是博蒙或托克维尔夫人吧！

为把这部著作整理好付梓，一些没有料到的情况使我们的任务变得非常困难。全集的这一卷的出版，令人不快地一拖再拖。但是，我们得到J.P.梅耶先生和以皮埃尔·勒努万先生为主席的《托克维尔全集》出版工作委员会的理解，这对我们是一种安慰和宝贵鼓舞。在这里请他们接受我们的由衷感谢。我们还对负责复校工作的保罗·巴斯蒂先生和让·蓬米埃先生给我们的帮助表示谢忱。安德烈·雅尔丹先生给予我们的热诚协助，对我们来说是宝贵的，甚至是不可或缺的。无论怎样加倍地感谢他，对我们来说也不是多余的。从备查资料里和托克维尔文件里找到的一些未刊的文稿，都是由他帮助我们找到的。我们也完全明白，我们应当加重报答他的援助。

吕克·莫尼埃

第一部分

托克维尔写于 1850 年 7 月。

第 一 章

[《回忆录》的由来和性质
——1848年革命之前时期的概况
——这次革命的前兆①]

我暂时离开公务的舞台,并且由于健康状况时好时坏而不能进行任何连续不断的研究工作,便在孤独之中略微回顾一下自己的事情,或者说以自己为中心回忆一下自己曾经参加或目睹的同时代的事件。我认为,能够最好地利用我的休闲时间的办法是:回溯这些事件,描绘我亲眼看到的涉足这些事件的人物;如有可能,则把我们时代的扑朔迷离的[1]局面呈现的混乱容貌,记述和刻画于我的《回忆录》中。

我下定这个决心时,还附带下定另一个也同样要坚守的决心,即要使这部《回忆录》成为我的精神消遣,而不成为文学作品。它只是为我一个人写的。这部作品将是一面自我消遣地从中观看我的同时代人和我自己的镜子,而不是准备公之于众的画像②。我

---

① 第一部分共分五章,各章的提要(放在括号内的)不是托克维尔自己写的。参看《编者导言》(见本书第25页)。

[1] 动荡不定的、骚乱不已的

② 栏外旁注:这样的回忆不可能是不反映缺点的镜子。
我在回忆中对某些人的缺点没有原谅(?),我也向他们坦诚地暴露了我的缺点。但愿这些人不要阅读我的这些回忆,可他们能够如此吗?
凡是当朋友的面对他所作的描述或当众为自己所作的描述都是虚伪的。
只有不是为让他人观看而自制的肖像才是真实的。

的最好的朋友们也不知我在写《回忆录》,因为我要保持既不想炫耀自己又不想取悦于他们的写作自由[1]。我要如实地披露[2]是哪些隐秘的[3]动机促使我们、即我的朋友和我以及他人如此的,并理解和叙说这些动机。简而言之,我要把《回忆录》写得真实,所以必须完全保密[4]。

我的设想是:既不追溯1848年革命以前的事情,又不谈(及)我在1849年10月30①日辞去外长以后的事情。但在这一期间,我要叙述的事件却具有某些重要意义,或者说从我的立场可以很好地观察它们。

尽管不久以前我还生活在七月王朝最后几年的议员中间,然而要让我清清楚楚地叙述这么近的时期发生的但已记忆模糊的事件,还是相当吃力的②。在回忆的时候,我的思绪一直盘旋在由一些小事情、无关紧要的思想、细微的激情、个人的看法、互相矛盾的设想构成的迷宫之中,而当时的社会活动家的生命就是在这样的迷宫中耗竭的。我现在只能把精力用于回顾这一时期的一般情况。为此,我经常是怀着带有恐怖成分的好奇心去观察它,并要清

---

[1] 独立地、以真实的色调描述自己和他们的写作自由
[2] 探索
[3] 不同的
[4] 我在写作时为自己规定的唯一目的,是让自己独享写作时产生的快乐。这种快乐来自深入了解人的所作所为的真实情况,来自观察人在现实中的善恶和人性,来自理解和判断人。写这段异文的初衷是:叫人在实现愿望时感到痛苦。
① 内阁的总辞职实际上是在10月31日。
② 栏外旁注:我承认,我的正直是出于坚持真理,而不是来自天性。但我一向认为天性是非常有益的,它总是使我觉得,当我要无聊地生活下去的时候,新发现这样生活下去是非常困难的。

晰地辨认可以说明它的特点的特殊情况。

我国从1789年到1830年的历史,无论是从长期来看,还是从整体来看,我都觉得它就像是旧制度,它的传统、它的回忆、它的希望、贵族阶级的代表与中产阶级所领导的新法兰西之间在41年中展开的激烈斗争的画卷[1]。我认为,1830年好像结束了我们的诸种革命(不,应该说是我们的革命)的初始阶段,因为我们的革命虽然有不同的机遇和激情,但始终只是一种革命,我们的父辈目睹了它的兴起,但根据它的一切表现,我们是看不到它的完成的。旧制度留下的一切已被永远破坏。1830年,中产阶级取得决定性的胜利,而且胜利得十分全面,使一切政治权力、一切豁免好处、一切特权、政府的一切管理权,统统落在这个资产阶级[2]的狭小的圈子里,在那里堆积如山。在权利方面,比它高的阶级全被排除在外,比它低的阶级事实上也被排除。资产阶级不仅是社会的惟一主管,而且可以说是社会的大农场主。他们占据了所有的官职,使官职数大大增加,而且几乎全靠国库生活并把国库视为自己的产业。

1830年的七月事变刚一完成,各种政治激情便得到极大的缓和,出现各种事件普遍化小、社会财富迅速增加之类的现象。中产阶级的固有精神成为政府的全体精神,不仅支配了内政,还支配了外交。这种精神是积极的、进取的,但往往是不诚实的,从整体来说是坚定的,有时在虚荣心和利己心的驱使下有点鲁莽,气质内向,处事中庸,表现平凡,但在追求物质财富时除外。这种精神与

---

[1] 不要以为这是形象的比喻
[2] 这个唯一的阶级

人民和贵族的精神混在一起,可以做出非凡的事情,但它只能创造出无德和没有伟业的政府。妄想领导一切的中产阶级,像以前担当过领导和将要担当领导的贵族一样,要成为统治阶级,沉湎于他们所夺取的权力当中,而且马上便受利己心的驱使,对政府进行私人企业式的管理;他们当中的每个人,都把国事按照私事处理,在一些小的福利方面又把人民群众忘得一干二净[1]。

只看到明显的犯罪而对小的罪恶一般不留意的后代人,对于当时的政府到底采取了什么办法使自己变成一切业务均按分红的原则办理,而让股东可以收回投资的工业公司的情况,恐怕一无所知。这些罪恶来源于统治阶级的天性、它的绝对权力、当时政府的无能和腐败本身[2]。路易·菲力浦国王对于这些罪恶的增强做出重大贡献。他成了引发死亡灾难的意外之事。①

尽管这位君主出身于欧洲的最高贵的[3]家族,灵魂深处有着这一家族遗传下来的傲慢,且自己确信他人没有这种东西,但他也有社会下层所特有的大部分品质和缺点。他有正常的风俗,并希望周围的人也是如此。他行为规矩,习尚简朴,节制自己的嗜好。当然,他爱护法律,反对胡作非为,态度和蔼,而不强求人家服从;

---

[1] 中产阶级掌握政府以后,就把政府看成自己的私产。它埋头于保护它的权力,不久以后就满足于它的利己心。它的每个成员想私事的时候大大多于想公事,想自己的享乐的时候大大多于想国家的伟大

[2] 以及政府的性质和素质

① 下面的一段,在1893年版和1942年版里都被收入,但在全集中被删掉。在原稿中,托克维尔用笔把这一段圈起来,预定删除。这段文字是:"此人是奇妙的混合物。要更长期地与他更近地接触,我才能详细描写这位君主,但只从远处注意观察或从他身边走过,就可以看出他的主要特点。"

[3] 最古老的

他既不多情善感,又不暴戾乖张,而有人情味;他没有火暴的激情,没有可以导致毁灭的弱点,没有一眼就可以看到的缺德行为,而有王者应有的勇气。他过分客气,但不择对象和有失尊严,这种客气与其说是符合君主的身份,不如说是符合商人的身份。他绝不爱好艺术和文学,但热爱产业。他的记忆力超群,特别能牢记事情的微小细节。他的谈话冗长啰唆,漫无边际,古怪而陈腐,夹杂着轶事逸闻,不乏鸡毛蒜皮的小事情,尖刻而有分寸,完全没有细致而高尚的描述,但有在知识的享乐中可以见到的一切情趣。他的智力卓越,但因他的精神的高度和广度不够而受到限制和拘束。这样的智力聪慧、灵活、柔韧而坚强,只注重有用的事情,为了真实而轻视其他一切,他的知识深受怀疑主义的影响,因而对德行十分怀疑,他不仅无视真实和诚实所常表现的美,而且对真实和诚实一向拥有的功效不予理解。他对人有深刻的了解,但只是通过人的缺陷理解的。他对宗教问题,像18世纪的人那样持怀疑态度,对政治问题,也像19世纪的人那样持怀疑态度。他本人没有信念,对他人的信念也不相信。既然他实际上是为就王位而生的,所以自然爱权力,爱他的那些并不忠诚的①宫内人。他的野心因慎重而受到限制,但绝没有收敛,而且总是针对着现世。

多数的君主也具有他这样的面孔,但路易·菲力浦所特有的东西表现他的缺陷与时代的缺陷之间有近似性,或者应当说有一

---

① "并不忠诚的"原为"平凡的、浅薄的、庸俗的",这些词后来被他圈了起来,预定删掉。

种亲缘关系或近亲繁殖关系。这就使他的同时代人特别是掌权的阶级觉得,一个魅力十足的君主特别危险和最容易腐败堕落。他成为贵族的首领之后,可能对这个阶级发生良好影响。而成为资产阶级的头目之后,他就把这个阶级推上一个越往下滑越陡的斜坡。贵族阶级与资产阶级的结合,使两者的缺陷家族化而融合起来。这种结合关系,最初是使一方得势,另一方失权,而最后是使两者交恶而俱败。

尽管我没有参加他的顾问班子,但我同他接触的机会还是相当多的。我同他的最后一次见面,是在二月灾难前不久。当时我是法兰西学院的总裁,有一件与学院有关的事情要与国王交谈。当所谈的问题谈完后我即将退出的时候,国王坐回自己的座位,让我坐在另一张椅子上,对我亲切地说道:"托克维尔先生,既然来到这里,就多谈一会儿吧!我想请您谈一谈美国。"我非常清楚他想让我谈些美国的一些什么东西。实际上他先开口,对美国的事情谈得十分细致,用的时间也很长,以致我无法插嘴,甚至连一句话也不想说了,因为他的话真把我迷住了。他说得头头是道,就像亲眼所见;他提到 40 年前在美国会见的著名人物时,就像昨天才同他们离别似的。他提到这些人的名字和别名,说出他们当时的年龄,把他们的经历、家史和后代描述得十分准确,而且细致得并不令人感到厌烦。没有歇一口气,话题就由美国转到欧洲,用难以置信的没有顾虑的语言向我全面叙述法国的外交和内政,可我并不完全相信他的话。他对我说,俄国皇帝太坏,称他为尼古拉先生,而不称他为皇帝。随后谈到英国首相帕麦斯顿勋爵,说他是无赖,最后用很长时间谈到刚刚与西班牙王室实现的联姻,以及英国方面对此事的阻挠。① 他说："西班牙女王对我抱有很大期望,提出一些苛求。"他接着说："但不管怎么样,这些抱怨未能阻止我驾着我的马车前进。"尽管这句成语出自旧制度时代,但我认为,路易十四在承认西班牙王位继承之后是否说过这句话是值得怀疑的,而且我觉得,他把路易十四的话用错了,因为同西班牙王室的联姻,对颠覆他的马车起了巨大作用。

谈了45分钟,国王站起来,感谢我们的谈话(我一句话也没有说)给他带来愉快,并以在愉快的谈话之后一般都会感到非常高兴的样子把我送走。这是我跟他最后一次谈话。

这位君主确是在最危急的时刻就国家的重大问题作了即席谈话。在这种环境中,他的谈话甚至内容丰富,但缺乏幸福感和文采。通常,这样的谈话是谈话者摇头晃脑滔滔不绝地大谈人所共知的事情,尽最大的努力去表达他的巨大胸怀。他往往语无伦次,因为他有时生拉硬拽,牵强附会,也可以说,他喜欢长长的句子,而不能事先决定句子的长短,也不知到何处终止,最后不顾事情的正常发展而强行停止,这既破坏了句子的意思,又不知整个句子之所云。一般说来,在庄重的场合,他的文体使人想起18世纪末的感伤的晦涩语言,随随便便地、非常不正确地大量重复被19世纪的一位厨师(学究)修改了的卢梭的感伤的用词。这使我想起某一天发生的事情。这一天,下议院议员集合在杜伊勒里宫听国王讲话,

---

① 西班牙女王伊莎贝尔与路易·菲力浦的侄子加的斯公爵唐·弗朗索瓦·达西斯结婚,女王的妹子路易丝公主与路易·菲力浦国王的儿子蒙拜西埃公爵结婚(均在1846年成婚)。遭到英国女王政府反对的这两桩婚事,还引起英法两国之间的严重外交冲突,以致撕毁两国间的友好协定。

我站在队伍的最前面,什么都看得一清二楚,我差点笑出来,闹出笑话,因为我的法兰西学院同事和参议院同僚雷米萨,在国王讲话时凑近我的耳边,以庄重而忧伤的语调,对我说了下述的引人深思的妙语,使我忍俊不禁:"在这时刻,善良的公民一定大为感动,但院士却无动于衷。"①

在这样构成的和这样运作的政界,所最缺少的东西,特别是在七月王朝的末期,就是政治生活本身。在宪法规定的合法范围内,既不能产生政治生活,又不能维持政治生活。旧的贵族已被打败,无权参与政治生活,而人民也被排除在外。因为一切政治活动都由一个阶级的成员把持,按照他们的利益和观点[1]处理,所以不能出现由几个大政党参战的战场。在被基佐先生称为"pays legal"＊的观点的影响下出现的立场和利益的奇妙的同质性,便在议会的讨论中压制所有的真实激情而把所有的独创性和所有的现实性剥夺。我同一些非常伟大的人物共处十来年,他们焦急不已,但总也兴奋不起来;他们用尽自己的洞察力去寻找严重分歧[2]的

---

① 夏尔·德·雷米萨(1797—1875),拿破仑一世侍从武官雷米萨伯爵与约瑟芬皇后的女官让娜·格拉维尔·德·韦尔热纳之子,在七月王朝期间积极参加政治活动,著有关于回忆宫廷的名著。1830年开始成为上加龙省的众议员,是梯也尔的朋友与合作者,属于梯也尔派的左翼中心,梯也尔1840年组阁时出任内务部长,随后担任制宪议会和立法议会的议员。拿破仑政变使他退出政界,直到第一帝国垮台。1871年代朱尔·法夫尔出任外交部长。他的文学和哲学著作,使他在1846年进入法兰西学院取代鲁瓦耶·科拉尔。夏尔·H.普达斯编辑出版的雷米萨回忆录目前正在出版(已经出版4卷,普隆出版社,1958—1962)。第4卷含纳的时期为1841年至1851年,读者可以拿它与托克维尔的回忆录对照阅读。

〔1〕 精神

＊ 按字面译为"合法地区",实际是指这个地区享有政治权利的人。——译者

〔2〕 争论

所在，但总是找不到。

另一方面，[路易·菲力浦国王]在敌人的错误，特别是他们的失策的帮助下在工作中所占有的优势，使他在不使成功[1]离开自己太远的同时又不随便放弃君主的思想，结果使各政党的微小差异变得甚小，把斗争变成打嘴仗。我不知道过去的哪个议会（也包括制宪议会，实际上我说的是1789年的制宪议会）收揽的多彩而卓越的人才，有七月王朝末期我们的议会这么多。但我可以断言，这一大帮说客只会不厌其烦地互相争执，而最糟糕的是，全体国民都懒于听他们的说辞。国民已经习惯于暗中观察议会斗争中的才能的表演，而不是严肃的讨论；在不同党派——多数派、左翼中心、王朝反对派的对立中，观察它们如何像同一家族的子女在分配共同遗产中互相欺骗的内讧。偶然曝光的腐败的一些明显事实[2]，使国民觉得腐败到处存在，认为[3]整个统治阶级已经腐败透顶，心中对它轻视，表面上对它的统治表示屈从。

于是，全国分成两个部分，应当说是两个不均等的圈子：在可以进行国民的一切政治生活的上层圈子里，人们毫无生气，无能为力，死水一潭，无聊至极；在下层圈子里，情况相反，开始出现微弱的还不能成为气候的政治生活征象，精心的观察家可以看出这种征象。

我就是这样的观察者之一。虽然我不认为激变即将发生，也不一定可怕，但我内心产生一种不安，并不知不觉地在增强，而且

---

[1] 权力
[2] 行为
[3] 相信

一种我们是不是正在走向新的革命的思想,也逐渐在我的心中生根。这表明我的思想发生重大变化,因为继七月革命出现的平静和普遍衰退,使我很长一段时间在想:我今后的生活一定要在没有生气和平静的[1]社会里度过。实际上只注视政府机构内部的人,也许会采纳我的这个看法。在这里,为了在自由造成的局势下制造甚至可以达到专制的无限王权,似乎什么都具备了。于是,通过国家机器的正规的平稳运作,就毫不费力把这一切[2]制造出来。结果,对这个灵活机制的作用感到非常满意的路易·菲力浦确信,他不必像路易十八那样亲手操作这个美妙的机构,而是让它按照他规定的办法运作,就可避免发生一切危险。他只注意这个机构保持完整,按他自己的观点去利用它[3],而忘记这个机构赖以存在的社会本身。他就像一个人把家门的钥匙放在自己的口袋里以后,就认为家里不会失火了。我不会有这样的兴趣和这样的关心,这也不能使我去考察机构的运作机制和日常的大量小事情,以断定国人的情绪和舆论的状态[4]。于是,我清晰地看到通常是预告革命即将来临的信号大量出现,并开始下定决心,在 1830 年我只参加那出戏的开幕,而没有参加全剧的演出①。

  我当时写了一篇没有付印的小文,以及我在 1848 年初发表的一篇讲演,都在证明我当时想要做些什么。

---

[1] 安定的
[2] 比专制还厉害的王权
[3] 使用它……让它发生作用
[4] 事实的总状况
① 栏外旁注:下面,我简述一下当时刚刚出现的一些征候。

第一章 [《回忆录》的由来和性质……革命的前兆]

我在议会中的一些朋友,为讨论下次例会在何时举行,曾在1847年10月开过一次会议。会议决定发表一篇宣言性的纲领性文件,并委托我去完成这项任务。后来,决定不发表了,但我已经写出初稿。现在我从文件中把它找出来,从中摘出几段于此①。我指出议会的怠惰无为之后,接着写道②:

"……全国又将处于两大政党分割的时代。法国大革命废止了所有的特权,破坏了排他性的专属权,但只把财产所有权保留下来。不要让财产所有者因自己立场的强大而抱有幻想,更不要让他们因直到现在财产所有权没有被侵犯而以为财产所有权是一个不可侵犯的堡垒,因为我们的时代已经不同于其他任何时代。当财产所有权只是其他大多数权利的起源和基础的时候,它不难自卫,或者应当说,它受不到攻击。它像保卫社会的围墙,其他一切权利是它的前哨阵地,打击到不了它跟前,人们也不会同它真正拼命。但在今天,财产所有权只是被打倒的贵族的最后残余,当它已经孤立无援地存在于平等化的社会之中,藏在也受到敌视和憎恨的其他许多权利背后的时候,它的危机就很大了〔1〕。而在今天,每天受到民主舆论的直接的、不断的攻击的,也只是财产所有权了……

"……不久③,将是有权者和无权者之间的政治斗争。大战场

---

① 这篇宣言后来以《关于中产阶级和人民》为题编入博蒙编的全集,见其中的第9卷《经济、政治和文学方面的论著》。
② 栏外旁注:除了摘录之外,数月后又将这篇大块文章全文发表。
〔1〕 它已不再像从前那样安全了
③ 可能从这里开始。

将是所有权,而各种主要的政治问题将围绕以多大的深刻程度改变财产所有权展开争论。于是,我们又将看到社会的大动荡和出现一些大政党。

"这个未来的一些前兆怎么能不惊动人的耳目呢?人们看到各方面提出自己特有的学说,虽然用的名称各异,但都是以否定、缩小和弱化财产权为主要特点。人们会以为这是偶然的或人类精神的暂时疯狂的结果吗?谁不认为这是旧民主主义在危机可能就要来临时代的最后病征呢?"

我在1848年1月29日于众议院所做的、大家可以在30日的《总汇导报》上读到的演说,说得更加明确和最为恳切。①

主要部分如下:

"……有人说没有危险,因为没有发生骚乱;又有人说具体的动乱并未显现于社会的表面,所以革命离我们还远着呢。

"诸位先生,恕我说你们错了。不错,动乱尚未成为事实,但已深入人心。请大家看一看工人阶级当中发生的事情。我承认他们今天还没有行动起来。诚然,他们还没有像以前骚动那样,被所谓真正的政治激情鼓动起来骚动。但大家没有看到他们的政治激情已经是社会性的了吗?你们没有看到这种情形正逐渐在他们的观点和思想中扩散,他们要推翻现行的统治、内阁和政府,而且要推翻社会,使社会今天所赖以建立的基础发生动摇吗?你们没有听

---

① 这篇讲演的实际日期不是1848年1月29日,而是1月27日;讲演的内容也由向国王祝词改为关于王国内政问题的答辩。后来登在1848年1月28日的《总汇导报》上。以附录的形式第一次收在《论美国的民主》第13版的下卷(帕尼尔版,1850年),第二次收在前引的博蒙编的全集第11卷。参看这版全集第2卷第363页。

到他们每天所说的一切吗？你们没有听到人们正在反复论证骑在他们头上的人已经没有能力和资格统治他们，他们的财富分配是现今世界上最不公平的，财产所有权是建立在最不公正的基础上的吗？最后，你们不认为当这些观点已经扎根的时候，当它们已经以极其普遍的方式扩散的时候，当它们已深入到群众中的时候，我虽然不知道它们什么时候和怎样引起最可怕的革命，但它们迟早要引起这种革命！

"诸位先生，现在我把我深信不疑的事情告诉大家：我们正睡在活火山上。我对此深信不疑……

"……我方才对大家说了，这个弊端早晚要引起革命，但我不知道怎样引起，也不知道从哪里发生，但迟早将引起这个国家的最严重革命。请大家相信这一点。

"当我在不同的时代、不同的时期和不同的国家寻找是什么有效的原因导致统治阶级的垮台时，我清楚地看到导致这样结果的某一事件、某一人物、某一偶然的或表面的原因。但请大家相信，使他们失去权力的真正原因或有效原因，是他们不配掌权了。

"诸位先生，请大家回忆一下旧的王朝。它比你们的王朝强大，而且一开始就强大；它比你们更多地受到旧的习惯、古来的习尚和古老的信仰支持。它虽比你们强大，但最后还是分崩离析了。那么，它是为什么衰败的呢？你们认为是由于某一特别的偶然事件吗？你们相信这是某个人物、赤字、网球场誓言、拉法耶特、米拉波所使然吗？不是的，诸位先生。这另有原因：即当时的统治阶级，因自己的懒惰、自私和错误而失去统治者的能力和资格。

"这才是真正的原因。

"啊！诸位先生，如果说把祖国放在心里在任何时候都是正当的，那么现在这样做，无论怎么说，都是更加正当的吗？你们没有以本能的直觉感到欧洲的大地又在颤动吗？难道你们没有感觉到……叫我怎么说呢？……一股革命风暴正在欧洲刮起吗？人们不知道这股风暴起于何处，刮往何处，也不知道它会将谁刮走。但在这样的时候，你们却看着世风日下而安然坐在议席上一言不发，是语言太没有力量了吗！

"我的话没有挖苦的意思，我向大家说话的时候甚至连党派的精神都没有。我攻击了一些人，不是因为我愤恨他们，而是因为我必须向国家表白我自己深信不疑的信念。不错，是我要表达深信不疑的信念。就是说，我认为世风日下，而这将在很短时间内或许就在眼前，把你们带入新的革命。而在这时，国王的生命所系的绳子就比其他人生命所系的绳子牢固和难折吗？从我们今天的现状来看，你们能够确信明天将是什么样子吗？你们能够知道从现在起一年之后、一个月之后或许一天之后法国将要发生什么吗？你们不知道，但你们知道暴风雨即在前方，正向你们刮来。你们就听任它袭来吗？

"诸位先生，我恳求你们不要无所作为；我不是要求你们，而是在恳求你们。我甘愿给大家下跪，因为我相信危险就在眼前，而且十分严峻，知道危险的信号不会以无用的花言巧语形式出现。是呀！危险太大了。还有时间把危险驱走，要用有力的手段避免灾难，不要打击灾难的征象，而要打击灾难本身。

"有人提到立法制度的改革。我非常相信，这种改革不仅是有益的，而且是必要的。因此，我认为选举制度的改革是有益的，议会的改革是迫切的；但是，诸位先生，我还没有糊涂到不知道这不是法律本身安排人民的命运的地步。诸位先生，造成大事变的不是法律的机制，而是政府的精神本身。如果你们愿意，就去保留法律吧！尽管我认为你们这样做是大错特错的，但你们愿意保留就去保留吧！如果你们喜欢，甚至可以去保护那些大人物。至于我，不会对此制造任何障碍。但看在神的面子上，还是请你们改革政府的精神吧！因为我已经反复说过，使你们落入深渊的正是政府的精神。"①

这些使人不快的预言，遭到会场上多数派的耻笑。反对派不断起哄鼓掌，但这主要是出于党派精神，而不是出于他们对我的讲话的看法。实际上，尽管垮台近在眼前，可是没有一个人把我讲的危机真正放在心上。所有的政治家在长年演出的这种国会喜剧中养成的以过分夸张的形式表达感情和夸夸其谈思想的积习，使他们都不能判断[1]现实和真理了。几年来，多数派天天在说反对派使社会陷入了危机，而反对派则不断重复大臣们毁坏了王朝。他们双方总是各说各的，并且完全相信自己说的是对的，而在双方对事件的发生都有责任时，又不承认自己说过的话了。我的一些好友私下认为，我的讲话有少量的华丽辞藻②。

---

① 以上的摘录不是摘自手稿。托克维尔在手稿中只用笔把这些地方圈了起来。我们的摘录选自第一版的编者所做的审定稿。我们在摘录的时候既没有增补又没有删减。

[1] 辨别

② 在这句话之前，"……认为，"之后，原来有一句"我没有击中靶子"，后来用笔勾掉了。

迪福尔①在我走下讲坛时把我叫去，拉到他跟前，以使其成为独特天才的议会议员的预言对我说："你成功了。但是，如果你不在大会上那样感情激动，不用那样大的恐怖吓唬我们，你还会得到更大的成功。"现在，我独自面对自己认真地回忆当时的演说，问我自己当时我实际上是不是似乎也有畏惧的表现。我认为没有。我可以毫不费力地指出，事件的发展比我预见的还快，并完全证明我是正确的。②说实在的，我没有预见到这场革命将如何在我们面前发生。谁能作这样的预见呢？我能比他人更清晰地找到或看出导致七月王朝垮台的一般原因〔1〕。也没有看到一下子就把革命激发起来的偶然事件。但是，还没有接近我们的灾难很快就降临了。

---

① 朱尔·迪福尔(1798—1881)，波尔多的律师，1834年当选为他的原籍省份下夏朗德省的众议员，一直连选到1849年，在七月王朝期间积极参加政治活动。他努力工作，朴实无华，但往往表现出多疑的性格；在议会中以精神独立、善于处理政务和权利问题以及议会工作，辩论才能强而著称。曾任苏尔特内阁(1839年5月12日—1840年3月1日)的公共工程大臣，1845年出任众议院副议长。他与托克维尔、科尔塞勒、朗瑞内、里韦等人组成一个属于奥迪隆·巴罗的王朝左翼和梯也尔左翼中心的政治团体。他不搞改良主义者的鼓动宣传，指责他们是和违反宪法者一样的团伙。二月革命后，迪福尔又坚决地归顺革命。他当选为制宪议会和立法议会的代表后，又进入众议院，出任卡芬雅克将军内阁(1848年10月13日—12月20日)的内政部长，支持卡芬雅克竞选共和国总统。后来，又同托克维尔、朗瑞内一起参加巴罗的第二次内阁(1849年6月2日—10月31日)。路易·波拿巴政变后退出政界，又在巴黎重执律师业务，到帝国的末期才复出政界。1871年被下夏朗德省选入国民议会，很快得到梯也尔的信任，由麦克马洪指派去领导司法界，在1875年和1877年任司法委员会主任。迪福尔的妻子是法兰西学院教授东方学者阿梅代·若贝尔的女儿。(参看乔治·皮科，《迪福尔：他的生平和演说》，巴黎，1883年)

② 〔有时候可能产生另一些比我的预见未来更有权威的政治预言〕；这段话在原稿中用笔圈起来，预定删掉。

〔1〕 酝酿事变的原因，但是……

第 二 章
[宴会运动——政府的安全
——反对派首领关心的事情
——他们对大臣们的指控]

我不想参加宴会运动的活动,我有大大小小的理由不出席各处举行的宴会。我所说的小理由,尽管从私事方面来说应当受到尊重和是出于善意的,但我依然要说它们是坏理由。这种小理由是:操办宴会的人士的性格和做法使我反感和厌恶,他们给人们的特殊感觉,使我觉得他们在政治上有不良动机。

当时,梯也尔先生和巴罗先生[①]结成亲密的联盟,并出现了在我们议会里通称为左翼中心和王朝左翼的两大反对派的真正联

---

① 奥迪隆·巴罗(1791—1873),律师出身,1830年事件的积极参与者,七月王朝时期的众议员,王朝左翼的首领。他向路易·拿破仑承诺,在后者发动斯特拉斯堡叛乱(1836)失败后保护后者,但他的保护对象后来出走。取得王位的路易·菲力浦的政府把路易·拿破仑用船押运到美国流亡去了。1847年他参加宴会运动,历访全法国,发表大量讲演。2月24日,他应邀参加梯也尔没有组成的内阁,所以几个小时以后他就放弃了邀请。路易·菲力浦任命他为司法委员会主席。在这期间,他白费了很大劲去拯救王朝和使人承认奥尔良公爵夫人摄政。在第二共和国时期,他先后出任制宪议会和立法议会的代表,在选举总统时他支持路易·拿破仑为候选人。路易·拿破仑责成他组成他的第一届内阁,兼任司法部部长。后来,他又改组两次内阁(1848年12月20日,1849年10月31日)。路易·拿破仑发动政变后他退出政界。死后出版他的《遗著回忆录》(1875—1876),此书颇有史料价值。

合。王朝左翼内部存在的人数众多的顽固而不听话的人士,差不多都在梯也尔先生许诺将来做高官的约束下,逐渐温和下来,不再顶撞,表示服从了。我甚至认为,最初巴罗先生不仅确实利用[1]了这种许诺,而且还被许诺愚弄了[2]。于是,在反对派的两大头目之间,不管他们出于什么原因反对政府,结成了最全面的亲密关系;而故意在自己的弱点[3]和美德方面稍带一点傻气的巴罗先生,则为了盟友获胜,甚至不顾自己的损失,而竭尽了一切努力。梯也尔先生听任巴罗先生在宴会运动中自行其是。我甚至认为,梯也尔不亲自参与宴会运动,只希望享受运动的成果,而回避对这个危险运动的责任。梯也尔在几个亲密朋友包围下悄悄地住在巴黎一动不动,而巴罗一个人三个月之中跑遍全国,每到一个城市都发表长篇演说。在我看来,他的样子就像猎户追到猎物时大声喊叫,而捕获猎物似的。我没有兴趣参与这样的狩猎活动。但我不参加的主要的、真正的原因如下,当时我经常对想拉我参加这种政治集会的人详细说明这个原因。

我说:"18年来,你们首次向人民呼吁,向中产阶级以外寻找支持者,如果你们不鼓动人民,我以为最有可能的结果将是:无论是统治者,还是大多数仍在支持统治者的中产阶级,都会认为你们比现在更为可恨,说你们要加强你们想要打倒的政府。反之,如果你们去鼓动人民,则你们比我还不能预见这样的鼓动会把你们带到何处去。"

---

[1] 得到和相信了
[2] 确信了许诺
[3] 邪恶

第二章 [宴会运动——政府……对大臣们的指控]

随着宴会运动的深入持久,这个最后的预言,与我的期待相反,变得越来越有可能成为现实。一种不安[1]开始出现在鼓动者本人身上。不错,这是一种偶尔掠过他们心头而不固定的模模糊糊的不安。我从当时是他们的主要成员之一的博蒙①处获悉,宴会运动在全国掀起的鼓动的规模不仅超过发动者的所期,而且超过他们的所想。他们现在不是去扩大鼓动,而是去减弱鼓动。他们的计划是不再在巴黎举行宴会,而且在议会开会后也不再在其他任何地方举行宴会。实际上他们只有一条路能从他们深陷其中的危险道路上走出来。不错,作出不再举行宴会的决定,并非出于他们的自愿,虽然他们本来都是在强迫、驱使,特别是在危险的虚荣心的推动下参加宴会运动的。政府自身则以激将法把反对派推向危险的道路,并自信由此可使反对派崩溃。反对派勇敢地走上这条危险的道路,没有表示后退。双方彼此挑战,互相刺激,一齐走向同一深渊;他们双方虽已接近这个深渊,但就是看不到它。②

我想起二月革命前两天,我去参加土耳其大使举办的大型舞

---

[1] 苦恼

① 古斯塔夫·德·博蒙(1802—1866),托克维尔的至交,1839年起为萨尔特省众议员,属议会里的王朝反对派。2月24日被召进杜伊勒里宫,在这里他遇到不久以后同他一起拯救王朝的大部分朋友。他曾先后出任制宪议会和立法议会的议员,被卡芬雅克将军指派为法国驻伦敦的部长级全权代表(1848年8月7日)。在路易·拿破仑被选为共和国总统后,他辞去这项职务,但在1849年9月,在托克维尔的劝说下,又出任法国驻维也纳公使。在巴罗请他入阁后辞去此项职务,又出任立法议会的议员,在路易·拿破仑发动政变时被捕。他退出政界后回到自己的故乡萨尔特省博蒙拉沙特尔隐居。

② 栏外旁注:这里对政府和反对派同时发动的竞相走向深渊的运动有较为详细的叙述,谈到他们双方互相挑战,互相推动。参看《总汇导报》。

会,在那里遇见迪韦吉耶·多兰内①。我对他很尊重,也有很好的友情[1]。尽管他具有党派精神可能产生的几乎一切缺点,但他至少还有反映真正激情的一种大公无私和诚实,这两点在我们这个除了自私之外再无其他感情的时代是罕见的。我以我们之间的关系可以允许的无拘无束的口气对他说:"我亲爱的朋友,拿出勇气来,你在扮演一个危险的角色呀!"他没有表现一点害怕的样子认真地回答说:"请相信我,一切都会很好地进行下去,但也要冒一些风险。而且,没有经受不了这种考验的自由政府。"这个回答充分表现了这位果断的、有时又很有才智的人的性格。他的才智在清楚地、一览无余地观察他的视野中出现的[2]一切时,从来不想视野可以改变。他博学、清廉、热情,易暴躁,爱报复,属于学者和有党派性的人物。他仿效外国人的办法和依靠模糊的历史回忆从事政治活动,把自己的思想限制在一个理念之中,在这种理念中奋发图强和盲目行动。

政府还不像反对派那样对事态的发展表示担心。在这次谈话的前几天,我同内政部长迪沙泰尔②有过一次谈话。尽管 8 年来

---

① 普罗斯佩·迪韦吉耶·多兰内(1798—1881),作家和七月王朝时期的政治家和议员,著有《代议制政府的原理及其应用》(1838)。这部著名的小册子发展了"王治与王不治"的准则。1848 年以前,他曾是改革运动和宴会运动的主角之一。担任制宪议会和立法议会的议员时,他投票支持右翼保守派。还著有大部头的《1814—1848 年间法国代议制政府的历史》(共 10 卷,1867—1871)。

[1] 我与他建立了一种友谊
[2] 发生的

② 夏尔-玛丽·塔内吉-迪沙泰尔(1802—1867),屡次出任七月王朝的大臣,1840 年至 1848 年间为内政大臣。他坚决支持托克维尔提出的关于改革监狱的一般管理制度的提案。

第二章 〔宴会运动——政府……对大臣们的指控〕

我同迪沙泰尔也是其中一位主要人物的内阁一直进行非常激烈的交锋（关于外交政策，我承认交锋是非常激烈的），但我同这位大臣还是保持着良好的关系。我甚至知道这场交锋使他认为我是有作为的，因为我深信他的内心深处对于攻击他的主管外事的同僚基佐先生的人是相当同情的。数年前我和迪沙泰尔先生为改革监狱制度而携手进行的斗争，使我们开始接近，还建立了某种联系。他一点也不像我上面说过的基佐：他身体健康[1]，举止文雅，而基佐虚弱瘦削，说话生硬，有时尖酸刻薄[2]。对方的信念越炽烈，基佐的怀疑心越重；对方越能积极活动，他越能以柔性的冷静[3]对待，他的强大身躯包含着非常柔韧、非常细致、非常精密的精神，使他能够令人钦佩地理解政治事务，可以在谈论问题时表现出优势，清楚地看到人的不良欲念，特别是他的党的不良欲念的要害，并善于及时地除掉这个要害。他没有偏见和私仇，态度和蔼令人容易接近，当他的利益没有受到损害时他随时准备承担义务。对自己的同行不卑不亢，友好亲切。总之，他是一位既不能不尊重又不能不憎恶的人物。

于是，在灾难发生的前几天，我把迪沙泰尔先生拉到会议室的一角，提醒他说：政府和反对派好像要一起努力把事态推向最后很有可能使全体人民受害的极端。我劝他：何不想出某种摆脱如此危险的境地的可靠出路，也就是使双方都能有退路的某种光荣的妥协办法。我又接着说，我的朋友们和我都将为能够达成妥协而

---

[1] 完美
[2] 讽刺挖苦
[3] 满不在乎的态度

高兴，并将尽一切努力说服反对派的同僚接受妥协。他全神贯注地听了我的建议，〔使我确信〕他理解了我的想法。但我也清楚地看出，他并不想采纳。他说："事态已经发展到使我无法再找到解决办法的地步。政府依然掌权，它不会让步。如果反对派坚持走自己的道路，结果可能到街上进行战斗，而这样的战斗是很早以来就预想到了的。如果政府被反对派对它表示的不良激情所激怒，政府将会迎战而不怕它。当然，政府一定胜利。"随后，他得意地向我叙述了已经采取的一切军事部署的细节，诸如军需的储备、兵力、弹药的数量……我离开他的时候就已经明白，政府对即将发生的动乱没有正确的认识，也不怕动乱；而依然认为自己会胜利的内阁，则把正在酝酿之中的事变，看成是重新集结它的已经四散的朋友，最后使它的敌人无能为力的唯一手段。我告诉他，我像他一样相信他的话；他的信心十足的样子，并非装腔作势让我相信他的话。

这时候，在巴黎，激进党的领袖们，相当接近人民的人士，以及革命党的人士，为了查明这方面发生的一切，总是忙得不可开交[1]。我有理由相信，他们这些人的大部分，正在担惊受怕地看着事变的即将爆发。尽管他们所保有的是他们的昔日激情的传统而不是激情本身，尽管他们开始习惯于他们曾经多次嫌恶而后仍然要置身于其中的事态，尽管他们对能否成功还有怀疑，尽管他们处于能够看清和很好了解自己支持者的位置，但在将要完成他们的义务的胜利的关键时刻还是恐惧不安的。就在事变发生的前

---

[1] 焦急不安

第二章　［宴会运动——政府……对大臣们的指控］

夕，拉马丁夫人①前来访问托克维尔夫人②，表现出非常不安的样子，以激动得几乎混乱的情绪说出她的不祥想法。这种想法感动了托克维尔夫人，在当天夜里也感染了我。

有人说，这场奇异的革命并不反常，其特点之一是：引发革命的事件，系由革命中要失去权力的那些人所为，甚至所望，而行将获胜的那些人并没有预见到，甚至害怕其发生。当然，这种说法并不正确。

在这里，我有必要稍微梳理一下历史的链条[1]，以使我能够顺着这个链条写我的回忆。

人们可以想起在1848年议会例会的开幕式上，路易·菲力浦国王在他的讲话中，批评了宴会的主办人是受盲目的或怀有敌意的激情所驱使。这是把议会的100多名议员视为王权的直接敌对者。这样的侮辱给早已心乱了的大多数人的各种奢望火上浇油，使他们失去理智。预计会出现一场激烈的辩论，但最初并没有发

---

① 拉马丁夫人(1790—1863)，英国人，姓名为玛丽安娜·伊丽莎·伯奇，其父是在印度军队服役的少校。1820年5月25日在尚贝里同拉马丁结婚。她原是新教徒，在结婚前数周宣誓放弃新教。

② 1835年10月，托克维尔与一位没有财产的英国女人玛丽·莫特蕾结婚。他们7年前在凡尔赛相识，当时莫特蕾同抚养她的姨妈贝拉姆一起住在凡尔赛。关于她的家庭情况，我们知道的不多。她的双亲定居在英国。她有兄弟数人，其中两人在托克维尔与里夫的通信中简单地提过。最小的弟弟在1843年死于马耳他；另一位是海军少校，后来依靠托克维尔与英国海军大臣查理·伍德勋爵的友谊，而在1857年升为港务监督长。参看《英国通信》，收在梅耶编全集第6卷，见第1分册第66页和第229页。莫特蕾为同托克维尔结婚宣誓放弃新教，而成为一位虔诚的天主教信徒。她生于1799年，1864年12月22日死于瓦洛涅的自宅，葬于托克维尔的墓旁。参看安托万·勒迪耶：《托克维尔先生如是说……》（巴黎，佩兰出版社，1925年）。

[1] 脉络

生这样的辩论。一开始讨论国王的讲话时,大家都默不作声,一贯疯狂的多数派和反对派,像害怕在这种场合说错话和做错事似的,在辩论中保持自制。

但是,群情终于激昂起来,而且出现不寻常的暴力行动。辩论的激烈火焰,使人觉得像是不久即将引发革命的内战之火。

稳健的反对派雄辩家们卷进火热的斗争之中,努力证明参加宴会的权利是他们的最无可置疑的和最必要的权利之一①,指出否认这项权利就是践踏自由本身和侵犯 1814 年宪章,不顾他们的行动就断言他们的呼吁不是要求对话而是诉诸武力。政府方面的迪沙泰尔先生通常是老成持重的,可在这种情况下却被搞得手忙脚乱②。他绝不承认人民有参加一切宴会的权利,但他又不明确表示,政府已经决定今后禁止举行类似的示威活动。相反,他好像在诱使反对派去搞一次新的冒险,以使法院可以抓住把柄。他的同僚司法大臣埃贝尔③比他还手忙脚乱,但这已是他的习惯。我一直认为,司法官员不应成为政治家,而像埃贝尔先生这样的例子,我还从来没有见过。他虽然当了大臣,但骨子里还是总检察长时期那一套。他有干这种职业的性格和容貌。你可以想象出这种

---

① 迪韦吉耶·多兰内 1848 年 2 月 7 日在会上的发言。
② 大臣对莱昂·德·马尔维尔的提问作了回答。他援引 1790 年和 1791 年的法律,说他在公众集会显然要对公共秩序有危害的时候有权制止公众集会,并引述有关此事的前例声称,政府在执行自己的公务时不会向集会示威让步,而且不管是什么集会示威。他在讲话的末尾又提到"盲目的或怀有敌意的激情",并为自己的说法极力辩护。
③ 米歇尔·埃贝尔(1799—1887),律师出身,1834 年出任众议员。在司法界红得发紫,1847 年 3 月 14 日被任命为司法大臣。

第二章 ［宴会运动——政府……对大臣们的指控］

人的面孔：一张小脸又瘦又狭又歪，两鬓下凹，额头下面是尖鼻子和尖下巴颏，两只眼睛干瘪但很有神，紧闭着薄薄的嘴唇；你还可以丰富一下你的想象：嘴上一般横叼着一支长羽翎笔，好像猫的竖着的胡子；你可以给这样的人画出一幅我从来没有见过的食肉动物那样的肖像。但是，他既不笨，又不傻，而是性格顽固，不柔和，不知道迁就和随机应变，终因不会以不同的方法处世而情不自愿地陷入无力自拔的地步。基佐先生为了不让妥协使和解拴住自己，是需要在这种环境下把这样的说客雄辩家派到议会的讲坛上去的。这位先生在会上的发言过于大言不惭和具有挑衅性，以致巴罗几乎不知不觉地大叫起来，用多半是杀气腾腾的口气，怒不可遏地大骂，查理十世的大臣波利尼亚克和佩罗内①都不敢这样狂言。现在我回想起，当我提到这位性格稳健，一贯忠于王朝，但当时已经忍无可忍的人，屡次唤起人们对1830年革命的可怕回忆，并以此作为某种先例，迫不得已地叫人记住它的时候，尽管此事与我无关，我还是坐在议席上颤抖起来。

大家知道，这场势如烈火的争论的结果，是政府和反对派之间达成一种协议，也就是双方同意到法庭上见面。双方达成默契：反对派在巴黎召开最后一次宴会，而政权当局不加阻止，但追究首谋者的责任，交由法庭治罪。

根据我的清晰记忆，对于敕令的答辩在2月12日终了。也正是从这个时候起，革命运动加速起来。主张立宪的反对派，数个月

---

① 朱尔·波利尼亚克(1780—1847)亲王和夏尔·伊尼亚斯·佩罗内(1778—1854)伯爵，是挑起1830年革命的几道七月敕令的副署人。

以来一直在激进派的推动下前进,并从这一天起开始领导和推动着革命。而真正领导和推动革命的,并不是激进派在众议院拥有席位的人(他们大部分已经失去活力,在议会活动中表现死气沉沉),而是一些很年轻、很大胆、还没有成器的人,他们常在煽动性的报刊上发表文章。稳健的反对派这样从属于革命派,是两派长期共同行动后的必然结果。我曾经指出,在以政治为目的的共同活动中,长期下去,手段和目的兼顾的一方,总要成为只顾其中的一方的主人。这样的从属特别表现在对事变产生决定性影响的两大事件:宴会运动的纲领和对大臣的不信任案的制定[①]上面。

2月20日,以下次宴会的纲领为名的正式宣言,出现在反对派的几乎所有的报刊上。这个宣言号召全体人民组织大规模的政治示威,鼓动学生参加,呼吁国民自卫军列队参加宴会的开幕式[②]。人们已在传说,临时政府要发布的法令,3天以后即将公布。曾被自己的支持者指责默认宴会运动的内阁,从此认为自己有权取消以前的约束。于是它正式通知,它要禁止宴会运动和以武力阻止之。

政权当局的这项宣告,为斗争提供了战场。尽管难以置信,但我可以断言,由此使宴会宣言立即变成暴动的纲领,是在仍然相信自己还在领导本身所发动的运动的议员们没有参加和全然不知的情况下拟定、通过和公布的。这个纲领是在新闻记者与激进分子的一次夜间会议上匆匆忙忙作成的,而王朝反对派的领袖们,是在第二天起床后读到报纸上公布的消息才知道的。

---

① 栏外旁注:这项权利得到承认。
② 栏外旁注:(日期?)关于这一切,请参看当时的报刊。

第二章 [宴会运动——政府……对大臣们的指控]

请看,人间的事情是通过什么样的反响推进的!同其他人一样非难过这个纲领的巴罗先生,因害怕伤害至今与自己一起前进的人而未敢否定纲领。后来,对这个文件的公布表示愤怒的政府禁止宴会运动时,巴罗先生面对内战即将发生而后退了。他本人摈弃了这种危险的运动;但他在对稳健的意见让步的同时,又对极端的意见让步而提出对大臣的不信任案。他一方面谴责那些禁止宴会运动的人是违宪,一方面又为以政府违宪为由而欲诉诸武力的人辩解。

于是,认为革命的时机尚未成熟,而且也不想革命的激进派的主要领导人,认为自己有责任在宴会上为表明自己与亲王朝的反对派的同盟者不同而发表极为革命的演说,为激起暴动的热情而煽风点火。而已经不再对宴会运动抱有希望的亲王朝的反对派,则全力以赴地奔向这条罪恶的道路,以表示自己在政权当局的挑战面前绝不让步。最后,本来认为必须作出最大让步并欲这样做的大多数保守派,在对立者的暴力和自己的某几个领导人的激情的推动下,甚至发展到否认私人有举行宴会的权利和拒不接受国人提出某种改革的愿望的地步。①

为了理解人们不顾自己的愿望而互相把自己和他人推到何处,以及理解这个世界的命运如何受到现实的制约,特别是主宰这个命运的人们的愿望如何像风筝一样受到风和风筝线的互相制约,就必须长期生活在党派和它们所掀起的旋涡之中。

---

① 栏外旁注:在这一自然段的开头,似乎可以再加上一些东西。

第 三 章

[2月22日动乱——23日的会议——新内阁——迪福尔先生和博蒙先生的感想]

我觉得,2月22日这一天,没有使人可以感到严重不安。群众已经拥满街头,但我认为他们的主要成员是看热闹的和爱打抱不平的,而不是一心想要暴乱的人。士兵和资产阶级见面时总是开玩笑,我听到群众发出的声音,主要是冷嘲热讽,而不是大声责骂。我知道,不要相信这种表面现象。通常,参加暴乱的都是巴黎的流浪汉,一般说来,他们就像放假的学生,高高兴兴地参加这种活动。

我回到议会,发现这里表面上极为平静,但通过这种平静你会感到,这里面正有无数被抑制的激情在翻滚。从早晨开始,在巴黎,只有在议会这一个地方,我没有听到整个法国这时正在高喊的那种不安的声音。在这里,人们正在无精打采地讨论在波尔多设立一个银行的问题。但实际上对这个问题发言的,只有在讲坛上发问的人和应当对此答辩的人。迪沙泰尔先生对我说,一切都会很好地进行下去。他说话的时候信心十足且兴奋不已,但我对此表示怀疑。我看见他摇头晃脑,耸了耸肩膀。他的这个已经成了习惯的毛病,比往常表现得尤为明显和频仍。我现在还能想起,这

第三章 [2月22日动乱——23日的……博蒙先生的感想]

个小小的观察给我留下无比深刻的印象。

其实,我知道,市内的许多地方,虽然我没有去看过,但那些地方确有严重的骚乱发生。有些人被打死或打伤。人们对这样的事件,已经不像数年前看到时那样或像几个月后将要看到时那样,无动于衷和习以为常了。他们的情绪十分激动。正好在这一天,我应邀到我的一位众议院同僚,属于政府反对派的卡尔瓦多斯省众议员保罗米埃①先生家去参加晚宴。我费了点劲才穿过还在街上警戒的部队进入他的宅邸。我见到东道主的家内十分紊乱:怀孕中的保罗米埃夫人,被自宅窗外发生的小冲突吓得已经睡下。晚餐十分丰盛,但席间冷落。被邀者有20多人,但只来了5人。其他人由于遭到路障,或因当日太忙脱不了身而没有来。我们几个出席者,心情十分沉重地在没有派上用场的丰盛宴席上坐下[1]。当时我在沉思,我们正生活在一个奇妙的时代,谁也不敢保证一场革命不会在我们执箸开筵或吃饭的瞬间突然发生。在来宾当中,有一位萨兰德鲁兹②先生,他从祖上继承了一处同名的大商行,以制造地毯发了大财。萨兰德鲁兹先生是一位年轻的保守派,他被人器重主要不是由于名声,而是由于财富;有时他表现自己是反对派主要是通过大发牢骚,而不是依靠他在反对派的微弱影响。我认为,他大发牢骚主要是显示他的重要性。他在讨论国王讲话的

---

① 夏尔·保罗米埃(1811—1887),律师出身,1846年当选为卡尔瓦多斯省众议员,他也是立法议会议员。
[1] 我们在吃饭的时候,心情沉重,十分伤感,相当悲怆。
② 夏尔·萨兰德鲁兹(1808—1867),工业企业家,奥布松地毯厂总经理,七月王朝时期的众议员,制宪议会议员。

最后一次会议上提出一项修正案①,如果这项提案被通过,内阁就会垮台。在许多人特别关心这件事情期间,一天晚上他应邀出席杜伊勒里宫的招待会。他以为,这次他在这么多人当中不会遭到冷遇。果然,路易·菲力浦国王一见到他,就热情地迎上前去,亲切地把他一个人拉到一旁坐下,立即非常兴奋和热烈地同这位年轻的众议员谈起给后者带来财富的产业。萨兰德鲁兹认为,这位善于笼络人心的君主先谈个人的小事,然后马上就会转入重大问题的讨论,所以一开始他并未感到奇怪。但他想错了,因为谈了15分钟,国王还没有改变话题,而是继续"灌米汤",让他觉得自己在羊毛和地毯业中是陛下的人而神魂颠倒。他还没有明白这是国王摆的迷魂阵,但已开始非常害怕将要遭到严重的报复。他向我们说,前天晚上,埃米尔·吉拉丹②先生对他说:"两天之内,七月王朝就将不复存在。"我们都认为,这不是新闻记者的夸张,而实际上也许就是夸张。但事件的发展,证明吉拉丹是预言家。

2月23日早晨,我醒来后得知,巴黎的暴乱已代替平静而扩大。我用一个小时赶到议会。议会大厦的周围一片平静,步兵部队把守着大厦,把附近封锁起来,而胸甲骑兵则沿着大厦的围墙排列在那里。在大厦内部,已处于激动状态,但还不知道应当支持什么。

---

① 萨兰德鲁兹为了缓和"盲目的或怀有敌意的激情"这句话的影响,曾在这个提案中加上如下的词句:"陛下的政府将从各种各样的示威中识别国民的明智而合法的愿望。我们希望政府主动采纳舆论提出的明智而稳健的改革;在这些改革当中,应当首先落实议会改革。在君主立宪的政体中,全国各种巨大权力的联合,就能没有危险地采取进步的和可以满足全国的精神利益和物质利益的政策。"

② 埃米尔·德·吉拉丹(1806—1881),《新闻》周刊的创办人,七月王朝时期的众议员,立法议会议员。

第三章 [2月22日动乱——23日的……博蒙先生的感想]

议会照例在规定的时间开会。但议会已经没有勇气演出昨天那样的议会喜剧，停止了工作。议会收到市内发生的事件的情报，等待着事态的发展，在焦急不安之中无所事事地消磨着时间。在这种状态下，有一段时间听到外面响起军号的高昂声音。人们很快就知道，这是胸甲骑兵在自我消遣，消磨时间和听一听军号声。军号的得意扬扬的欢乐声音，与议会里人们的心中想法形成十分可怕的对照，于是赶快叫人通知外面停止这个使人发烦和使每个人自身难以忍耐的音乐。

最后决定大家都大声发言，以改变几个小时以来轻声细语的场面。巴黎的众议员瓦万①先生就巴黎的市内状况开始质问内阁，质问和答辩3个小时，这时基佐先生出现在会场的入口处。他以十分坚定的步伐，无比高傲地走进会场；然后静静地穿过通道登上讲坛。这时，他害怕人们看见他低头，而一直向后仰头。他简单地说道，国王即将召见莫莱先生，请他组成新的内阁。我从来没有见过这样的剧情突变。

反对派坐在议席上没有动，他们当中的多数人以为自己获得胜利，满足了复仇心而欢呼起来；只有他们的领袖们又恢复了平静，一心研究如何利用他们获得的胜利，早点防备不要侮辱可能对他们有用的多数派。多数派遭到没有想到的打击，就像左右摇摆不定的集团不知道应当投到哪一方面而忽然感到不安；接着，多数派的成员们乱糟糟地走下半圆形阶梯式会场的台阶，有些人上来

---

① 阿列克西·瓦万(1792—1863)，巴黎选出的众议员，属于自由主义的反对派，先后出任制宪议会和立法议会的议员。

把大臣们包围起来,要求大臣们作出解释,或对他们作最后的告别,而大部分人是义愤填膺地提出抗议。他们说:"放弃内阁,在这种情况丢开政治友人,简直是罕见的卑鄙。"还有些人大喊大叫,要去杜伊勒里宫,迫使国王取消如此令人沮丧的决定。如果想到这些人的绝大多数不仅在政治观点上,而且在最敏感的私人利益上受到打击,则对这种绝望的表现就毫不惊讶了。导致内阁垮台的事件,对于他们这些人来说,是丧失全部财产;对于另一些人来说,是使自己的女儿的嫁妆没有了着落;对于其他人来说,是使自己的儿子官运受挫。他们将因此几乎全部不再趾高气扬。他们的大部分人不仅是依靠阿谀奉迎[1]爬上去的,而且有人会说,他们也是如此生活的;他们还要这样生活下去,也最希望能继续这样生活下去,因为内阁存在了8年,他们已经习惯了依靠存在至今的内阁。他们是以在生活中养成的心安理得的讨好态度依靠内阁的[2]。我从自己的座位上看到周围的人走来走去,看到他们在没有满足愿望之前表现出来的惊讶、怒气、恐惧、贪婪的样子,以及惊慌的脸上出现的各种表情。我在心里暗自把这一大帮立法议会议员比作一群猎犬,看着他们把猎物的一半叼在嘴里,可就要被猎户抢去。

此外,还应当指出,反对派的大多数成员之所以闹出这样的丑剧,是因为他们还没有这方面的经验。如果说大多数保守派之所以要保护内阁,只是因为要保护他们的好处和地位,而反对派的多数人之所以要攻击内阁,我要说他们好像只是为了获得好处和地

---

[1] 卑躬屈膝
[2] 他们把依靠内阁看成是家常便饭

第三章 [2月22日动乱——23日的……博蒙先生的感想]

位。真实情况、而且是可悲的真实情况是:追求公职和希望依靠国家的税收生活,在我国已不是一个党派特有的病症,而是我们公民社会民主长期存在的重大弱点,即我们公民社会的民主集中和我们政府权力的过度集中的重大弱点。也可以说是已经腐蚀所有的旧政权和又将同样腐蚀所有的新政权的隐而不现的疾病①。

骚乱开始平息下来,事件的性质也弄清楚了:终于明白,国民自卫军第5团的一个营倾向叛乱分子,以及这个营的几名高级军官直接去向国王报告,是这个事件的起因。

知道出了事的路易·菲力浦国王(他是很少改变自己的想法,但又是我一生见到的人中最喜欢改变行动的人)立即下了决心[1],而对他服从了8年的内阁,未经任何仪式,也没有听到他的讲话,就被他只用两分钟解散了。

议会立即散会,谁也没有去想内阁的接替问题,同时也把革命忘掉了。

我和迪福尔先生一起离开议会;我立即注意到,这个人不仅心事重重,而且尽力不表现出来;我又马上理解到,这位行将出任大臣的反对派领袖正面临一个含有危机的复杂局势;他在认为自己的朋友有用之前,必须先想一想他们提出的要求可能给他带来的麻烦。

迪福尔先生具有使他自愿地接受这种思想的稍微阴险的打算,以及一种不允许他将这种思想藏掖起来的掺有诚实心理的天生野性。他也非常直率,比在这时有机会出任大臣的所有人都善

---

① 栏外旁注:……它像一种内在的疾病已经不可救药……在内部,它控制不住它的外在形式,直到它不再(原文如此)向外表现。

[1] 他马上作出决定

良得多。他完全相信自己能够取得权力,并想以比曾经在战斗中使用过的秘而不宣的激情还强烈的〔1〕激情去达到目的。在他看来,莫莱先生使人觉得非常自私,而且忘恩负义。但是,他还是很容易开诚相见的和非常可爱的。

我与他分手后,立即前往博蒙先生的家里。我发现在他这里的人都兴致勃勃。我没有这样的兴致,但我觉得同这些人相聚,应当对我可以无话不说的人说出我没有兴致的理由。我说:"巴黎的国民自卫军刚把内阁打倒。因此,新内阁将根据国民自卫军的好恶办理政务。你们为内阁被打倒而兴高采烈,但你们知道被打倒的是实在的权力本身吗?"博蒙对这样可悲的政治体会不深。① 他对我说:"你总是对一切表示悲观,我们还是首先为我们的胜利而高兴吧!我们也要关注今后发生的事情。"

在谈话中,博蒙夫人② 参加进来。我看她本人也被其丈夫的热情所感染,但一点没有党派精神的不可抗拒的冲动。这位优雅而有魅力的妇女的心中,自然不怀有利害和仇恨的念头。她是我一生中见到的最贞洁的妇女之一,把动人而可爱的德性表现得淋漓尽致。③

---

〔1〕 还活跃的

① 在《回忆录》的第一版中,在这下面有"仇恨和雄心在控制着他"的文句。这句话在手稿里没有,但栏外旁注有两行字被勾销而看不清楚。

② 古斯塔夫·德·博蒙于1836年6月与克莱芒蒂娜·德·拉法耶特结婚,她是拉法耶特将军的孙女。

③ 〔拉法耶特的心灵美,还表现在一种完美的、细致的、善良的、正义的精神上面〕:这句话在原稿中笔圈起来,预定删掉。对于博蒙夫人的这样描写,还有几个地方在手稿中被勾掉。

第三章 ［2月22日动乱——23日的……博蒙先生的感想］

我始终坚持我的意见而反对他的看法，认为最终出现的偶发事件是不幸的，或者说，与其认为它是偶发事件，不如把它看成是行将改变一切事物的面貌的重大事件。说真的，我已经为自己能够发表这样的言论感到非常满足，因为我没有被我的朋友迪福尔的幻想所迷惑。给政治机器打上烙印的运动非常激烈，所以权力不会落在我所在的中间派的手里。而且，我也曾预言，权力虽被至今敌视我的党派丢掉，但马上就会落到几乎同样敌视我的党派手里。

我又被另一位朋友朗瑞内先生[①]请去参加晚餐会。以后，我将多次谈到此人。参加宴会的人很多，而在政治上又杂七杂八。有几位来宾对当天发生的事情的结果表示欢迎，另一些来宾表示担心。所有的来宾都认为，反叛的运动虽然将会自行停止，但不久以后一有机会，就将以另一种形式重新爆发。从市内传到我们这里的一切消息，好像都在证实大家的这个看法。战斗的叫喊声终于被欢喜的呼叫声代替。我们中间有一位波塔利斯[②]先生，他几天后出任巴黎的总检察长，他不是最高法院首席法官的儿子，而是他的侄子。这位波塔利斯既没有出众的智慧[1]和模范的品行，又

---

① 维克托·朗瑞内(1802—1869)，一位国民公会议员之子，律师出身，七月王朝时期下卢瓦省的众议员，自1838年起一直连续当选。托克维尔的朋友，两人同属于迪福尔的小组。先后出任制宪议会和立法议会的议员，当过巴罗内阁的农业部长(1849年6月2日—10月31日)。1863年政变后退隐，自由主义的反对派后来请他参加立法议会。

② 巴隆·奥古斯特·波塔利斯(1801—1855)，律师出身，七月王朝时期的众议员，1848年出任巴黎的总检察长，是制宪议会议员。

[1] 出众的精神

没有他叔父那样稳重的平凡。他的粗野、暴躁、蛮干的性格，使他形成了各种各样的错误思想和我们时代的各种各样的极端观点。尽管他与革命以来被人称为1848年革命的制造者和领导者的大部分人有联系，但我可以肯定，他并没有比今天晚上我们这些人更期待革命的到来。我相信，人们可以说在这最重要时刻，他的大部分朋友与他一样。研究这种事件是由哪些密谋[1]发动的，那是浪费时间。依靠人民的激情实现的革命，一般说来是人们渴望的事情，而不是事先计划好的事情。吹嘘事先有密谋[2]，那只是想由此得到好处。革命是由人们精神的一种通病自发地产生的，这种通病突然在谁也不能预料的意外状况下把事态引向危机；至于所谓的这些革命策划者或指导者，实际上什么也没有策划，什么也没有指导。他们的唯一功劳，是发现了大部分未知陆地的冒险家的那种功劳。也就是说，风推你前进多少，你才敢于前进多少。

  我早早地离开朗瑞内的宅邸，随后即回家就寝休息。尽管我住的地方离外交部很近①，但我并没有听到对后来事态的动向产生很大影响的枪声。这一夜我睡得很香，不知道我已经面临七月王朝的末日。

---

[1] 诡计
[2] 策划
① 马德莱娜大街。

第 四 章

[2月24日——内阁的反抗计划
——国民自卫军——贝多将军]

第二天,2月24日,我一走出卧室,就碰见由街上回来的厨娘。这位善良的妇女完全失了常态,声泪俱下地向我说了一大套混乱难懂的话,我从中除了知道政府屠杀了穷人之外,什么也没有听明白。我立即走出去,还没有踏上大街,就马上第一次充分感到[1]这样的革命景象:街中心空无一人,商店没有一个开门,既没有马车又没有步行的人,听不到流动商贩常有的叫卖声;在一些住户的门前,邻居们集成堆,露出惊恐的面色,互相小声交谈;人人的面孔由于不安和愤怒而失色。我同一个国民自卫军士兵擦肩而过[2],他像演悲剧似地急急忙忙前进。我上前跟他搭讪,除了知道政府屠杀了人民,什么也没有打听到。(可是他又补充说,国民自卫军会处理好这件事情的。)说来说去总是这一套。其实,这种说明等于什么也没有说明。我十分清楚,七月王朝政府的这些罪恶,只能说明它的骇人听闻的残忍。我坚信这个政府是最腐败的政府之一,但又是至今存在的不太嗜血成性的政府之一。我作这样的报道,只是要揭示依靠谣言惑

---

〔1〕 我第一次充分感到
〔2〕 我看见

众的办法进行革命的行径。

我直接奔向位于相邻一条街①上的博蒙先生的家,在这里我听说昨天夜里国王曾召见过他。我随后到雷米萨家时也听到这个消息,最后见到的科尔塞勒②先生,他向我叙述了见到的事情的经过,但说得更为混乱,因为一个闹革命的城市,就像一个战场,每个人都愿意把目睹的偶然事件看成是当日发生的事变。我从科尔塞勒处得知卡皮辛内大街发生的枪杀平民事件,暴乱的发展和这种无益的暴力成为莫莱先生拒绝在这种情况下组阁的原因或借口,以及梯也尔先生、巴罗先生和他们的最后同意入阁的朋友们被召进宫。这些事情已是尽人皆知,所以我没有必要再叙说。我问科尔塞勒先生,大臣们为了稳定人心将要如何行动。他回答我说:"我听雷米萨先生说,计划从巴黎撤出所有的部队,只让国民自卫军全部留在市内。"这是他自己的想法。我曾多次指出,人们之所以往往在政治上失败,是因为对过去过于留恋。

这时出面阻止1848年革命的这些人,正是当年实行1830年革命的那些人。他们回想起1830年革命时,他们对军队进行抵制,才得以继续前进,而现在却完全相反,被查理十世轻易地解散了的国民自卫军的重新出现,则可能成为他们的重大障碍,妨碍他们获得成功。他们采取与查理十世政府的政策完全相反的政策,

---

① 安茹·圣—奥诺雷大街48号。
② 弗朗西斯·德·科尔塞勒(1802—1892),奥恩省的众议员,1839年以后连续当选数届,同托克维尔同属于迪福尔派,前后出任制宪议会和立法议会议员。曾两次出使罗马(1848年和1849年),第二次出使时得到他的好友托克维尔的支持。12月2日政变后离开政界,皇帝垮台后又复出。

第四章 〔2月24日——内阁的……贝多将军〕

但将产生与其相同的结果。可以这样说：人性总是一样的，而群众的情绪和历史的事件则完全不同[1]，它们是不断变化的。一个时代与另一个时代从来不可能相同。旧的图画，即使你硬把它放在新框里，它仍被人看成是旧的。

就危险的政治局势聊了不多时间之后，我和科尔塞勒先生就去朗瑞内先生的家里，随后，我们三人又一起去当时住在勒佩尔蒂埃大街的迪福尔先生家。我们步行的林荫大道，呈现一派奇异的景象：虽然就要到9点，可几乎没有人影，也没有听到人的语声；但这条宽阔大街两侧的一些小商亭已摇摇欲坠，有的正在坍塌而不时地传来巨大的破裂声，而人行道旁的大树，则好像人为地倒在路上了。这种破坏行为是一些人独自所为，他们偷偷地、不惜费力地[2]把树弄倒在地，为即将起义的他人准备构筑街垒的材料。我从来没有像现在这样认为，这似乎是在做一种作业的训练，而对这些人的大部分来说，实际上这是喜欢闹事的本能驱使他们体会和尝试一下这种行动先于理论的暴动的一种训练。我今天见到的所有奇怪现象，没有一种比这种寂静更为印象深刻[3]。在这种寂静中，可以说看到了人们的最坏激情比他们的良好激情更起作用。我也喜欢在这些地方看到疯狂的群众。我记得，我当时一边让朗瑞内先生看倒塌在地上的柱子和树木，一边把长期放在嘴边而未说出的话初次向他说了出来："请你相信，这次已经不是暴动，而是

---

[1] 历史的事件是各不相同的，而过去对现在也只有一点点价值……
[2] 一丝不苟地
[3] 我不知道这一天是怎么熬过来的，而只是在穿过这一寂静的空间时觉得十分激动

革命了。"

迪福尔先生向我们叙述了昨天傍晚和夜里发生的只与他有关的事情①。莫莱先生最初请他出来协助组织新的内阁,但局势的逐渐严重,使他马上明白,他们俩无论谁出来参与组阁,都已过了时机。过了几分钟,莫莱当晚就向国王禀报了他们的意见,国王随即派人去找梯也尔先生,后者提出:如果没有巴罗先生协助,他本人绝不想出来掌权。除此之外,迪福尔知道的事情并不比我们多。我们无法判断以后如何发展,也没有作出其他决定,就离开了迪福尔先生的家,而直奔已在开会的议会。

迪福尔先生终于没有出来组阁,但到底为了什么,我也不详其细节。不是由于胆小怕事,倒是确实的,因为从那以后,我看他一直非常冷静,在危机十分严重的局势下却非常坚定自如。我认为,他为了家庭的安全,才想把家秘密地搬出巴黎。他既有私德又有公德,而且两者都很坚定,但两者不能同时并进,一般都是私德压过公德,我们也将不止一次看到他如此。一个人具有各式各样的德行是相当稀少的,不能依靠他对自己的同类和同僚持有什么德行来说三道四。

我们在迪福尔家停留时,暴动者在我们来时走过的大道上筑起大量的街垒,在我们由这条道路回来时,他们正对街垒进行最后的加工。还看到有少数人在精心构筑。他们劳动得非常勤勉,不

---

① 栏外旁注:
主要重述与迪福尔有关的事情。
对博蒙亦然,
有许多小的细节,我几乎都能按与他们见面谈话时那样回忆出来。

像因害怕再犯现行罪而努力劳动的在押犯人，而像想把自己的工作尽快做好的善良劳动者。群众安然地看着他们，既不出来反对，也不前去帮助。我在1830年时曾见过巴黎全市有过那种沸沸腾腾的场面，而这回我在什么地方都没看到那种全面沸腾的场面。这次，人们不是要颠覆政府，而是要把它彻底摧毁。

我回来的时候，在林荫大道上遇到一队向圣马德莱娜教堂方向撤退的步兵，没有一个人同他们说话，而是把他们的撤退视为溃败。队伍哩哩啦啦，士兵走得杂乱无章，低着头，表现出既感到羞辱又有些害怕的样子。如果有一个士兵掉队，一时跟不上大队，立刻就被包围擒住，缴械，然后放走。这一切都是在转瞬之间完成的。

我回到家的时候，正好我哥哥爱德华①携着妻子和孩子进屋。他们的家在郊区蒙马特尔。他们家的周围，一夜枪声不断，被不堪这种噪声骚扰的他们，决定等到天亮就离开家。他们是绕过一个一个的街垒徒步走到我家的。随他们来的我的表姐，因遭不幸而一直头脑混乱。她亲眼看到丈夫之死和女儿被强暴。我的姐夫是一个非常坚强的人，只知道埋头工作，但他本人已不复存在。现在我才无比清楚地意识到，一个勇敢的女伴虽然在革命时期可以大力支持你，但如果她是一个胆小怕事的母鸡，即使有一颗鸽子的心，也是一个令人头痛的累赘。使我特别不耐烦的是：我的表姐只哀叹自己的悲惨命运，而一点也不涉及国事。她是一位感情容易

---

① 爱德华·德·托克维尔(1800—1874)，曾任查理十世的侍卫，1830年离开军界。1829年，与法国的显贵、法兰西银行董事、荣誉勋位获得者奥古斯特·亚历山大·奥利维埃的次女亚历山大丽娜·德尼兹·奥利维埃结婚。

外露,但没有深度和广度的女人。总的说来,她是一位非常善良而又心灵也很纯洁的人,但她的精神有点狭隘,她的心有点冷漠,并把这样的精神和心,紧紧地压在[1]一种并不害人的个人主义之中。这种个人主义使她只为善良的神、善良的丈夫、自己的儿女,特别是自己的健康而生活,对其他一切毫不关心。她是一个可能遇到的最善良的女人和最不好的公民。

我想赶快使她从当前的状态中摆脱出来,也使自己从她给我造成的困境中解放出来。我向她提议,把她送到离我家并不太远的凡尔赛铁路乘车离开巴黎。她很怕留在巴黎,但也很害怕离开巴黎,继续叙述她的忧虑而下不了决心,使我也一筹莫展。最后,我几乎是强制地把她及其家属安安全全地带到火车站的站台,把他们留在那里就返回市里了。

在我回来的路上经过阿弗尔广场时,初次见到当时大概已布满巴黎的国民自卫军的一个营。这些士兵精神不振,以迟疑不决的步伐前进,一些流浪汉在道路两旁跟着他们,高喊"改革万岁!"。士兵们也以同样的呼声回答他们,但声音沙哑[2],有点不是情愿。这个营是由我们街区的人组成的,其中的大部分人都认识我,可我对他们连一个人的名字也叫不出来。他们把我围上,争先恐后地打听消息。我告诉他们:我们要做到他们渴望得到的一切,内阁已经换了,大家所非难的一切弊端将会得到改革,目前存在的唯一危险是人们任凭现状长期拖下去[3],而阻止这样下去才是国民的义

---

[1] 封闭在
[2] 嘶哑而含混不清
[3] 这样长期下去

第四章 [2月24日——内阁的……贝多将军]

务。我非常清楚,他们听不进去这种劝告。他们对我说:"先生,你说的也许对。既然政府因自己的错误而陷入困境,那就让它尽其所能摆脱这个困境吧!……"我对他们说:"这不好!你们不认为现在应当采取行动的不是政府,而首先是你们本身吗?[1]如果巴黎陷入无政府状态,全王国就都混乱了,你们认为只有国王受不了吗?"我谁也未能说服,只引出如下的令人惊讶的愚蠢话语:错误是政府犯的,危难也由它自己去受。我们不想为把事态弄到如此险恶地步的人去进行屠杀。但是,这完全是18年来一直怀有各种贪婪愿望的中产阶级的观点。舆论的主流终于通过这个阶级本身的表现而形成,谴责这个阶级受到政府的厚爱,以致宠得它敌对起政府来了。

这时,我产生一个以后一直萦绕在我的脑际的感慨:在法国,历届政府总是犯有把支撑点放在一个阶级的排他利益和利己心上的错误。这种情况只有在人人都特别关心国家,而虚荣心少于我们的国家,才能获得成功。在我国,当政府已经不得人心的时候,那个使它失去人心的阶级[2]的成员,就宁可选择在特权问题上同全体大众一道诋毁政府,而不是保护自己的特权的道路,并因此而高兴。比我们现在的中产阶级高明得多,也有十分强大的团结精神的法国旧贵族阶级,早已提供这样的例证。他们最后以令人称快的态度谴责自己的优越地位,怒斥自己所维护的弊端。因此我认为,从各方面来看,在我国今后为保存政府而可以采取的最有效

---

[1] 我愿意向你们建议,你们自己现在已先于政府行动起来。我认为,"如果巴黎陷入无政府状态……"

[2] 它所宠爱的阶级

办法,是实行良好的治理,特别是按全体人民的利益进行统治。我还要指出,即使现在采取这个办法,国家也一定能长治久安。

随后,虽然还没有接到开会时间的通知,我想大概是11点开会,便立即赶奔议会大厦。我发现,查理十五世广场还没有群众,但已被几个享有特权的骑兵团占据。当我看到这支部队人数如此众多,队列如此整齐的时候,我就确信他们所以撤离大街,是人数众多的部队包围杜伊勒里宫和议会大厦并保卫它们。在方尖碑形的纪念塔下,由一位陆军少将率领他的全体参谋人员一起骑马布阵在那里。我走近一看,这位将军原来是贝多①,他由于运气不佳不久以前由非洲调回,后来参加颠覆七月王朝的活动。在这前一年,我在君士坦丁与他有过数日的交往。结果,从那以后我们之间有了一段友谊。贝多很快就认出了我,立即从马上跳下来,跑到我跟前,以马上就让我知道他的激动心情的样子伸出手来同我握手。他的话更使我觉得他的心情十分激动。我对此并不吃惊,因为我一直认为,军人在革命的日子里最容易头脑发热,一般也最容易暴

---

① 阿方斯·贝多(1804—1863),1836年以营长军衔派往非洲,一直待了10年,其间参加过多次战役,军阶迅速提升。1844年9月被任命为师长,后来担任君士坦丁省的驻军司令。他同拉莫里西埃合写了一部关于移民的报告,于1847年印制成册,其中一卷的书名为:《奥兰省和君士坦丁省的移民方案》,受到参议院的重视。托克维尔在1846年旅游阿尔及利亚期间结识贝多。他曾暂时代理阿尔及利亚总督,1847年9月奥马尔公爵接任总督后,他回到法国。被比若元帅派去镇压2月24日起义,他在查理十五世广场对待起义者的态度,后来使他受到严厉指控。他被临时政府任命为巴黎的城防司令,4月接受阿尔卑斯军第1步兵师的师长任命。在六月事变期间负伤,先后出任制宪议会和立法议会的议员,会上投票赞成右翼共和派。他在政变中被捕,1852年1月被放逐,流亡在比利时,1859年大赦后回到法国,居住在布列塔尼,依靠全额的养老金生活,直到去世。

第四章 ［2月24日——内阁的……贝多将军］

露出弱点。①他们习惯于同组织精良的兵力对峙，手中握有被动的[1]兵力；面对手无寸铁从而不会伤人的公民制造的群众暴乱危机[2]，看到自己的士兵执行命令犹豫和串通起义者时，最容易狼狈不堪。毋庸置疑，贝多就狼狈不堪了。谁也不知道这种狼狈状态的结果会是什么样子，议会大厦是怎样被一大群人在可能被守卫议会的骑兵以手枪击中的条件下侵入的，随后又怎样宣布废黜国王和选举临时政府的。贝多在这必然要来的一天所起的作用，对他来说是不幸的，然而却具有重大的影响。因此，我要先用几句话来谈一谈他的为人及其行为的原因[3]。在这个事件之前和之后，我们都曾不断来往，所以我能以知情人的身份来谈他。不错，有人给他下达过不许战斗的命令，但他为什么执行了一个非常的、根据情况也可以不执行的命令呢？

贝多绝不是胆小怕事的人，甚至可以说不是优柔寡断的人，因为他一旦作出决定，就会非常坚定地、冷静地、勇往直前地奔向目标。但他也有慢条斯理、不相信自己、不敢冒险和难以想象的怠惰[4]的毛病。他总是在做一项工作的时候从所有方面考虑如何行动，先从［所想到的］最难处开始，以致把宝贵的时间浪费在左思右想、不快速行动和空放议论方面。此外，他还是一个正直、稳健、慷慨、仁慈的人，这对在非洲打了18年战争的人来说，是难能可贵

---

① 栏外旁注：我要求贝多详述对这些事情的看法。
[1] 听从指挥的
[2] 喧闹多变的危机
[3] 动机
[4] 和不作即兴发挥的事情

的；他为人谦逊，品行端正，诚实，甚至心软慈悲，是军人中间和其他地方极为罕见的好人。他当然不乏见义勇为之心，因为他的勇气经过各种考验。他更不会有受不良动机驱使的背叛。因为他与奥尔良家族没有关系，所以他不可能像他的最好朋友们那样，甚至更不可能像这一族的一些创始人那样背叛这一族的王公。他的唯一不幸，是他卷进了一场规模巨大的事件，要处理好这一事件要有天才，尤其是特有的革命天才，而他只有一般的才能。这种天才主要是随着情况的变化采取行动和能够适时地改变行动。有关二月革命的一些回忆录，对于贝多将军的生平进行了恶毒的攻击，使他的内心受了重伤，而且通过人们一再谈论和叙述这一时期的事件，这个伤更加重疼痛。

在他正向我说明他的困惑，表示反对派应当成批地走向街头，以自己的演说平息人民的激愤的时候，一大帮群众穿过香榭丽舍大街的街道树丛，沿着大道向我们这边走来[1]。贝多一看这些人走来，便拉着我冲着他们走去，步行到离他的骑兵部队100多步的地方停下，开始向他们发表演说，我从未见过一个腰上挎着军刀的人[2]发表这样的演说。

在他继续演说的时候[3]，我发现听众正形成一个大圈慢慢地靠近我们，很快把我们包围起来。我的视线穿过前面的第一排人墙，非常清楚地看到后面的人开始骚动，而且突然听到群众当中低声喊着"这小子就是比若"的危险口号。于是，我把身子靠向将军

---

[1] 向我们这边的查理十五世广场走来
[2] 一个人把军刀推向身后
[3] 栏外旁注的简要异文：既爱行动又爱[讲话]的人……说话能力的最大意义

第四章 ［2月24日——内阁的……贝多将军］ 73

的耳旁,小声向他说:"我对于群众运动比你有经验。请你听我的,赶快回到你的马所在的地方;若是再停在这里,不到5分钟你就会被杀或被擒。"他听了我的话,并巧妙地采取了行动。方才还准备接受他的说教的这群人,在他离开后立即开始捣毁香榭丽舍大街的哨所。我自己费了一番周章才从他们当中脱身。他们当中的一个像似属于工业的中产阶层的又矮又胖的人问我去哪里,我回答说去议会。为了表示我是反对派,又补充说:"改革万岁! 您不知道基佐内阁已被推翻了吗?"他一边指着杜伊勒里宫,一边用逗我的口吻回答说:"先生,我知道,可我们想得到的比这个要多。"

第 五 章

[议会开会——奥尔良公爵夫人——临时政府]

我回到议会,议会根本没有开会。议员们像一群失魂落魄的人在走廊里走来走去,交谈着谣言,没有可靠的消息。这哪像议会,倒像群众赶集,因为没有人领导它了。

多数派和反对派的主要领导人都没有来。旧的大臣们已经躲避起来。新的大臣还没有产生。有人大声喊着要求开会,这不是出于预先安排的计划,而是出于盲目的行动需要。议长拒绝了这项要求。他已养成没有命令就什么也不做的习惯,从早晨之后没有人下达命令,他只能叫大家散会。有人叫我去找议长,让他决定主持会议开会。我去找了议长。如果是不太重要的小问题,他一般会马上行动起来;但像现在这样的问题,可以想象他会无动于衷。我找到这位优秀的人物(尽管他经常玩些小花招[1],说些没有恶意的谎言,犯些无伤大雅的错误,具有被心细的人和性格坚定的人一般认为一个善人不应该有的一切小毛病,但他还是优秀的人物),见到他一个人在自宅的大房间里踱来踱去,情绪十分激动。大家知道,这位索泽先生形貌富态,像神殿卫士那样严肃,身材高

---

[1] 做些背信弃义的事情

第五章 〔议会开会——奥尔良公爵夫人——临时政府〕

大而且肥胖,但双臂短小。他在不安和慌乱的时候(他几乎经常如此),就疯狂地挥动双臂,像一个溺水求救的人在头上摇晃。在我们交谈的时候,他坐立不安得出奇,往前走了几步又停下,然后把一只脚垫在大屁股下坐下,这是他在情绪十分激动时候的习惯。过一会儿,又起来,又坐下,但什么结论也没有作出来。由这样一个笨蛋在如此危机的日子在议会里坐镇,对奥尔良家族来说真是一大不幸:一个不知廉耻的大无赖即将发挥他的最坏作用①。

索泽先生向我说了很多不能开会的理由。只有一个理由可以说服我,但他没有说。我看他没有方针,甚至连一个方针也提不出来,于是我断定,由他来领导议员只能助长议员们混乱。因此我告别他,认为设法保卫议会比召集议员开会更为必要,而最后决定去找内政部求援。

我刚要穿过波旁宫广场,看到两个大声欢呼的人领着一大帮乱糟糟的群众,并很快就认出这两个人是巴罗和博蒙。他们二人把帽子戴得低低的,压到了眼眉,上衣沾满尘土,面色憔悴,目光无神,真像是前所未闻的把胜利者押往断头台的样子。我跑到博蒙跟前,问他发生了什么事情。他靠近我的耳边说:国王在他们面前宣布退位了,这位君主已经逃亡;根据各种情况来判断,拉莫里西埃②在去向叛乱者报告国王退位的消息时可能被杀害(一位副官

---

① 让·皮埃尔,亦名保罗·索泽(1800—1876),律师出身,七月王朝的众议员和大臣,1848年2月事变时为众议院议长。

② 路易·朱肖·德·拉莫里西埃(1806—1865),在非洲立过功,1840年升为将军,1846年当选为王朝反对派的众议员,1848年2月24日负伤。他对六月起义进行镇压,出任卡芬雅克将军内阁的军事部长(1848年6月28日—12月20日)。先后担任制

回来说,他确实从远处看到拉莫里西埃从马上掉下来);大家都乱套了[1],不知所措;而他——博蒙和巴罗要去内政部,想把那里作为活动的基地,并设法在什么地方设立一个处于国家权力和抵抗力量之间的中心。我说:"那么,议会呢!你们采取什么措施来保卫议会?"博蒙觉得我的意见可笑,好像我在向他要求保卫自家的房屋。他粗暴地回答我说:"谁还考虑议会?它或许还有用处,在这种情况下谁还会去损害它?"我认为他这样想是错误的,他也确实错了。不错,议会这时处于一种奇特的无力状态,议会的多数派被人蔑视,少数派被当时的舆论抬高。但是,博蒙先生忘记了,特别是在革命时期,少数的权力机关,此外还有外部事件本身,是可以在人心中唤起法律观念的,具有重要的意义,因为主要是在这种无政府状态和这种全面动荡当中,人们才感到必须暂时借助传统仅存的空架子或权威的残破部分[2]来拯救已被破坏一半的宪法的残余,或把宪法废除。如果议员们可以宣布实行摄政期,尽管他们的做法不得人心,摄政期也许会受到欢迎;另一方面,也不能否认,在人民代表长期活动的议会议事堂里制造出一个临时政府,并不一定是意外。

我跟随我的朋友奔赴内政部,群众也跟着去了。跟着我们的一群人也进了内政部。不,应该说他们吵吵嚷嚷地挤进了内政部,

宪议会和立法议会的议员。他1828年就认识托克维尔。由于托克维尔与路易·德·凯尔加莱的友谊,他在1849年7月被托克维尔任命为驻俄国宫廷的特别使节。巴罗内阁垮台后,根据他自己的要求被召回国。

[1] 溃散了
[2] 求助传统和权威的一些空架子

第五章 〔议会开会——奥尔良公爵夫人——临时政府〕

跟着我们一直走到刚把迪沙泰尔先生撵走的狭窄的大臣办公室。巴罗立即想把这帮乱糟糟的人撵走以便脱身,但他未能成功。

当时我发现,这些人持有两种互相严重对立的意见,他们一部分是共和派,另一部分是立宪派。他们同我们或他们之间,就应当采取的方针进行激烈的讨论。由于大家都挤在这个很小的空间里,所以闷热、灰尘、吵嚷和混乱很快就变得令人难忍。巴罗一向在最危急的时候都能照常口若悬河,滔滔不绝,在最滑稽的场面也能保持严肃的和几乎是神秘莫测的态度,依然高谈阔论。他的话虽然能暂时镇住吵嚷,但未能停止吵嚷。我对如此混乱和如此可笑的情景十分失望和反感,于是离开这个几乎可以随时改变讨论的题目和可能动手打起来的地方,而返回议会。

在我看到一群人一边跑,一边高喊奥尔良公爵夫人、巴黎伯爵和内穆尔公爵来了[①],在还以为里面出了什么事的时候,已经来到议会的大门口。看到这种情景,我三步变作两步登上门前的台阶,急急忙忙走进会场。

我清楚地看到,在讲坛下面有三个人背对着讲坛,他们正是我方才听到人们喊的那三位王子。奥尔良公爵夫人坐在那里,身着丧服,脸色苍白[1]而平静。我看到她很兴奋,但我觉得这种激情是

[①] 奥尔良公爵夫人(1814—1858),姓名为埃莱娜·麦克伦堡·施维琳,1837年与路易·菲力浦的长子奥尔良公爵结婚。奥尔良公爵1842年死于车祸,她为他生了两个孩子:巴黎伯爵(1838—1894)和夏特尔公爵(1840—1910)。内穆尔公爵(1814—1896)是路易·菲力浦的次子。

〔1〕 面无血色

一种能使勇气转变为英雄主义而不能转变为恐惧的激情[1]。

巴黎伯爵年龄太小,还不像王子的样子。在他们两人旁边站着的内穆尔公爵,穿着他的制服,给人以直率生硬、冷漠寡言的印象,少将的架式十足。在我看来,这一天真正有危险的只有他一个人。在我观察他的整个时间里,总觉得他有一种顽固的、不爱显示的、不会产生好效果的和不能生辉的勇气,这是一种与其说能使敌人丧胆,不如说可使自己与朋友泄气和衰弱,即使情况来临[2],也只能使他体面地死去。

在这些可怜的王子的周围,聚集着同他们一起进来的国民自卫军士兵,以及议员和少数的群众。主席台上没有人,台下除新闻记者外,还挤进来一帮虽然没有手持武器但已在吵闹的群众。我从这个场面得到的最深刻印象,是这帮群众不断发出的叫喊声。

这是50年来第一次出现这样的场面。从国民公会时代以来,旁听席上一直是鸦雀无声的,这种安静已成为我国议会的常态。目前,大家感到议会的活动受到压抑,但还没有把议会压死;聚来的议员相当多,但各派的主要领导人照例缺席。我听到会场到处在问:梯也尔先生和巴罗先生在哪里。我不知道梯也尔先生什么态度,但知道巴罗先生会采取行动。我出去找我的一个朋友急速去见他,把这里发生的一切告诉他。他便匆匆忙忙赶来,由此我可

---

[1] 栏外旁注的备选异文:眼睛闪现笑意,嘴唇微动,抑制着激情,但是……嘴唇表示微笑,眼神不安而激动,抑制着激情……

嘴唇紧闭和表示微笑,眼神不安……

[2] 这种危险已达到极点

第五章 [议会开会——奥尔良公爵夫人——临时政府]

以向大家宣布,我的朋友没有任何害怕的表现。

我环顾了一下这次非常会议的会场之后,急速回到设在高处中部左侧我的惯用席位坐下。我一直把在危机的时候不仅要出席我应当参加的会议,而且要坐在一贯所坐的地方,作为守则。

一场混乱而喧闹的讨论开始了。后来成为我在内阁的同僚的拉克罗斯先生①,在吵吵嚷嚷之中喊叫:"请迪潘先生②发言!"迪潘立即反驳:"不!不!我不想发言。"各处又在高喊:"没关系,说!说!"在这样的鼓励之下,迪潘先生登上讲台,直截了当地要求回到1842年的法律上去,宣布奥尔良公爵夫人为摄政。于是,会场上一片掌声,旁听席上欢叫起来,走廊里吵吵嚷嚷。走廊里原来没有多少人,现在开始涌进许多人,使人产生不安的感觉。群众至此还没有大量地涌入会场,而现在已经开始少量地、一个接着一个进来了,而且还不断地出现新的面孔。真像越涨越高的潮水。新进来的人,大部分属于下层阶级,其中有些人手执武器。

我从远处看到进来的人越来越多,感到随之而来的危险迅速增加。我环顾整个会场,想找出一个能够马上挡住狂潮的人。我认为,拥有能够阻止这一狂潮的正确立场和必要能力的,只有拉马丁先生。我想起,1842年时只有他一个人提议奥尔良公爵夫人担

---

① 贝特朗·德·拉克罗斯(1796—1865)男爵,七月王朝的王朝左派众议员(1848年和1849年),两次巴罗内阁的公共工程部部长(1848年12月29日—1849年10月31日)和1851年10月26日内阁的公共工程部部长。政变后出任参议员。

② 安德烈·迪潘(1783—1865),即大迪潘,驻最高法院的总检察长,七月王朝的众议员,不管部大臣(1830年8月11日—11月2日)。连续8年任众议院议长(1832—1840),先后任制宪议会和立法议会的议员,并任立法议会议长。

任摄政①。另一方面,他最近的演说,尤其是他最近的文章,博得了人心。他的工作能力也受到人民的赞赏②。我向他的座位处望了望。然后离开座位,拨开挡路的人,走到他跟前,急急忙忙低声对他说:"我们都不行。在这最重要的时刻,只有你的话有说服力,请上台发言。"我在写这几句话的时候,好像又看到他就在我的身旁,想起他那深深地打动我的形象:他那瘦长的身体直立在那里,他的眼睛盯着半圆形的阶梯式议席台,他那呆滞的但全神贯注的目光,与其说是在看周围发生的一切,不如说是在凝思内心的冥想。听到我让他发言后,他并没有把头转向我,而只是手指王子们坐立的地方,以表示他的思想而不是回答提问的样子说:"只要这位妇女和她的孩子们在那里,我什么也不说。"我再没有请他发言,我已完全明白他的意思。我回到我的席位[1],在我经过也坐在议席中央右侧的朗瑞内和比约③身旁时,对他们说:"你们没有考虑过我们可以做的事情吗?"他们以忧伤的样子表示没有。我接着往自己的座位走去。

在这期间,一大帮群众拥上阶梯式议席台,把王子们都要挤碎

---

① 路易·菲力浦在奥尔良公爵死后不久,就忙于建立摄政制。我想让议会通过一项关于国王在未达到18岁成年之前,由血统最近的一位男性王族成员担任摄政的法案。这样,就使奥尔良公爵夫人失去出任摄政的机会,而使内穆尔公爵占上便宜。这项法案被议会投票通过,梯也尔也在他朋友的帮助下表示支持国王的意见。巴罗,尤其是拉马丁反对,他们支持奥尔良公爵夫人出任摄政。

② [我不知道30分钟前,他在新闻记者与激进派议员于议会办公厅举行的集会上,曾声称支持共和政体。]:这段话用笔圈起来,预定删除。

[1] 座位

③ 阿道夫·比约(1805—1863),1837年当选为众议员,属于中间派左翼,一直领导着反对基佐的活动。制宪议会议员,出任过帝国的大臣。

第五章 [议会开会——奥尔良公爵夫人——临时政府]

和喘不过气来了。

议长想叫群众退出大厅,但是没有用。没有办法,他只好恳求奥尔良公爵夫人离开,但这位勇敢的公爵夫人拒绝他的请求。于是,议长的朋友们费了很大劲儿才把公爵夫人从围着她的人群中拉出来,把她扶到议席中央左侧的最上端的座位上,同她的两个孩子和内穆尔公爵坐在一起。

在玛丽和克勒米厄①于持反对意见的议员的沉默和群众的欢呼声中站起来提议成立临时政府时,巴罗终于出现了。他气喘吁吁,但没有吃惊的样子。他急忙登上讲台宣布说:"我们应当做的工作已经确定下来,七月王朝的王冠交给一位男孩和一位妇女。"议员们好像又恢复了勇气,表示欢迎和不断高呼。而群众则保持沉默。公爵夫人从席位上站起来,好像要发言,但在听到不要发言的劝告后,又很快坐下。她的最后亮相的幸运也就由此结束。巴罗的讲话不再有开始讲话时的效果[1],于是终止他的讲话。但议会却稍微安定下来,而群众却骚动起来。

这时,挤满在半圆形阶梯式议席台上的群众,被从门外涌进来的一批群众挤向已经没有多少人的议席中央,在这里挤来挤去,人

---

① 亚历山大·玛丽·德·圣-乔治(1795—1870),即玛丽,七月王朝时期自由主义反对派的众议员,临时政府成员,任公共工程部部长,随后参加行政委员会。后来,担任卡芬雅克将军政府的司法部部长,制宪议会中的巴黎代表,投票赞成右翼共和派。在选举立法议会议员时落选。
阿道夫·克勒米厄(1796—1880),律师出身,七月王朝时期自由主义反对派的众议员,参加临时政府,担任司法部部长至1848年6月7日。先后出任制宪议会和立法议会的议员。

[1] 开始讲话时的效果越来越小

数越来越多。还坐在自己席位上的议员们,有的躲开溜出大厅,有的从这一席位移到另一席位逐渐后退,就像被涨上来的潮水涌起来的溺水者随着潮落从这一块岩石打到另一块岩石上后退。这一骚动是由两伙人掀起的,他们大部分携带武器,各由一名国民自卫军军官带头,举着旗帜闯进走廊。在持旗的两名军官中,一名面目凶恶的,后来有人告诉我,是退役上校迪穆兰①。他像演员登台演戏似地登上讲坛,在台上摇晃着手中的军旗,一蹦一跳地以演情节剧的夸张动作〔1〕说一些我没有听懂的革命言辞。议长宣布休会,并照例想尽快离开会场。他像有在最狼狈的状况下制造笑料的才能似的,慌慌忙忙地将一位秘书的帽子戴在自己的头上,把帽檐儿拉得低低的,靠近了眼眉。

可以想象,这样的休会并未产生休会的效果,议长的这个办法反而扩大了混乱。

从此以后,除了有几次短暂的安静之外,骚乱一直在继续;发言人只能成伙地一起往讲坛上挤。克勒米厄、赖德律-洛兰②和拉马丁最后不得不同时冲上讲坛。赖德律-洛兰把克勒米厄推下讲坛,用两只大手摁住讲桌,而拉马丁既没有从讲坛上下来,又没有

---

① 迪穆兰,担任过拿破仑的副官,以革命面目出现的阴谋家,在七月革命时曾决定发表一份吹捧罗马国王的人民宣言。

〔1〕 使尽全身力量

② 亚历山大·奥古斯特·赖德律-洛兰(1807—1874),七月王朝时期的共和派的领袖之一,创办过《改革报》,众议员,临时政府成员,任内政部部长,后为执行委员会成员,六月起义时与同僚一起退出权力机关。山岳派的共和国总统候选人,而只得到37万张选票。先后为制宪议会和立法议会的议员。在立法议会中属于极左派。1849年6月13日事变后流亡伦敦,因为他是这一事件的组织者之一。

第五章 ［议会开会——奥尔良公爵夫人——临时政府］

同赖德律-洛兰争抢，就等待这位同僚发言。赖德律-洛兰开始发言。他东拉西扯，说不到点子上，时时被其不耐烦的好友打断。贝里耶①向他高喊："说结论！说结论！"贝里耶非常老练，他对王政的仇恨和对共和政体的热爱，是任何人也比不上的。赖德律-洛兰最后要求直接任命临时政府，随后走下讲坛。

现在轮到拉马丁。他使会场安静下来，开始以华丽的言辞称赞奥尔良公爵夫人的勇敢，而对空洞的大话里隐藏的温情并非没有感觉的群众，也拍起手来表示欢迎。议员们感到了宽慰。我对相邻的人说："你等着瞧吧，这只是序曲。"拉马丁也真就立即转换方向，直接向赖德律-洛兰刚刚指出的目标前进。

一直到这个时候，正如我已经说过的，除新闻记者占据的旁听席外，其余的旁听席都空着无人，并被封锁起来；但在拉马丁发言的时候，旁听席的一个入口处有一大群人在吵嚷，随后门被用力推开，敞开了进入议席的道路。旁听席很快就被一伙手执武器的吵吵嚷嚷的群众占据，其余的议席也坐满了群众。其中一个人登上侧厢，把枪口对着议长和正在发言的人。另一些人好像要把枪对准大厅。一些好心的人把奥尔良公爵夫人和他的孩子带出大厅。进入里面的走廊。议长嘟哝了几句，好像在宣布散会。他走下或者不如说飘下他的席位所在的台子，他从我眼前经过时好像一个无形的物体飘过去。我从来没有想到，恐怖会制造出这样的速度，

---

① 皮埃尔·安托万·贝里耶（1790—1868），正统派的领袖，七月王朝君主政体时期的众议员，先后为制宪议会和立法议会的议员。他也是保守派多数的领袖之一。

或者不如说能突然把一个巨大的固体变成一种流体[1]。一直留在会场的保守派议员也四散了。原来站立的群众,现在干脆躺在席位上[2],口里喊着:"占据无耻者们的席位!"

在我方才叙述的会场大混乱中,我坐在席位上一直未动,仔细地观察眼前的一切,但不太感动。现在,要问我为什么面对必然对法国和我自己的命运发生重大影响的事件没有在感情上非常激动,我认为是这个重大事件所表现的形式大大减弱它对我应当产生的效果。

我在二月革命当中还亲眼看见过两三次也很壮观的场面(将来有机会叙述它们),但它们的壮观远远不如现在,因为它们没有反映真实情况①。我们法国人,特别是在巴黎,总是喜欢以极其严肃认真的语言,把自己的回忆掺进文学和戏剧当中。结果,往往使人觉得这种语言所表达的感情是虚伪的,只是经过笨拙的修饰而已。在这里,模仿得真是惟妙惟肖,把事实掩盖起来[3]。在这个想象力被涂上五颜六色的时代,拉马丁正在他的《吉伦特派史》中发挥其想象力。第一次大革命时期的人物还活在人们的心中,他们的言行仍留在人们的记忆中。我今天目睹的一切,就带来这种记忆的鲜明烙印。我总觉得现在人们所做的一切不是在继续进行

---

[1] 我从来没有想到,恐怖能把一个坚固的东西变成或压成……或者不如说能马上把一个巨大的固体变成一种气体
栏外旁注:同这种坚固的东西一起……以难以置信的速度。
[2] 现在坐在席位上
① 栏外旁注:在玛丽看来,这一切表现有点勉强和造作;思想实际上没有表现得十分清楚。一切都是由显然的模仿和由此产生的冷漠开始的。
[3] 模糊起来

第五章　［议会开会——奥尔良公爵夫人——临时政府］

法国大革命，而是另起炉灶重新进行这一革命。

尽管看到刀出鞘，枪上了刺刀，我也没有感到不仅我，还有其他人在这一时刻面临死的危险。我的真实感觉是，谁也觉得不会真有这种危险。造成流血的仇恨，只在很久以后才表面化，现在还不是表面化的时候。可以使二月革命具有特色的独特精神还没有出现。人们在寻找，在等待，在重温我们父辈的激情，但没有找到这种精神。他们模仿在戏剧中看到的父辈的行为举止，但模仿不了他们的激情或体验不到他们的狂热。由此形成后来的暴力行为的传统，但由于寒心而对这种暴力行为并未十分了解。尽管我看清这一幕的结尾将是可怕的，但我未能十分认真地研究演员们的行动。我感到这一切就像乡间的江湖艺人演出的粗劣的悲剧。

我承认，这一天只有一件事确实打动了我。那就是看到这位妇女和她的孩子们负担起他们没有犯的错误的责任的样子。我一直怀着同情心在捉摸这位出生在外国而卷进我们的国内纠纷的公爵夫人；在她从议会逃出去的时候，想起她在这很长的议会会议期间[1]那种移来移去的忧郁的、柔和的但又坚定的目光，又活跃起我的回忆；我产生怜悯心，觉得她出去后会遇到危险。于是，我立即离开席位，去找我根据自己熟悉的建筑物布置而断定她和她的孩子们可能去藏身的地方。我立即挤过挡路的人群，穿过会议大厅，到更衣室换了衣服，登上从勃艮第大街边门通往议会大厦屋顶的暗梯。我在行进中遇到的一个门卫告诉我，我走的路线正是王族成员方才走过的，实际上我听到他说有几个人慌慌忙忙地走向暗梯

---

[1]　在她的末日

的上方。我又继续往前走,来到暗梯的一个平台,前面走的人的脚步声刚刚消失。我走到一扇关着的门前,敲了敲门,没有人来开。我停在那里,没有感到羞耻,但惊异自己怎么会来到这里,因为我毕竟没有任何理由来如此关心这一家人的命运。我没有受过她的恩惠,甚至连信赖的表示也没有见到过。我遗憾地看着她领着孩子来就王位;即使我诚心帮助她保住王位,也是出于公众的利益,而不是因为爱护她。我对她的好感,只是因为怜悯她的巨大不幸而产生的。如果他们能像神那样明白我的心意,并把我的心意作为行动来接受,他们就应该对我今天所做的一切表示满意。但他们将不会如此,因为谁也没有看见我来,我也没有向任何人说过此事。

我又回到议会大厅,在自己的席位坐下。几乎所有的议员都离开了,空着的席位都被群众占据。拉马丁一直站在两面旗帜之间的讲桌后面对群众发表演说。不,应该说是与群众交谈,因为我看到在场的人都能站起来演说。会场极为混乱,在稍微安静的片刻,拉马丁宣读一份名单,其中列有不知道要怎样宣告成立的临时政府安排的不知道谁提出的各界人士的名字。这些名字的大部分受到热烈欢迎,有一些遭到怨声的拒绝,另一些以开玩笑的形式被接受,因为群众在这种场合下,很像在莎士比亚的戏剧中那样,喜欢把滑稽可笑的动作与恐惧和嘲讽结合在一起,因而也有时混进革命的狂热。名单中提到加尼耶-帕热斯①的名字时,我听到有人

---

① 路易·安托万·加尼耶-帕热斯(1803—1878),七月王朝时期共和派众议员,临时政府成员,巴黎市长,1848年3月5日出任财政部部长。被选为出席制宪议会的代表,被任命为执行委员会的委员,六月事变后随执行委员会垮台而下野。他的哥哥艾蒂安-约瑟夫-路易死于1841年,是路易·菲力浦时期共和派的领袖之一。

叫喊:"拉马丁,你搞错了,那是已死的好加尼耶-帕热斯。"大家知道,加尼耶-帕热斯有一个有名的弟兄。我认为,拉马丁先生已开始为自己搞错而感到非常尴尬,因为在混乱当中也像在小说里一样,最难的是如何构想结尾。于是,在有人提议说:"去市政厅大厦"的时候,拉马丁便回答说:"对,去市政厅大厦。"然后,几乎是在答完话的同时,便率领一半群众出发了。赖德律-洛兰和另一半群众留下来,我推测,他要担任第一角色,认为自己也应当再演一次选举的闹剧。在演完闹剧之后,他也去市政厅大厦了。在这里,又演出同样的选举闹剧。关于这次演出,我不能不介绍一下数个月以后马拉斯特①先生给我讲的一段趣闻。这当然要中断一下我的叙述,但它可以浮雕出在这时扮演重要角色的两名奇才男人的形象,显示出他们的情感差异,如果做不到这一点,至少也可显示出他们的教养和品行的不同。据马拉斯特说,人们急急忙忙提出临时政府成员候选人名单,但由谁向民众宣布名单成了问题。马拉斯特把名单交给拉马丁,请他站在台阶的最高处大声宣读名单。拉马丁回答说:"我已知道名单中没有我的名字,所以我不能遵命。"于是,马拉斯特又把名单交给克勒米厄,叫他宣读。克勒米厄看完名单后说:"你在耍弄我,让我向民众宣读上面没有我的名字的名单!"

我看到赖德律-洛兰走出大厅,大厅里除了参加起义的纯下层居民以外再无其他人时,觉得留在这里再也没有什么事可做了,于

---

① 阿尔芒·马拉斯特(1801—1852),七月王朝时期共和派的创始人之一,《国民报》的主编,临时政府成员,后任巴黎市长。被选为制宪议会的议员并出任议长。

是也走出大厅。但我不愿意混在吵吵嚷嚷的人群里走向市政厅大厦,所以走了一条与这群人的走向相反的道路。沿着一条好像是地下室的阶梯似的又直又陡的、通往议会大厦内院的楼梯下去。这时,遇到一队国民自卫军沿着楼梯上来。他们的枪都上了刺刀,由两个便装的男人领着,声嘶力竭地喊着"奥尔良公爵夫人和女摄政万岁!"在这些军人中我认识两个人,一个是乌迪诺①将军,另一个是安德烈安纳②。后者曾在施皮尔堡蹲过监狱,并仿效西尔维奥·佩利科③的回忆录写了一部回忆录。我在这里再也没有见到其他人,而且也没有人作证。任你说得天花乱坠,也难以叫人相信在革命的动乱中发生的各种事件是真实的。我知道比若元帅写过一篇文章,说他集合了第 10 国民自卫军团的几个连,鼓励他们支持奥尔良公爵夫人,领着他们跑步从波旁宫的后院来到已经空无一人的议会大厅的门前。他写的确有其事,但其中没有这位元帅。如果他真在其中,我肯定会看到他。我再说一遍,我只见到乌迪诺将军和安德烈安纳先生。安德烈安纳看见我站在那里不动和一言不发,便走上前来十分激动地握住我的手,大声说:"先生,你应该同我们合在一起去救出奥尔良公爵夫人和挽救王政。"我回答他说:"先生,你的意图是好的,但为时已晚:公爵夫人已经走了,议会也四散了。"在这样的黑夜,哪里有这样狂热的王政拥护者!比起

---

① 维克多·乌迪诺(1791—1863),1849 年任反对罗马共和国的派遣军司令。
② 亚历山大·菲力浦·安德烈安纳(1797—1863),法国烧炭党人,因在施皮尔堡蹲过监狱而出名。著有《一个国事犯的回忆录》(巴黎,1837)。
③ 西尔维奥·佩利科(1789—1854),意大利文学家,因烧炭党事件被判徒刑,在施皮尔堡监狱关了 9 年,在监狱里写了回忆录《我的狱中生活》。

第五章 ［议会开会——奥尔良公爵夫人——临时政府］

革命的历史中常见的那种朝三暮四的可鄙行为，他的这种行动是值得大书特书的。他后来在赖德律-洛兰的办公室以内政部秘书长的身份为共和国工作。

再来谈他率领的部队。尽管我对这个部队的努力不抱任何希望，我还是同它合在一起了。一直机械地服从被人强加于身上的运动的这支部队，走到议会的大门前。在这里，部队的士兵们开始考虑眼前发生的一切；他们踌躇了一会儿，然后就四散了。这一小队国民自卫军如果在半小时以前到来，也许能像在后来的5月15日那样，改变法兰西的命运。我目送这些新的群众离去，一个人心情沉重地踏上回家的道路，并未忘了对现已空无一人和鸦雀无声的议会大厅作了最后一瞥，因为我毕竟在这里工作了9年，发表过那么多动听但没有生效的言论。

在我之前不久通过勃艮第大街的边门离开议会的比约先生，后来告诉我他在这条大街上遇见巴罗先生。他对我说："他没有发觉自己头上忘了戴帽子，慌慌忙忙地往前走。他那通常两鬓梳得整整齐齐的斑白头发耷拉在头的两侧，乱糟糟地飞舞在肩头。他的样子失去常态。"这个人在这一天的全天，都以其英雄般的努力，在一个斜坡上维护王政。这个斜坡是他自己制造的[1]，但最后随着王政的垮台，他滚下斜坡而摔伤。据这一天始终没有离开巴罗的博蒙说，这一天早晨，巴罗先生前往20多个街垒逐个进行说服。他没有携带武器，有时受到侮辱，常常冒着枪击的危险，但终于苦口婆心地说服守护街垒的人而掌握了街垒。

[1] 他被人推上了这个斜坡

他的苦口婆心的话，真对许多人发生强大的影响。他在当时的条件下具有煽动人心所需要的东西：响亮的嗓门，口若悬河的辩才，大无畏的精神。

就在巴罗先生慌慌张张离开议会的时候，感到一切都完了的梯也尔先生还游荡在巴黎的周围，而没有敢回自己的家里。在奥尔良公爵夫人来到议会之前，还有人看到他出现在议会里片刻，不久以后他见到其他人有离开会场的样子，便立即从会场上消失了。第二天，我从帮助他出逃的塔拉博①先生处，听到他出逃的详情。我与塔拉博先生结识，是因为我们在党派的关系上相当亲密，而我了解梯也尔先生，是因为我们以前在事务上经常往来。塔拉博先生是一位精力充沛而有判断力的人，最适于在这样的情况下帮助人。现在，把他对我讲的写在下面，我对此既没有一点儿遗漏，又没有添枝加叶。他对我说："梯也尔先生在穿过路易十五广场时遭到一些群众的辱骂和威胁；在我看到他来到议会大厅时，表情十分恐惧和特别紧张。他走到我跟前，握着我的手[1]对我说，如果你不帮助我逃走，我就要被流氓杀死；我立即挽上他的胳臂，叫他不要害怕跟着我走。梯也尔先生不愿意从路易十六桥走，害怕遇上大批群众。于是，我们向老残军人疗养院桥走去，但到达桥头后，他认为会在河的对岸遇到一群民众，所以又没有过桥。我们来到无人看守的耶拿桥，顺利地过了桥。到达对岸后，梯也尔先生看到预定改建为罗马王宫半圆形剧场的台阶上有几个流浪汉在大声喊

---

① 莱昂·塔拉博，巴黎工业大学毕业，上维埃纳省选出的众议员。
[1] 站在那里

第五章 [议会开会——奥尔良公爵夫人——临时政府]

叫,便立即转入奥蒂伊街,钻进布洛涅树林。在这里,我们有幸遇见一辆有篷马车,车夫同意由外环路把我们送到克里西门附近。从这里,绕过几条偏僻的小街,我们便到了他的家。(塔拉博先生补充说)在这一整个行程中,尤其是在最初阶段,我看梯也尔先生几乎丧失理性;他搓手顿足,痛哭流涕,说一些不着边际的话;谈论他亲眼看到的大动乱、国家的未来和他自身遇到的危险,说了一大套胡言乱语,在这套胡言乱语中,看到他的思想在这一期间的活动和错乱。"

这样,对引发2月24日事变有巨大影响的4个人:路易·菲力浦、基佐、梯也尔和巴罗先生中,前两人在这一天终了时被流放,而后两人则几乎成为半个疯子。

第二部分

这册笔记本所记的(即从第一章至第十一章)一切,都是1850年11月、12月,1851年1月、2月,断断续续在索伦托写的。

第 一 章
我对2月24日的原因的判断及对由此产生的事态的看法

七月王朝就这样与其说没有经过斗争,不如说在胜利者的打击下垮台了。像败北者对自己的败北表示惊讶一样,胜利者对自己的胜利也感到吃惊。二月革命以后,我屡次听人说:基佐先生,还有莫莱先生和梯也尔先生,都称只能把这一事件归因于突然,认为它纯系偶然事件和顺利得手的奇袭,其他什么都不是。我一直像莫里哀的《愤世嫉俗》的主人公对奥隆特说的,"这么说来,你们也有你们的理由了"那样,琢磨他们的答案,因为这三个人都在路易·菲力浦统治法国的18年间管理过国务,他们很难接受这位君主的坏政府准备了使他丢失王位的灾难。

可以设想,我这个根本不相信这些理由的人,是完全不会有那种见解的。这并不是说,我认为偶然因素对二月革命没有起任何作用;完全相反,我认为偶然因素起了很大作用,但偶然因素没有决定一切。

我常与一些没有参加政治活动、以写历史为主的文人交往,也认识一些专搞政治事件而不想写它们的政治家。我从中经常发现,前者总是到处寻找一般原因;而后者则总是喜欢认为,一切事物都应有其特殊的偶然原因,而被他们视为不断发生作用的小小动因,则跟推动世界前进的那些动因完全一样。当然,他们双方都是错误的。

对我来说,我嫌恶这种把一切历史事件都归因于重要的初始原因的绝对系统,因为这种系统用一个宿命的锁链把历史事件互相联结起来,从而可以说使人类历史上的人从历史舞台上消失。我发现,在他们自以为重要的系统中有偏执之处,在他们炫耀自己像数学真理的时候也有错误。尽管为了满足自己的自尊心和便于自己的工作而发明了这种崇高理论的文人可能不高兴,但我依然认为,大多数重大历史事件虽然只能用偶然出现的情况来说明,但仍有大多数重大历史事件无法说明;结果,偶然因素或者可以说是我们知识不够而不能梳理的一大堆次要原因,便大量进入我们在世界的舞台上所见到的所有事件当中。但我坚信,偶然因素如果不是事先就已成熟,那就发生不了什么作用。先前的事实,制度的性质,人心的向背,习俗的状况等,都是使我们感到惊奇和害怕的即兴表演的素材。

二月革命,也和其他这类重大事件一样,是由大量的一般原因造成的,也可以说有一些偶然因素在起作用。无论是完全归于初始原因,还是单独强调次要原因,都是表面的看法。

产业革命至今30年来,使巴黎成为法国的第一制造业城市,把一批新的劳动群众吸收到城市里来,另一批暂时没有工作的农民群众也参加到城垣建筑的劳动中来;对物质享受的热望,在政府的鼓励下,使这些群众本身的规模越来越庞大,因羡慕而产生的民主主义的不满,也在无形之中影响这些群众;各种经济和政治学说开始在群众中生根,想方设法叫群众相信人的贫困

第一章　我对2月24日的原因的判断及对由此产生的事态的看法

不是天意使然,而是法律造成的结果,只有改变现存的社会才能消除贫穷;对没落的统治阶级特别是对过去的头面人物的轻视,已经广泛而深入地使保护政权比推翻政权对自己更有利的一些人也失去抵抗能力;引起革命行动的中央集权,使巴黎成为指挥革命的中心,把权力都集中在看来很完整的政府这个机器手中;最后,一切事物经常变动,比如,动荡社会中的各种制度、思想和民风,都至少在60年间由于7次重大革命,还不算许多小的社会动荡,而发生动摇。——上述这一切,就是没有它们就不会发生二月革命的一般原因。而导致二月革命的主要的偶然因素则是:王朝反对派的弄巧成拙的激情,本想改革选举制度,但却促成叛乱;对这一叛乱的镇压最初是过火,后来又被放弃;旧大臣们的突然消失,立即打乱政权的机制,而新上台的大臣们,在慌乱之中既未能掌握政权片刻,又未能革新政权;这些大臣的失策和思想混乱,使他们想恢复他们曾经奋力打倒的东西都不可能了;将军们犹豫不决,没有深得民心而精力充沛的王族,特别是路易·菲力浦国王年老昏庸,及其令人难以想象的软弱无能,等等。他的软弱无能在已被事变证明之后,依然是几乎令人难以置信的。

我有时寻思,什么东西能使王的精神产生这种意外的和前所未有的意志消沉。路易·菲力浦有过在革命环境中生活的经历,所以他的意志消沉肯定不是因缺乏经验,也不是没有勇气和精力而造成的,但在这一天这些东西却完全不见了。我认为,他的软弱无力来自他的过度惊惶;在没有把事情弄清楚之前,他就吓得亡魂丧胆。二月革命,对于任何人来说,都是一种意外,而对路易·菲力浦来说,尤比别人觉得是意外。任何外来的建言,他都不准备采纳,因为多少年来他的精神都处于一种傲慢的孤独状态。在这种状态下,他几乎总是依靠长期幸福的亲王们的才智度日。这些亲王认为幸福来自天才,不愿意听任何建议,因为他们认为不必向任何人学习。路易·菲力浦还犯了一个错误,那就是像我已经指出的,他的大臣们也犯过这个错误:在拿过去的历史事实比照现在的事实时,并没有真正从中汲取教训。这些事情虽然不尽相同,但我们仍然可以排出相继发生的这些事情的独特的一览表。比如,英国的查理一世,知道父亲的德政,但看到反对派势力作出的种种进步后,却走上专横和暴力的道路;又如我国的路易十六,知道查理一世是因为什么都不能忍耐而被送上断头台的,所以决定采取容忍一切的态度;再如查理十世,看到路易十六的软弱无能,而自己却引起革命烧身;最后,是洞察力极强的路易·菲力浦,他本以为,要想保住王位,不破坏法制和守法就可以了,只要自己不违背1814年宪章,全国人民也不会违背。收买人民而不顶撞他们,偏离宪法的精神而不修改它的条文,以恶制恶,把革命的热情慢慢地溺死于物质享乐的爱好之中。这就是他的终生理念。这个理念不仅逐渐变成他的第一理念,而且成为他的唯一理念。他把自己封闭在这个理念当中,依靠它来生活。在他突然感到这个理念有误的时候,就像一个人在夜间被地震惊醒,在黑暗中房屋倒塌,觉得大地从他的脚下下沉,在这没有预想到的全面崩溃当中感到一切都完了。

今天,我是在轻松地论述造成2月24日事件的原因,但在那一天的午后,我的心情是十分沉重的。当时,我一再寻思这一事件的来龙去脉,除找出这一事件的原因外,还要考察它将来如

第一章　我对2月24日的原因的判断及对由此产生的事态的看法

何发展。①

这是我17年来亲眼看到的和经历的第二次革命。

这两次革命都使我感到悲伤,但后者对我造成的悲痛又是多么深重！对于查理十世,直到最后,我都保留着由家族传下来的敬爱。但这位国王之所以垮台,是因为他践踏了我最敬重的各项权利,所以我仍希望我国的自由不要随国王的倒台而消失,而应当由此更生[1]。今天,我觉得这项自由已经死亡；这些王族的逃亡与否,对我来说是无所谓的,但我觉得自己对自由的希望却完全落空了。

我年轻时期,在一个恢复了自由的重新走向繁荣和伟大的社会环境里度过极为美好的岁月；我在这个社会里产生了关于中庸适度的、受到信仰、道德和法律支配的自由的思想。我被这种自由的魅力所征服,它后来成为贯穿我一生的激情。我曾立志不能心甘情愿地放弃这种自由,可现在我却不得不亲眼看着它消失。

我已有丰富的人生经验,所以不想再说一些废话来安慰自己。我已经明白,即使一场伟大的革命能在一个国家建立起自由,而其

---

① ［我慢慢地回到家里。向我的夫人略述方才的见闻,然后一个人坐在室内的一角进行痛苦的沉思。我觉得我的心从来没有充满过这样的悲怆感,我的精神从来没有被这样的阴郁思想包围过。

1830年7月30日清晨,我在凡尔赛宫的外环路上,遇见查理十世国王的几辆马车,马车上的王室徽章已被涂掉,排成一纵队缓缓前进,像出殡似的。见到这一情景,我不禁流下眼泪。而现在这一次,我的感受却具有另一种性质,但更加强烈。］：这两段话在原稿中用笔圈起来,预定删掉。

〔1〕　而应当由此苏醒……让它更有保障而不被破坏

后在这个国家发生的一些革命,也未必能长期保持一切正常的自由。

我还不知道由此会发生什么,但我已确信绝不会发生使我们满意的事情。我可以预见,不管我们的子孙会是什么命运,我们这一代人将在交替使用宽容和压迫的反动统治中消磨悲惨的一生。

我在心里回顾我们最近60年的历史,看到人们在这一长长的革命时期的每个阶段的末尾都抱着美好的幻想,看到制造这些幻想的理论,看到我们的历史学家描绘的高明的梦想,看到那么多有创造性的然而是错的思想体系,看到人们试图依靠这些东西来解释尚了解得不清楚的现在和完全不了解的未来。每逢这些时候,我都不禁苦笑。

接替旧制度的是立宪王朝,接替立宪王朝的是共和国,而在共和国之后是帝国,帝国之后是王朝复辟,后来就到了七月王朝。在这相继出现的政权转移的每一次之后,新的掌权者在接近完成自诩为自己的事业的时候,都宣称法国革命完成了。可悲!我自己在王朝复辟时期也曾希望如此,而在王朝政府垮台不久也还这样希望。这是又重新开始的法国大革命,因为人们向来是这样看的。我们越往前进越远离目标,越感到前途暗淡。我们能像其他的预言家或许也如他们的先行者煞费苦心所保证的那样,达到我们的祖先都没见到和想到的那种十分全面而深刻的社会变革吗?或者只能进入到间歇发生的无政府状态和染上老百姓熟知的不治之症吗?至于我,我既回答不了这个问题,又不知道何时能够结束这一长期的旅程。我已为多次迎接总是迟迟不来的轮船的到岸而累得疲惫不堪。我经常自问:我们长期以来寻找的安定的土地是不是真正存在！或者我们的命运是不是永远要在大海上飘荡！

这一天的其余时间，我是同我的科学院同事、我的一位最好的朋友安培①一起度过的。他来看我在这场骚乱中遇到什么危险，然后让我准备晚餐。最初，我想同他谈一谈我的苦恼，以减轻自己的思想压力，但我很快发现他的感受与我完全不同，他是用另一种眼光来看待正在进行的这场革命的。安培是一位很有风趣的人，更难能可贵的是，他心地善良，为人温柔诚实。他待人宽宏，赢得人们的喜爱。他喜欢与人进行丰富多彩的、富有智慧的、妙趣横生的、嘲讽时事的谈话，在这种谈话中时而加上一些小小的挖苦话（其中每一句都不是大声说的，但是）②，都能使人听来不太刺耳。遗憾的是，他总是一贯把沙龙精神加入文学当中，把文学精神移入政治当中。我所说的把文学精神移入政治，就是重视新奇的东西而轻视实在的东西，偏爱有兴趣的描写而不太爱实用，喜欢琢磨演员的演技和漂亮的台词而不太注意全剧的效果，最后是主要根据印象而不是依靠论据作判断。我没有必要说其他院士也有这样的

---

① 在原稿中，安培的名字没有全写，只写一个"A"字。
在这一段的最初原文中，托克维尔说他要请安培来家吃晚饭，但他把此事忘了。这一段的原文如下：
"这一天的其余时间，我也是在悲痛之中度过的。没有人来看我，我也没有去看别人。大家都处在一种只知道无论如何努力也没有用的一切均在未定之中的状态，只有把脑袋缩在大衣领子里去沉思。
"我在不久以前曾邀请A在这一天来我家吃晚饭。这一天的事件，使我把此事全忘了。但A记得，他不管革命不革命，按时前来了。"
让·雅克·安培（1800—1864），著名物理学家安培之子，文学家，历史学家，法兰西学院教授，法国科学院院士。雷卡米耶夫人的柏拉图哲学的热爱者，从1832年起与托克维尔结交，成为亲密的朋友，1851年在索伦托重聚。

② 在第一版中，这句话没有加括号，但在手稿中，是用笔圈起来准备删除的。

怪僻。其实，各国人民都多少有这种怪僻，而法国人则是大多数最常像文人那样对政治进行判断。安培为人宽宏，但从未因为他领导下的同事软弱而结成终生的小圈子。他非常轻视已被革命打倒的政府，而这个政府最近曾支持瑞士的教皇绝对权力主义者①，使他强烈愤慨。他对教皇绝对权力主义者的憎恶，特别是他对他们的法国友人的憎恶，当时是绝无仅有的。他对自暴自弃的人恨得要死，但他的内心并不是伪君子的那种嫌恶。实际上，伪君子对他恨之入骨，残酷中伤，而他当然不跟他们一般见识，也没有必要以他也是一位基督教徒燃起反对他们的盲目的排斥异己的烈火来证实他们这样做是错误的。我称安培是一位基督教徒，不是根据他的信仰，而是根据他的人生目的、爱好，而且也敢说是根据他的气质。安培看到曾为伪君子们〔1〕殷勤服务的政权倒台，心中感到轻松慰快。他在来我家的途中，从起义者身上看到大公无私，甚至宽宏大量和勇敢的精神：他被人民群众的激情征服了。

我看到他的情感不仅不与我的情感一致，而且完全相反。这种看法一产生，我便一股脑儿地把当天早晨开始就积压在心中的一切义愤、苦恼、激怒的情感倾注在安培身上。我当时说话的口气很粗暴，后来想起时有些后悔，但他与我有这样的诚挚的友谊，也只能原谅我了。我当时对他说："你对事情的经过一点也不了解，你是用巴黎街上看热闹的人和诗人的眼光判断发生的事情。你把这称为自由的胜利，但这是自由的最后败北。告诉你，被你如此天

---

① 基佐暗示准备在外交上支持瑞士的组成分离主义者联盟（Sonderbund）的 7 个信奉天主教的邦。

〔1〕 中伤者们

真地赏识的民众,正向人们显示他们既无能力又无资格享受自由生活。你说说,经验教给了民众一些什么?经验向他们提供了一些什么新的美德?这种美德又清除了一些什么旧的恶行?我告诉你,什么也没有,一切照旧。还是像他们父辈那样没有耐性,那样不动脑筋,那样轻视法律,那样固步自封,那样冒险蛮干。时间前进了,但民众并没有什么改变,仍然在重大的事件当中悠闲自在。他们仍像以前那样忙于琐事。"经过长时间的争论之后,最后两个人都同意等待将来的高明而正确的判断。可悲,到那时候什么都晚了!

第 二 章

2月24日次日的巴黎以及以后几天的情况——新革命的社会主义特点

1850年10月续写于索伦托

这天夜里,没有发生重大事件,平安无事地过去了,只是街上的喊叫声和枪声一直继续到天亮,但这是胜利的欢呼,而不是战斗的声讨。天亮以后,我去观察街上的情景,去看我的两个小侄子①的处境。他们当时在小修院寄宿,学校的设施不适于学生在我们今天这样的革命时代的生活,在发生革命时也没有安全的保障。小修院位于卢森堡宫后面的女士街,所以我必须穿过巴黎的大部分街区才能到达那里。

街上异常安静,几乎见不到人影,并像往常一样,巴黎在星期日的早晨,富人还在睡觉,穷人也没有起来。可以不时地看到昨夜

---

① 托克维尔之兄爱德华的两个儿子:于贝尔和勒内。于贝尔(1832—1864)曾任驻维也纳和柏林使馆随员,1859年辞职。他的儿子克里斯蒂昂·德·托克维尔伯爵是这部回忆录初版的主要编者。托克维尔曾想把贝尔过继过来,并在遗嘱中指定他为财产继承人。勒内生于1835年,在帝国时期服役,任皇后近卫骑兵团军官。第三共和国初期的众议院议员和政治家,在第一次世界大战期间故去。

第二章 2月24日次日的巴黎以及……社会主义特点

的胜利者踽踽于墙边,但是①,大部分时间是找路回家,无暇观看过往行人。在仍然开业的少数商店里,可以见到一些恐惧害怕的、但主要是吃惊的资产阶级,他们就像看完一出剧后尚在玩味剧情的真谛的观众[1]。在这些几乎已经没有行人的街路上,见到最多的是士兵,他们有的单独行动,有的结成一小群,都没有武器,像在寻路往家里走。这些人昨夜遭到的失败,给他们的心中留下十分强烈的和根深蒂固的受辱与激怒的感受。以后人们将会清楚地看到这一点,但现在好像什么也没有发生。得到解放的喜悦,呈现在这些年轻人的脸上,把他们的其他感受都掩盖了。他们就像放了假的学生,无忧无虑地迈着轻松的步子前进。

小修院安全无事,既未遭到枪击,又未受到辱骂。但是,我的两个侄子已经不在那里。前天晚上,他们已被送到姥姥家里。于是,我返回来往家里走,但在经过巴克街时,因为拉莫里西埃的家就在这条街,便顺便到那里看看,以证实他是否真正被害[2]。原来,他的副官前天夜里告诉我,他亲眼看到拉莫里西埃从马上跌下来。他的管家们知道我的来意后告诉我,他们的主人正在家里休息,并同意领我去见他。

他是一位性格奇特的人,关于他,我以后还要谈到。我见到他时,他正躺在床上,现出一副无所谓的样子,这跟他的性格和习性可以说完全相反。他的头部一半受伤,两臂被刺刀刺伤,全身多处

---

① [他们都醉意初醒,看不到一点政治激情,而且]:这句话在原稿中用笔圈起来,预定删掉。

[1] 还没有清楚了解剧情的观众

[2] 是否发生了我听说的事

受伤而不能自由行动。但是,他精神照旧焕发,意志依然刚强[1]。

他向我叙述了昨天夜里发生的事情,以及他意想不到地脱离的上千次危险。我极力劝他好好休息,直至痊愈,以后也要长期地不到今后可能出现的暴乱中去拿自己的身体和名誉作无谓的冒险。对于拉莫里西埃这样的人进行忠告无疑是应当的,因为他极爱行动,行动已成为他的习惯,以致在做完必要的工作和有益的事情之后,他总是宁肯去参加一些无益而危险的活动,而不愿意什么也不干。但是,忠告对于大部分性格与此相反的人,也是能够起到一定的作用的。

这一天下午,我都是在巴黎到处游逛。这一天,有两件事给我留下的印象最为深刻:第一,是在革命中出现的,虽然不能说是主要的,但却是唯一独有的革命的民众性,以及革命给予真正的民众,即自食其力的阶级以压倒其他阶级的无限权力;第二,是突然成了政权主人的下层民众在这个时候表现出来的充满仇恨的激情,而一般可以真正称为有活力的激情却并不多。

尽管工人阶级在第一共和国的一些事件中屡次发生主要作用,但他们不论是在实际上还是在权利上从来没有成为领导者和国家的唯一的主人。国民公会中恐怕连一个真正民众出身的人也没有,完全是资产者和文人。山岳派和吉伦特派之间的斗争,双方都是由资产阶级的人士领导的,山岳派的胜利并没有把权力下放

---

[1] 我从他的喷烟吞雾中,观察了这位以后我还要多次谈到的性格奇特的人。他躺在床上,表现出一种与他的本性完全相反的样子。他的头部一半受伤,两臂被刺刀扎伤,全身多处受伤而不能自由行动,只有前臂和右手还能动弹,不时地将香烟放在嘴上或丢掉烟蒂。尽管如此,他总是这个样子……

到民众手中。七月革命是由民众进行的,但得到革命的主要果实的,是煽动和推动民众的中产阶级。二月革命与此相反,它表面上没有资产阶级参加,并且是反对资产阶级的。

在这次大冲突中,构成法国的主要社会集团的两部分人,完成了某种社会分离,而不在这两部分之中的民众,则独自掌握了权力。这在我国的历史中,并不是什么新东西。其实,这种革命在其他国家和其他时代也曾有过。即使现代这一时期的独特历史,虽然有一些新的事物是当代人未曾预见到的,但它仍然与人类以往的历史有内在的联系①。以佛罗伦萨为例,它在中世纪末期就发生过与我们现在的革命极其相似的事情,只是规模小了一些而已。首先,它的资产阶级取代了贵族阶级,后来在他们被政府驱逐的时候,便看到他们的一个领导人赤着脚领导民众反击,并领导了共和国。但佛罗伦萨的这场民众革命是由暂时的特殊原因引起的,而法国的二月革命则是由恒常的一般原因引起的,所以它在使法国发生动荡后,又看到它使动荡波及欧洲的其他地区。这一次,革命不只是一个党派的胜利[1],人们更希望建立社会科学和哲学,我甚至可以说要建立一种教化所有的人和使他们遵守的共同宗教[2]。这才是在旧的图画上真正加上的新内容。

这一天,我在巴黎没有见到一个在旧的公共权力机关工作的人,即没有见到一个士兵、宪兵和警察,连国民自卫军的士兵也无

---

① [因为我们所说的新事物,只是被我忘记了的事物]:这句话在原稿中用笔圈起来,预定删掉。请与托克维尔在栏外所写的"这不是别人早就说过了吗?"对照。

[1] 革命不只是胜利了

[2] 教育所有的人和使他们遵守的真正宗教

影无踪了。只有持枪的民众在保卫公共场所,他们既进行警戒和发号施令,又进行处罚。我看到拥有大量财富的巨大城市,或者应该说是整个庞大的国家,被一无所有的人们掌握在手中,因为统治了巴黎的人,可以依靠中央集权制向全法国发号施令了。因此,他们以外的所有阶级感到的恐怖是非常巨大的。我不相信任何时期的革命都应当出现如此巨大的恐怖,但我认为这次革命的恐怖,只有罗马世界的文明城市在突然遭到汪达尔人和哥特人的入侵时感到的恐怖可与之相比。

因为至今没有见到类似的事情,所以很多人愿意把它看成是闻所未闻的暴力行为。我觉得我没有这样的恐怖感。我的所见所闻,使我预感到在不久的将来会出现奇异的混乱和独特的危机,但我并不认为他们会掠夺富人。我非常清楚,巴黎的人民群众想要看到的,只是让他们革命时的最初行动成为宽宏大量的,而在紧接着而来的胜利的日子里,则大大夸耀这一胜利,树立他们的权威,摆一摆大人物的派头。在这一期间,通常都要建立一些权力机关,警察又回到原来的岗位,法官也重新上班了。当我们的大人物想要抑制一下人们更常见更盲目、微小而不良的激情时,他们已经办不到了,只能继续叫人们摆着高傲的架子生活下去。另外,因为我们在长年的骚乱中生活过,所以养成一种适于动乱的特殊道德和一种在动乱中生活的特殊准则。根据这种反常的准则,杀人不受谴责,破坏也被允许,但严禁偷窃。虽然有所谓的严令规定,但在革命的日子里,偷盗却没有稍减,因为[1]一个叛乱者的社会的成

---

[1] 由于这个原因

员几乎没有什么例外,都是一些流氓无赖,他们依靠自己的特殊地位而不把集体的道德放在眼里,在谁也不理他们的时候连名誉都可以轻视。使我忽然产生的另一个思想是:胜利者[1]没有想到自己会突然成功,而他们的敌对者也没有想到自己会这样快败北。双方的激情连点燃起来去进行战斗的时间都没有。政府就在没有保卫者和无力自保的条件下垮台了。那些心里对政府的倒台觉得十分遗憾的人们,长期以来也曾对政府进行攻击,或至少进行相当激烈的非难。

一年以来,王朝反对派和共和主义反对派,以完全相反的思想进行同样的活动的同时,保持着欺人的亲密关系。双方之间的误解曾推动革命,而现在却使革命比较稳重了。王朝被推翻了,战场也空荡荡了。在这空荡荡的战场上,民众已经看不到他们曾经追击和打倒的敌人。民众愤怒的旧对象本身也消失了。神职人员完全没同七月革命后的王朝妥协,对这个王朝的崩溃也没有感到痛苦。旧的贵族对王朝的崩溃拍手称快,而不管崩溃的结果如何。神职人员忍受了资产阶级的排斥异己的制度,而旧的贵族则忍受了资产阶级的盛气凌人。他们两者都蔑视或害怕资产阶级的政府。

这是60年来神职人员、旧的贵族和民众第一次以共同的感受相会在一起,实际上这种感受是仇恨的感受,而不是共同的情愿。但在政治上,这种感受已经起了很大作用,或者说憎恶的联合几乎总能成为亲和力的基础。真正的失败者或只是暂时的失败者是资产阶级,但他们自己并不太害怕。他们的政府与其说是排他的政

------

[1] 而且是各种胜利者

府,不如说是压迫人和使人堕落的政府,但他们不使用暴力。这个政府受到的蔑视甚至大于对它的憎恨。此外,中产阶级还没有在国民当中形成一个紧密团结的集体[1],一个在全体中自身界限并不分明的部分。它同其他所有阶级总是有些地方重叠,在某些地方互相混合。这种同质性缺乏和界限不明,使资产阶级的政府变得软弱无力和不安定[2],使资产阶级本身对它难以掌握,而在资产阶级不能统治下去的时候,想要打击他们的人们又好像找不到他们了。

我认为,这一切原因合起来,便产生民众的有气无力状态。这种状态同他们在革命当中获得全能一样,使我感到惊异。它同语言的夸张能力和由此创造的使人感到恐怖的回忆录作品,形成奇异的对照①。梯也尔先生的《法国革命史》②、拉马丁先生的《吉伦特派史》③,以及其他一些虽不太出名但广为人知的作品,尤其是一些戏剧作品,为恐怖政治恢复名誉,而且使这种做法成为一种时尚④。于是,人们用93年的火暴语言来表达当时的温和感情,随时以他们既无力模仿又无真心学习的那些出名的坏蛋为例,并提到他们的名字。

我以前所说的二月革命的哲学,就是各种社会主义理论。这

---

[1] 同质的集体
[2] 使资产阶级得到一个困难重重的政府
① [实际上,政府中的巨大变化以及国民的政治条件的巨大变化,绝不是由热情不高的公民制造的]:这段话在原稿中用笔圈起来,预定删掉。
② 1824—1827年出版,共10卷。
③ 1847年出版,共8卷。
④ 栏外旁注:这是指议会当时作出的决定。从中可以看到这一思想得到最好的表达,以及知道只有它首次表达了这一思想。

种理论以后燃起[1]真正的激情,激发嫉妒心,最后引起阶级之间的战争。即使群众的激情[2]最初没有像人们所担心的那样逸出常轨,但在革命的次日,民众的思想里也照样出现异乎寻常的激动和闻所未闻的动荡。

从2月25日起,无数的千奇百怪理论,从革新者的头脑里迅猛地冒了出来,并在群众的混乱的心中扩展。除了王权和议会,一切还照旧存在。社会本身好像已被革命的冲击打得七零八落,大家好像都在为将来建立的建筑物采取什么新形式而争论不休。人人提出自己的方案,有的人还拿到报刊上发表,而另一些人则以通告的形式公布自己的方案,即马上把方案揭示在街上的墙头。还有的人在户外发表演讲,表述自己的方案。一个人主张摧毁财产的不平等制度,另一个人主张破除教育的不平等,第三个人要求废除一项最古老的不平等,即消除男女的不平等。还提出一些医治贫困和消除自古人类以来就折磨着人的劳动辛苦的特效药方。

这些理论互相之间有很大不同,常常彼此矛盾,有时还敌对。但它们比政府还关心最下层民众,努力从他们所在的社会本身开始改革,提出一个共同的名字叫社会主义。

社会主义还将保持二月革命的基本特性以及关于它的最可怕记忆。共和制度将永远作为手段而不是作为目的出现在社会主义当中。

---

[1] 各种
[2] 行动

我在这部《回忆录》中，不打算探讨哪些东西使二月革命具有了社会主义的特性，而只想说这一特性[1]不会使群众惊奇，因为社会主义是群众创造出来的。人们不是很早以来就看到民众在不断增强和提高自己的社会地位，不断提高自己的重要性、教育水平、欲望和能力吗？民众的生活水平也提高了，但提高得不是很快，而是刚接近人口多而就业机会少的旧社会所不能达到的地步。原来地位低下而现在拥有权力的穷人阶级①怎么会不想利用现在的权力去摆脱贫困和低下地位呢[2]？因此，60年来他们一直在为此而努力。民众最初想在改变一切政治制度当中互相帮助，但后来发现他们的境遇一点儿也没有改善，或者说改善得非常缓慢，跟他们预想的速度相差甚远。最后，必然有一天他们发现自己所处的地位不是政府的组织所造成的，而是构筑社会本身的不变法则使然。于是，他们自然要自问：我们为什么没有能力和权力像改变其他事物那样去改变这个法则本身呢？财产所有权是我们的社会秩序的基础，现在我们就来谈一谈这种所有权。保护着、也可以说掩盖着财产所有权的一切特权已被破坏，但财产所有权依然作为人们之间平等的主要障碍而被留下，成为这种不平等的唯一标识。既然如此，就没有必要[3]暂且不说是废除这一障碍，但至少要让废除这一障碍的思想进入没有这种特权的人们的心中吗？

---

[1] 我只想说这次革命的新面貌并没有……
① ［尤其是在别人看来十分黑暗的时代，在他们的悲惨生活已经触目惊心和难以容忍的时代］：这段话在原稿中用笔圈起来，预定删掉。
[2] 原来地位低下而现在拥有权力的穷人阶级怎么会不想借助他们的权力去摆脱他们的贫困和低下地位呢？
[3] 就不可避免地

民众心中的这种动荡，他们的愿望和思想的这种激扬，群众的这种需求和本能，正在织造一幅画布，等着改革家们在上面去画他们的远大无比的千奇百怪的图像。他们的作品可能荒唐可笑，但他们画出的形象比哲学家和政治家可能观察到的客体要深刻得多。

社会主义今后还要在1848年的社会主义者遭到的那种合理的嘲笑中被埋葬吗？我对这个问题不作回答。我毫不怀疑，我们当代社会的各项立法在长期之内不会发生重大变化①。它们的许多主要部分已经存在很久。但就不能加以破坏或取而代之吗？我认为这是很难办到的。随着我深入研究世界的古代情况，更加细致观察我们今天的世界，我不能对未来再说什么。当我看到不仅法律的内部，而且它们的原则内部都存在极大的多样性，看到已经存在很久而且至今仍然存在的所谓土地所有权的各种不同形式的时候，我不能不认为我们所说的必要制度，向来只是我们所习惯的制度，而社会组织可能具有的形式，要比生活在每个社会的人所想象的广泛得多。

---

① 栏外旁注：这里所述的一切，基本上与前面第87页所说的一致。

第 三 章

旧国会议员在作决定时态度暧昧——我对自己的所作所为的反思和我的决心

在2月24日后的最初几天,我没有去找和会见因这一天的事件与我意见分歧的任何政治界人士,我感到没有这个必要,老实说,我也没有这种兴趣。我一想起那个我在其中工作10年和目睹革命的萌芽在其中生长的可悲的议会世界,就有一种本能的嫌恶感。

另外,在这一时刻,我也感到[1]一切种类的政治对话或政治联合都是夸夸其谈。尽管引发群众造反的理由并不充足,但一旦运动发展起来就难以遏止。我认为我们把一切都置于民主主义的洪水之中了,一些个人和甚至党派为防止洪水而筑起的大坝,只起到淹没筑坝人的作用。于是,在一段时间里,人们除了研究这一现象的一般特性外,就无事可做了。因此,我就像一个幸福的赞美者一样,把自己的一切时间在街头与胜利者一起度过了。老实说,我对新的主权者既没有敬意,又没有任何要求。我同他们连话都没有说过,只是把所见所闻记在心间。

---

[1] 我也认为 .

第三章　旧国会议员在作决定时……的反思和我的决心

但几天以后，我同败北者有了往来，又会见了旧议员、旧贵族、文人、实业家、商人和地主，当时的语言开始把这些人称为游手好闲者。我发现革命的景象从上面看来比我起初从下面去看时还要反常，我从革命中看到很多恐怖，而很少看到我在其他地方看到的那种真正激情。只是莫明其妙地顺从，特别是没有任何希望。我几乎可以说没有出现推翻政府的想法，而是对它置之不管。尽管二月革命是我国的所有革命中完成期限最短和流血最少的革命，但它使失败者的精神、心思和感情感到它比其他革命都更加全能。我认为这种现象之所以产生，主要是因为他们的精神和思想没有信仰，没有政治热情，在失望和无益的冲动之后，所剩下的只是对舒适生活的向往，一种非常顽强和排他的但又非常温和的感情，只要使他们感到满意，任何政府体制都能容易适应这种感情。

于是，我发现人人都在努力使自己适应命运偶然制造的事件和驾驭新的主人。大业主喜欢向历来与他们为敌的资产阶级和历来与他们友好的民众阶级呼吁；神职人员又从福音书中找到关于平等的教条，并信誓旦旦地说自己向来重视这一教条；资产者本人又有点骄傲地想起他们的祖辈曾是工人，而当他们因为家谱难详而不能回溯到自己的祖先曾是依靠自己的双手生活的地地道道的工人时，他们至少也要设法证明自己原来是个大老粗，后来依靠自己的努力才有了财产。人人都在小心翼翼地逐渐将不久前隐藏的东西公开出来，这实际上是人的虚荣心在作怪。虚荣心这东西可以在不改变人的性格的条件下作出各式各样的表演，它有正面和背面，但总是像一枚奖牌，翻过来翻过去都是表扬。

由于当时除了恐怖之外再无其他真实激情，并且与投身革命的祖辈的激情还没有断绝关系，所以人们都在努力恢复祖辈的激情。这是寻找机会利用自己家族曾经有过的坏人坏事的良机[1]。如果一个人有幸有一个因放荡不羁而死去的堂兄弟、亲兄弟或儿子，则他可以马上功成名就[2]。如果他再提出某一怪诞的理论而受到注目[3]，他就可以有望万事亨通[4]。大部分政府委员和副委员，都是由这种人出任的。被人们避而不谈的父辈[5]，如果在以前蹲过巴士底狱，而在今天，当被派到阿尔及利亚充任官员，一举光宗耀祖，成为家庭的顶梁柱。

至于路易·菲力浦国王，如果他是墨洛温王朝的直系，则不会有什么问题，但他不是。事变后给我留下的唯一印象，就是没有人提到他的名字，对他保持一片沉默。可以说，无论是在民众中间，还是在上层人物中间，我连一次也没有听到有人提到他的名字。我见到的原宫廷人士，没有一个谈及国王的事情，我认为他们实际上也没有想过国王的问题。他们觉得革命没有什么可怕的，以致对这位君主的事情连想都没有想。有人对我说过，失去王位的国王的命运一般都是如此。但最值得注意的是，国王的敌人也把他的事情忘了，没有煞费心机地去非难他，甚至可以说没有煞费心机地去憎恨他。否则，至少要使他的命运遭到极其罕见的巨大打击。

我并不想写1848年革命的历史，只是努力追述我在这一革命

---

[1] 这是大部分家庭利用它们至今称之为它们可耻部分的时机
[2] 于是他就成为家族中的名人、光荣和倚靠……因为他取得了职位
[3] 而知名
[4] 有望得到一切，并可能得到不低于政府委员之职务
[5] 坏人

第三章　旧国会议员在作决定时……的反思和我的决心

当中的行动和想法,以及我对这一革命的印象。因此,我要跳过2月24日后一个星期内发生的事实,而直接写大选即将开始之前的一段时期。

进入这一时期,主要是要搞清楚人们只是以个人身份来旁观这一奇异的革命,还是亲自参与了当时的事件[1]。关于这个问题,我找过相互对立的各党派的原领导人。根据他们的谈话前后不一、意见时常改变这一点来判断,可以认为他们每个人都是各持己见,互不让步。这些几乎都是在遵守宪政自由的常规运动中出现于政治舞台的人物,现在突然受到巨大革命的袭击,在我看来就好像一直在小河里航行的船夫突然驶进大海,不知所措。他们在小河里航行中积累的知识,已对这种在大海中航行再无用处,因而大惊失色,比船上的乘客还要害怕和不安。

梯也尔先生多次表示他要参选和当选,但又不止一次地说他不想参选。我不知道他的犹豫不决是出于害怕当选之后可能出现危险,还是因为担心落选。

向来对可能发生的事情表现清醒,而对必将发生的事情表现糊涂的雷米萨,提出他要留在家里不参选的动听理由,但又提出他要走出家门参选的也很好听的理由。迪韦吉耶心神不定。革命破坏了权力均衡的体制,他认为政局的长年稳定全靠这种体制,所以觉得自己现在悬在了空中。至于布罗伊公爵,从2月24日以后一直没有露面,还在等待他认为已经接近崩溃的社会的末日。莫莱先生,尽管他在全体旧议员领导者当中年龄最大,但也许正因为如此,

---

[1]　还是有所行动

他还要力排众议,独自决心继续参加政治活动并试图领导革命。尽管他在动乱中积累了丰富的经验,体验过在动乱中当一个旁观者也是危险的;尽管试图领导某一新事物的希望在鼓励他,让他不顾风险干下去;最后,尽管他在各种各样体制下多次遭到挫折之后,意志更加坚定,但也同时变得柔弱,无心再去充当某种头目[1];但他要参加政治活动并试图领导革命的决心并没有动摇。而我自己,则要精心地检查自己应当采取的立场,并尽量做到使大家相信。

我在这里想仔细探讨我当时作出决定的动机,而一旦找到这种动机,就坦率地写出来。但要把自己说得恰如其分,那是很难的! 我发现,写过回忆录的大部分人,都没有向我们暴露他们的坏事或恶习。即使偶尔提到一些,也是作为他们的英勇行为或天才来写的。雷斯枢机主教就曾如此,他认为自己是善良的阴谋家,而为了得到这个名声,向我们坦白了他要谋杀黎塞留的计划,向我们描述了他们假仁假义而不怕被人视为狡诈。这不是他爱说真话,而是不知不觉地暴露他的内心邪恶的精神乖僻。

但是,在大家都想诚实做人的时候,这样的试图也很少能达到目的。所以如此的原因,首先在于公众喜欢他人认错,但只是满足于他人自责。在朋友之间,习惯于把朋友认错的自责视为可爱的天真,把朋友的令人讨厌的自尊视为朋友表现自己的好事。在这种情况下,一种真正的诚实也会变成非常无益的交际手法,只能有损失而得不到任何好处。但是,困难主要在于主体本身。人们总是喜欢就近观察自己,沉迷于能够打动对方的观点、关心、思想、兴趣和爱

---

[1] 这样的头目

第三章 旧国会议员在作决定时……的反思和我的决心

好当中而不能自拔。这种使经常走的人都难以辨清的错综复杂的小道，妨害着人们认清引导自己下定决心去作最重要决定的大道。

但我要试着走一走这个迷宫。最后，我要正当地行使我曾经允许而且今后还要一直允许他人行使的自由。

于是，我可以告诉大家，当我仔细地观察自己内心的深处时，我有些惊异地发现我的心里有一种从痛苦中解脱出来的宽慰，这是一种还带有革命所造成的一切悲伤和一切恐怖的喜悦。我为自己的国家发生这样的可怕事件感到痛苦，但又很清楚，我不是为自己而痛苦。我反而觉得我比大动乱之前更能自由地呼吸了。我在已被革命破坏的议会界中，曾经一直感到压抑和受制，对他人和自己在议会中的所作所为完全失望。说到这些失望，是我很快发现自己没有必要的权力去完成梦想的光辉任务；我的长处和短处都成了这方面的障碍。我没有足够的德行使人尊重我，我还十分老实地使自己服从迅速成功所必要的一切细小的实际措施。请大家注意，我的这种老实态度是改不了的，因为它既与[1]我的为人原则也与我的性格有关，没有这种老实态度，我什么事也做不成。当我偶尔不得不强词夺理或走上错路的时候，我马上就会发现这是自己没有才能和信心的表现，并表示忏悔：今后绝不能因小失大，以小小的成就自慰，而忘记自己一向坚持的老实和诚信，成为一个非常愚蠢和十分恶劣的坏蛋[2]。我曾错误地以为，我在议会的讲坛上也会获得我在著书方面得到的那种成功。在著述家的职业和

---

[1] 在于
[2] 只看到小小的成就，而忘记自己一向坚持的老实和诚信，成为一个非常愚蠢和十分恶劣的坏蛋

演说家的职业之间,互损多于互补。不能把一席精彩的演说与一篇漂亮的文章等量齐观,反之亦然。我不久就了解这一点,并清楚地知道我被列在[1]道貌岸然、吐字准确、有时还很深刻,但总是态度冷漠因而没有感动力的演说家之中。我始终未能完全改正这一点。这并不表明我缺乏热情,但一走上讲坛,我想要把话讲好的热情,就同我所有的其他热情一起立即消失。最后,我还发现自己完全没有团结多数人并领导他们一起前进所必要的艺术。我一直未能掌握促膝谈心的技巧,在群众中总是拘谨,不爱说话,只有在我向他们说和为他们做使他们高兴的事时,我才不会如此,但只这样还不够。这样的大战在政治战中[2]是十分罕见的。在党派的领导人那里,作战技术的全部内容是:经常混迹于本党甚至对方的人士中间,在他们面前表现自己,每天出没于社交界;为了使各种知识达到一定水平而不惜贬低自己或硬充行家里手,无止无休地讨论和争议,以不同的形式千百次地叙述同一问题,对同一事物永远争论得面红耳赤。对于这一切,我深感自己无能为力:讨论我不感兴趣的问题时我讨厌;讨论我认为重要的问题时我痛心。我认为真理非常宝贵和十分罕见,但我一旦发现它,并不爱随便拿来讨论。真理是像刚一接触就要消失的光。在与他人来往时,我都不会以通常的一般方法进行,因为我认识的人极少,没有学到这种方法。不管我遇到什么人,只要他的精神或感情中没有什么罕见的东西打动我,都可以说我没有见过这个人。我向来认为,不管是平凡的人还是才能出众之士,都有一个鼻子、一张嘴、两只眼睛,但我

---

[1] 归类
[2] 在议会战中

第三章　旧国会议员在作决定时……的反思和我的决心

又记不住他们每个人的容貌特征。我不断询问这些每天见面但又叫不出名字的人士的姓名,而后又不断把他们的姓名忘掉;我绝不是轻视他们,而是不常同他们见面,见面时也只是说些客套话。他们在领导大众,所以我尊敬他们,但他们又使我感到非常厌烦。

使我灰心丧气的[1],是议会当时讨论的事件的平庸无奇和单调枯燥,以及想要制造和指导这些事件的人们的气量偏执和卑鄙奸诈。

我有时候就想,虽然不同社会的习尚是各异的,但主持政务的政治家的品德为什么到处都是一样的呢! 说实在的,在法国,我这个时候见到的所有政党领导人,在我看来都几乎不适合做领导人:他们不是在性格上有缺陷就是没有真正的学识,而大部分是德行不佳。我几乎看不到他们对人的善行有大公无私的爱好,而我觉得自己却有这种可以帮助我克服欠缺和弱点的爱好。于是,我发现自己既难以同这些人进行使自己满意的合作,又难以接受被他们领导的合作,而不得不在忧郁的孤立状态下生活;人们对我敬而远之,认为我是一个不可捉摸的人物。我每天都感到,有人在背后指点他们所想象的我的长处和短处。他们说我为人机敏,观点独特而深奥,野心勃勃,其实我毫无野心;另一些人又说我对自己不满,自寻苦恼,总是自高自大,没有树立最大的敌人,没有太大的劣行。他们认为我狡猾,在暗中活动,因为我总不显示自己,沉默寡言。人们说我性格古怪,对人记仇而又可怜,但这说的不对。因为我对好事和坏事一律以近似软弱的温和的宽大态度对待,不记夙

[1] 过去

嫌而能毅然放弃，这样的不记旧恶与其说是好像我心软，不愿意想起昔日的屈辱，不如说是我的品德能够清除旧恶。

这种严重的误解不仅使我感到不快，而且觉得这大大降低了我的人格水平。没有人能使表扬发挥最大的作用，也没有人能像我需要借助公众的爱戴和信赖来使自己的行动达到可能达到的地步。对自己力量的这种极端自信，这种不断想从他人的思想中找到某种共鸣的欲求，是来自真正的谦逊吗？我宁愿承认这种自信和欲求来自精神活动中的那种总是焦急与不安的骄傲自大。

但是，在我从政的 9 年中使我最失望的和最伤脑筋的，以及至今还留下的关于这一时期的最烦人的回忆，是我为了把每天过好而不得不在生活中不断地改换态度。我觉得我的游移不定的性格不是来自我的心力不足，而是来自我的智力受到蒙蔽。在我看清应走的道路时，即使道路崎岖不平，我也不会犹豫，而是立即踏上去。但是，在所向的目的上没有什么太大的不同，在实际使用的不良做法上又十分相似的支持王朝的一些小党派中间，走哪条道路是公正而且有效的呢？哪些是真实的呢？哪些是虚伪的呢？哪方面是坏人？哪方面是好人？我当时作不出明确的答复。说句老实话，即使在今天，我也答复不好[1]。大部分有党有派的人，不会怀着这样的疑虑而继续绝望和伤脑筋下去。有些人甚至没有疑虑过，或不知道疑虑。人们往往非难在行动时没有信心的人；我的经验告诉我，这种情况的出现比想象少得多。他们只有政治上可贵的、有时是必要的能力去依靠自己的激情和当场的利益创造临时

---

[1] 我也说不明白

的信心，并且把相当不公正的事情当作相当公正的事情来做。值得庆幸的是，我既没有用这种人为的特殊的光来使自己的智慧生辉，也没有把自己塑造成能够随时使自己的利益与公益符合的人。

革命就是被这个我刚刚描述的我在其中感到各种痛苦的议会界所破坏的。革命把旧有党派都裹进共同的深渊，丢弃它们的领袖，破坏它们的传统和纪律。实际上由此产生的是一个没有秩序的混乱社会，在这个社会里，一切权利和制度都变得没有必要，失去作用，而以见义勇为和勇气为重；骨气比说话的技巧和待人的方式更为重要，尤其是没有优柔寡断的精神存在的余地；现在这样可以救国，而以前那样则会失国。绝不能在应走的路线上犯错误，要在群众的支持和鼓舞下，光明正大地走上应走的道路。看来，道路确实是危险的，但我的精神存在的疑虑并不低于危险带给我的恐怖。而且，我感到[1]还处在有工作能力的年龄，没有子女，需求不多，在家里有忠实的妻子的支持。这种支持在革命时期是罕见的和宝贵的，她的心胸豁达，毫不保守；她的天生高尚的灵魂，能够不费力气地顶住局势的一切动荡[2]，克服一切挫折。

于是，我决定奋不顾身地投入政治舞台，为保卫社会本身据以建立的法律，保卫我的财产、生息和人身[3]，而不是为保卫这样的政府而献身[4]。最重要的是设法当选，于是我立即返回我在诺曼底的故乡去会见选民。

---

[1] 我估计
[2] 在正常的水平上
[3] 生命
[4] 而冒险献身

第 四 章

我在芒什省竞选——
地方的情况——大选

众所周知,芒什省的居民几乎都是农业人口。这里,没有大城市,制造业也很少,除了瑟堡,没有工人大量集中的城镇。最初,这里的人似乎不知道发生了革命。后来,上层阶级很快就屈服于这一打击,下层阶级只是稍微感到冲击。一般来说,农业人口比其他阶级人口接受政治影响要慢,但一旦接受就能坚持到最后。他们起来行动在最后,而消沉下去也在最后。我的乡下土地的管理人是个老农民,他在2月24日后不久写信告诉我乡间发生的事情时说道:"人人都在说,如果路易·菲力浦被推翻,那是好事,也是他罪有应得……"他们对这场革命的道义感,完全表达在这里。但是,当他们听说巴黎完全是一片混乱,又要征收新税,全面战争迫在眉睫,看到商业休业,金币又要被埋在地下,特别是所有制的原则受到攻击的时候,他们清楚地感到问题不在路易·菲力浦的存在与否,而在其他方面。

恐怖,最初只限于社会的上层,现在已蔓延到民众阶级的底层,而且一种全面的恐怖已席卷全国。我在3月中旬回到乡下的时候,就感到乡间处于这种情况。我立即被一种既使我吃惊又使我高兴的情景所感动。不错,一种煽动群众闹事的运动,正风行在

第四章 我在芒什省竞选——地方的情况——大选

城市的工人当中；而在农村，所有的土地所有者，不论他们的出身、经历、教育、财产如何，都互相携起手来，好像形成一个整体[1]。以前的意见分歧，以前的身份和财产的对立，都不再为人们所重视。农民和富人之间，贵族和资产者之间，不再有猜疑和互不服气的情形，而只有相互信赖、尊重和彼此爱慕之情了。在享有所有权的人们中间，所有权变成一种使他们友好的纽带。虽然有钱的人年龄都比较大，而生活不太富裕的人年龄都比较小，但在保卫共同的财产继承权上利益一致，所以相互亲如兄弟。由于在法国大革命时土地持有者的数量无限增加，所以全体居民都觉得自己好像是这个庞大的土地所有者家族的一员了。我从来没有见到这样的情形，也没有人在法国见到有人回忆过此事。经验已经证明：这种在所有制上的利益相同而产生的联合，并不像它表现的那样亲密；旧有的党派和不同的阶级与其说是混为一体，不如说是彼此并列而各自独立了[2]；恐惧对他们就像对坚固的物体发生机械作用那样发生作用，只是在恐惧继续存在的条件下他们才彼此联合，而一旦恐惧缓和，他们又彼此分开了。

此外，在他们联合的最初时刻，我也没有看到他们提出过些微的可以称之为真正的政治观点的意见。他们说，共和制政府已立即成为不仅是最好的，而且是法国可能想出的唯一的政府；王党派的希望和哀怨已在人们的心中消失，再也找不到它们曾在人们的心中占有过的位置。共和国尊重人身和财产的安全，人们认为它

---

[1] 一个唯一的阶级
[2] 不如说是相互接近了

是合法的。写到这里之后,我发现有一个现象最使我震惊,那就是普遍的憎恶与首先发生在巴黎的普遍的恐怖混合在一起。在法国,地方与巴黎及那里的中央政权的对立情绪,与英国的情形有些类似。但英国人是对他们的贵族政府有对立情绪,他们有时焦急地哀怜政府[1],又经常以嫉妒的心情看待政府,但他们的内心还是爱政府的,因为他们总是希望使政权[2]为自己的个人利益服务。这次,巴黎和以它的名义说话的人过于滥用自己的权力,好像很少考虑其他地方的利益,以致一种摆脱了束缚而终于可以自己行动[3]的思想,浮现在从来没有这种思想的许多人的脑里。不错,群众有一些漠然的不敢明确表达的愿望,一些兴之所至的和表现得不够确切的激情,而我对这种愿望和激情并不持有太多的期望和太多的恐惧。这些新的感情随即变成选举热。人们欢迎选举,并欲选举反对巴黎的煽动闹事的人。人们所以产生这种想法,不是想通过选举行使自己的权利,而是把选举当作可以用来反对巴黎的危险的最小手段。

　　我来到一个名叫瓦洛涅的小镇。这里是我的影响的天然中心,我立即开始了解地方的情况,展开争取提名为候选人的活动。我很快发现,如果我到其他地方竞选,即使我热情很高,也没有竞选成功的希望。我渴望当选。但在政务如此困难和处在危机的条件下,我也轻松地抱着落选的思想,能在静等失败的状态中保持冷

---

[1] 他们受政府压制……又支持政府
[2] 政府的特权
[3] 自己可以进行一点行动

第四章 我在芒什省竞选——地方的情况——大选

静、清醒和自尊,不做当时流行的但我不会做的[1]疯狂事。在获得成功的激情中,我没有做一件疯狂的事和说一句疯狂的话。

候选人在当地到处游说,从这一讲台到那一讲台宣传他们的反对共和制的主张。我拒绝到我的选区以外的其他选区去发表演说。每个小城镇都有自己的俱乐部,俱乐部要求候选人解释自己的思想和行动、提出竞选纲领。我对这种蛮横无理的要求,一概拒绝答复。这样的拒绝可以表示轻视,又可以是在新的当权者面前表示自己的尊严和独立。人们更喜欢我的反抗态度,而不喜欢其他候选人的奉迎态度。

于是,我只开始作巡回讲演,在省内张贴我的竞选材料。

大部分竞选者还使用[2]92年的老手法,在文章中称各界人士为"公民们",并向他们致以"友好敬意"。我完全不想用这些旧的革命道具。我在巡回讲演中,开头用"诸位先生"称呼选民,以向他们表示深厚的敬意结束讲演[3]。我向选民们说:"我不是来恳请你们投我的票,而只是来接受故乡父老的指示;我要做你们的平静安乐时代的代表,而在这个动乱四起而且可能演成重大危险的时代,我的名誉也不允许我拒绝出任代表①。这就是我首先要向诸位说的。"我又补充说:"我对七月王朝所作的宣誓,已经一直忠实到最后,而对我没有尽力而成立的共和国,我也将给予大力的支持,

---

〔1〕 我可能不会作的
〔2〕 重新采用
〔3〕 同时真诚地表示,我是他们的最听话的仆人
① [因此,我不强求你们投我的票,但我决心把自己的时间、财产和生命献给你们。]:这段话在原稿中用笔圈起来,预定删掉。

我不仅要它存在下去,而且要它永久长存。"接着我又说:"问题在于什么样的共和国。有的人把共和国理解为以自由的名义行使的专政,有的人认为共和国不仅改变政治制度,而且也在改变社会本身,还有的人相信共和国应当是征服者和宣传家。我不这样看共和国。如果你们也这样看共和国,我就对你们没有任何帮助,因为我的意见同大家的不一致。但是,如果大家对共和国的理解同我的一致,你们就可以期待我将全心全意为既是我的、又是你们的事业的胜利而努力。"

在革命的时候没有表示恐惧的人士,有军队中的王族这样一些人,他们在帮助革命建立正常的秩序方面起了很大作用,因为所占的特殊地位自然使他们不同于他人,而且受到人们的重视[1]。我的巡回讲演获得我自己都感到吃惊的成功,使我几天之内就成为芒什省的最有威望的人,把各方面的注意力吸引到我这里来。曾与我为敌而且反对共和国的我的旧政敌,甚至保守派人士和旧政府的一些人,也大批来到我处,他们不仅保证我当选,而且一切都服从我的见解。

就在这个时候,召开了瓦洛尼区选民筹备工作会议,我和其他候选人都参加了会议,会场设在一个改成菜市场的库房里,主席团在紧里面,两侧为候选人安放一些教师用的椅子。后来这些椅子搭成讲坛。会议主席是瓦洛尼中学的一位科学教师,他十分威严地高声但又很尊敬地对我说:"托克维尔公民,我现在通知你大家

---

[1] 他们起了很大作用,因为他们所占的特殊地位自然使他们不同于群众,而且受到人们的重视。他们在革命时期很容易不同于他人。为了做到这一点,只需他们认为自己是非常独特的存在就可以了

第四章　我在芒什省竞选——地方的情况——大选

向你提出的、而且也是你必须回答的问题。"对此,我以无拘无束的口气回答说:"主席先生,我听到了您的传达。"

有一位议会的雄辩家,我不想说出他的名字,有一天他对我说:"我亲爱的朋友,你要知道,只有一个方法能在讲台上发好言,那就是一登上讲台,就确信自己比任何人都有才华。"我一直觉得,在我们一些大的政治集会上,对我来说,说比做容易。我也可以坦白,在选举集会上,这个建议也相当容易实行,而且我也应用多次[1]。但我并不认为自己比任何人都有才华,而且不久就发现,只有我理解选民们想要解决的问题和他们想说的政治语言,而且很难指出我比对立的候选人解释得低劣和难懂;对立的候选人用一些他们认为最迫切的问题为难我,像连珠炮似地向我打来;而我则对他们的提问一一解答,这些回答有时并不是很刺激人的,也经常使他们很尴尬难堪。他们认为我最难解答的问题,是关于宴会运动的事情。大家知道,我压根儿就没想参加这种危险的运动。我的一些政界朋友,曾强烈谴责我在那种环境下远离宴会运动,而且有些人至今仍在怀恨我,尽管革命已经为我提供了证据[2],或许因为革命把这个证据作得太好了。他们问我:"你为什么在宴会运动中不与反对派同步?"我毫不客气地回答说:"我可以找一个不参加宴会运动的托词,但我喜欢把我的真正动机讲给你们:因为我不想革命,所以我不愿意参加宴会运动。我敢说,参加这一宴会运动的几乎所有的人,如果也能像我看清事件将产生什么后果,他们

---

[1]　我发现它是非常好的
[2]　证明我是正确的

是不会前去参加的。因此,我认为我与你们的唯一不同,是我知道你们在干什么,而你们却不知道自己在干什么。"我的这种不愿意革命的公开表示,走在共和主义者主张革命表示的前面;前者的诚实可信远远超过后者的诚实可信。听众大笑,开始鼓掌。人们没有跟着我的对手走,大会在我的胜利中结束。

我从这次集会的议事记录中找来当时对我的提问和我对提问的答复,而这一问一答清晰地反映出当时大家关心的问题和我自身的真正精神状态。

问:"如果动乱蔓延到国民议会的周围,刺刀出现在议会的大厅里,在必要的时候你能发誓留在席位上等死吗?"

答:"我现在出现在这里,就是我的回答。经过几年不断的工作和没有成果的努力使政府踏上比较自由和比较诚实的道路之后,我的兴趣转入私生活和在这种生活中等待暴风雨的消失。但我的荣誉不允许我这样。不错,我和你们一样,知道危险可能伤害想真心代表你们的人,但在危险存在的同时也有荣誉,正是由于危险与荣誉同时存在,我才来到这里。"

我通过巡回讲演,赢得全省的农业人口的支持;通过我的一次演说,赢得瑟堡的工人的支持。人们把2000名工人集合于一个名为爱国晚会的晚餐会,以非常亲切和非常诚恳的态度来请我参加晚会,我也真去了。

我一到会场,见到一队人向会场走来,领队的是我的旧同僚阿文,他从圣洛赶来主持晚会。这是我2月24日以后第一次与他见面。在2月24日那一天,我见到他伸手去扶奥尔良公爵夫人,但在第二天一早,我又知道他成了芒什省的共和国委员。我

第四章 我在芒什省竞选——地方的情况——大选

知道他是这样的投机野心家,所以对他来此并未吃惊。他一开始就一心想与政府对着干,所以10年间一直是反对派。我在自己的周围不知看到了多少夸耀自己的美德以求得一官半职,而后大失所望的人!他们之所以失望,是因为他们一生的最好时光是在批判他人的恶行中度过的,而自己却很少由此捞到好处,但又幻想[1]去滥用自己的恶行。他们当中的大部分人,在这种长期未能满足欲望的生活中,使追求地位、名誉和金钱的欲望变得更大,以致一遇到机会,就自然像饿狼捕食那样投靠政权,而不考虑选择什么样的时机和能得到多少猎物。阿文就是这样的人①。临时政府让他去协助我在议会中的另一个旧同僚,并在此人的领导下工作。这个人就是成为路易·拿破仑公爵的私人朋友后而有名的维埃亚尔先生②。此人在为共和国服务期间,领导过他们在七月王朝时期隐蔽在众议院里的六七名共和派。另外,他也是煽动民众闹事前经常出入帝国沙龙的共和派的成员之一。在文艺方面,他属于偏执的古典主义者;在哲学信仰方面,他是伏尔泰派,且有点自命不凡,但很亲切诚实,甚至颇有才气。但在政治上却非常糊涂。阿文把他当作工具使用。每当打击自己的对手或报答自己的朋友的时候,阿文一定要把维埃亚尔放在前面,而后者则让前者摆布。阿文就像采煤工人经常把运煤的吊笼准备好,以保护维埃亚尔的名誉和共和主义的名义,把维埃亚尔带到吊笼

---

[1] 形象化的比喻
① 勒诺尔·约瑟夫·阿文(1799—1867)。
② 纳西斯·维埃亚尔(1791—1857),原为路易·拿破仑的长兄拿破仑·路易亲王的家庭教师。七月王朝的议员,1842—1848年间属共和主义反对派。

前面。

阿文尽力不看我,好像我们根本不认识。他走进集会的队伍,对我连个招呼也没有打。我端庄地离开群众的队伍,走进聚餐的大厅,坐到一个普通宾客的席位。不久,便开始竞选演说。维埃亚尔拿起一份写得很有礼貌的讲稿照本宣科[1],阿文虽然也是照本宣科,但原稿写的还相当打动人;我也很想发言,但会议没有安排我发言,而且我也不太知道怎样说才能切题。一位雄辩家(当时把演说的人均称为雄辩家)回忆布里克维尔上校①时说的一句话,使我鼓起发言的勇气。我要求发言,听众也想听我的发言。当我登上高高的讲坛,不,应当说是坐在可以从20多个台阶高的地方俯视听众的椅子时,我有点害怕,想打退堂鼓,但很快就回过神来,发表了一篇有点夸张的演说,而关于它的内容,今天已经想不起来了。只记得它颇适合当时的情况,受到欢迎,不乏对混乱的局面有即兴发挥[2]的地方,对群众集会甚至一切集会的成功大有帮助,因为演说是讲给人听的,而不是让人读的,只有能够激动听众的演说才是好演说。

这项成功是完美的,引起轰动。我也觉得很愉快,因为我对我的那位旧同僚进行了报复,他想滥用权力去做他认为是幸运给他安排的美事。

如果我没有记错,从这个时候到选举开始之间,我曾以省议会

---

[1] 宣读
① 阿尔芒-弗朗索瓦·德·布里克维尔(1785—1844),伯爵,1815年任上校,复辟时期和七月王朝时期任芒什省参议员。
[2] 显示出来

第四章　我在芒什省竞选——地方的情况——大选

议员的身份到圣洛去旅行①。省议会是临时召集的,其成员还是七月王朝时期的原班人马,他们大部分都对路易·菲力浦的行政人员百依百顺,其中也可能有在我的故乡对诽谤这位国王的政府[1]作出很大贡献的人。我对这次圣洛之行想起的唯一一件事,是那些原来的保守分子的奴隶般的卑躬屈节。他们不仅不反对10年来被他们那样侮辱的阿文,而且对他大加阿谀奉迎。他们用话语赞美他,以投票证实他公正,以行动拍他马屁。他们美言他,甚至他们之间也害怕失言。我经常看到人的卑躬屈节的光怪陆离场面,但从来没有见过如此叹为观止的场面。我认为,尽管阿文是个小人物,但也应使他的活动全部公诸于世,因此我要用以后的事实提供的说明来解释它[2],我还要补充说,在数月之后,这位被民众掀起的巨浪推上权力宝座的阿文,很快又被民众以暴力,有时是以闻所未闻的虐待进行追究。以前所有的旧恨,再现于民众最近由于恐惧而产生的战栗之中,并随着他们回忆对他的阿谀奉迎而更加增强。

在大选的日期即将到来,人们对未来日益感到不祥期间,从巴黎传来的所有消息,使我们感到这个大城市好像没人管了,即要慢慢地落入武装起来的社会主义者手中。人们怀疑,这些社会主义

---

① 托克维尔在1842年当选为省议会议员。关于托克维尔在其原籍省的活动,请参看夏尔·普达斯《托克维尔:芒什的代表(1837—1851)》,载《1859—1959年百年纪念》,巴黎,国家科学研究中心版,1960年。埃德蒙·洛梅德:《七月王朝下的法国一个省。芒什省议会和托克维尔》,巴黎,布瓦万版,1933年。

[1] 他的政府

[2] 为了全方位地评价他,我要用以后的事实所作的说明来解释它,并在数月之后作了补充……

者能否让选民自己做主,或者至少不对国民议会施加暴力。从各方面的情况来看,如果国民议会和民众之间发生冲突,民众将要求国民自卫军的军官发誓向国民议会进军。各省逐渐不安起来,但也对危险的到来加强警惕。

在竞选的最后数日,我是像穷人一样在我的故居托克维尔家宅度过的。这是我在革命之后首次回到故居。或许我将永远告别这里!我一进故居,就感到一片广漠而独特的凄凉,以致我今天想起来,当时看到的种种景象还历历在目。我到故居时没有人接我。各个房间空空如也,在那里迎接我的只有我的一只老犬,窗户上没有挂窗帘,家具上满是灰尘,壁炉无火,挂钟停摆,气氛沉闷,墙壁潮湿。这一切使我觉得故居已被放弃,即将成为废墟。这个偏僻的大地的一角,似乎被遗弃在我们诺曼底的田林交叉地带的篱笆和牧场之间,使我多次陷入富于诱惑力的孤独,觉得自己的思想现状[1]像似在荒凉的旷野,但透过思想的孤独,我又感到自己好像从坟墓里走出来,看到我的人生的最温和和最喜人的景象。我惊异地发现,在人间世界,想象比现实更丰富多彩和更激动人心。我在目睹七月王朝垮台后不久,就看到一连串非常可怕而又极其血腥的场面;好吧!就让我来谈谈我的感受:这些令人惊异的场面,没有一个比我今天在这里看到的更使我伤心和更印象深刻。我今天一看到祖先的旧居,就想起昔日的那种我当时并未理解其价值的和平和幸福的时光。我可以说,在这里和在今天,我才更好地理解了革命的苦涩。

---

[1] 目前状况

第四章 我在芒什省竞选——地方的情况——大选

故里的村民还是像以前那样对我表示友好,但我这次发现他们更为亲热了,而且我从来没有像今天这样被贴满墙壁的关于平等的标语对我表示的尊敬所感动。我们大家要一起到离我们村约有4公里的圣皮埃尔镇①去投票。选举日的早晨,全体选民即年满20岁的男性居民,都到教堂的前面集合。全体选民按姓氏的第一个字母的顺序两个人两个人地排成一长列,我自然要站在我的姓名应占的位置随队前进,因为我知道在民主时代和民主国家,应当在民众中起带头作用,不能随便加塞儿②。长长的队伍的最后部分是驮在马上或坐在车上的残疾人或病人,他们也要接着我们投票。没有来的只是妇女和儿童。我们共有170人。队伍来到一个可以望见托克维尔故里的小山上暂时停下,我终于明白,人们想请我发言。我登上一个挖土堆起的小高台上,人们把我围住,我说了几句触景生情的话。我提醒这些勇敢的人要注意他们即将采取的行动的严肃性和重要意义。我劝大家千万不要听那些来到我们村子可能是进行欺骗而劝大家改变主意的人的话,而要保持好队形全体去投票。我说:"在完成自己的任务之前,任何人都不要回家去吃饭或换衣服(这天下雨)。"他们高喊一定照办,而且也真做到了。各投票处同时进行投票,我也认为他们会几乎投同一个候选人的票。

我投完票之后,便同他们告别,然后登上马车向巴黎出发。

---

① 圣皮埃尔教堂(芒什),距瑟堡约有17公里。托克维尔的故乡在圣皮埃尔东约5公里处。
② [我是属于本堂神甫和副本堂神甫一级的];这句话被删掉了。

第 五 章

制宪议会第一次会议——
这个议会的场面

我顺路到了瓦洛尼去向我的几位朋友告别。有几位朋友在我离开时潸然泪下,因为地方的人士普遍认为当选的议员们回到巴黎将会遭到很大危险;还有几位勇敢的朋友对我说:"如果国民议会受到攻击,我们将会保卫你们。"我为我当时把这些话视为多余的担心而后悔,因为正如人们后来所看到的,他们和其他许多人还真为我担心而来了巴黎。

我回到巴黎才知道,我在将近 12 万张的有效票中得到 110 704 票而当选①。与我同时当选为议员的,大部分是原来的王朝反对派,只有两个人在革命前就持有共和主义的观点,当时的流行语称他们为前日的共和派②。法国的大部分地方,可以说也是如此。

曾经有过比 1848 年的革命家还凶恶的革命家,但我以为从来没有比他们还愚蠢的革命家。他们既未能利用普选为自己服务,又未能不用普选而使自己渡过难关。如果在 2 月 24 日之后不久,当上层阶级还对所受的打击摸不着头脑,民众的精神状态主要是

---

① 托克维尔以第三名当选,仅次于以约为 12 万张选票当选的阿文和维埃亚尔。
② 维埃亚尔和埃萨尔,很可能就是托克维尔所认为的那两个在选举前就具有共和主义观点的人。

害怕而不是不满的时候，就实行普选，他们也许会得到一个合乎他们的愿望的议会。而如果他们悍然建立独裁统治，他们也只能暂时保持住这一统治。但是，他们说要依靠全体国民，可同时他们所做的又完全是脱离国民。也就是说，他们一方面要依靠国民，另一方面又在威胁国民；他们以构想大胆的计划和暴戾的语言吓唬国民，但他们行动的优柔寡断又为国民的反抗开辟了道路；他们在把国民置于自己的管辖之下的同时，又把自己视为国民的救星。总之，他们在胜利之后没有扩大和开放自己的队伍，而是小心翼翼地紧缩这个队伍，唯恐坏人钻进来。简而言之，好像是要努力去解决一个难以解决[1]的问题：要建立多数派的统治，但又要反对多数派的爱好。

他们仿效过去的实例，但对这些实例又不理解，只是天真地以为，只要号召群众参加政治生活，就可以把他们拉进政治活动，只给他们以权力而不给他们以利益，就足以使他们爱护共和国。这些革命家忘记了，他们的前辈在给予农民以选举权的时候并没有废除十一税，免除徭役，废止领主的其他特权，把旧贵族的土地分配给原先的农奴，而自己却毫未放弃权力。在建立普选制时，他们本想以此鼓励民众支持革命，可他们给予民众的却只是反对革命的武器。但我绝不认为农村就产生不了革命激情。在法国，种地人都有一定份额的土地，大部分人以小片土地维持贫苦的生活，借债累累。他们的敌人已不是贵族，而是放债人。这些放债人才是他们攻击的对象。不必许诺废除所有权，而要允许废除债务[2]。

---

[1] 好像希望解决
[2] 因此，不必攻击土地所有者，而要攻击放债人；不必许诺废除所有权，而要允许废除债务

1848年的鼓动家们根本没有仔细研究这个手段,他们在这方面的表现比他们的前辈还要无能,更没有诚意实施这个手段,因为1848年的鼓动家只在行动上表现了暴力和不公正,而他们却是在愿望上就表现了暴力和不公正。但是,要采取暴力的、不公正的行动,只有合乎他们愿望的政府,甚至是有权力的政府也是不够的,还要有符合时代精神的习尚、思想和激情。

因此,在选举中大多数人投票反对实行革命和使革命成功的党派。这个党在选举中遭到十分沉痛的打击。随着它看到自己的候选人连遭失败而感到深重悲痛和表示巨大愤怒,时而柔和地,时而粗鲁地抱怨国民,指责国民无知、忘恩负义、失去理智和不顾自己的幸福。这使我想起莫里哀《太太学堂》中阿尔诺尔弗对阿涅斯说的话:但是说到底,[1]

"你这个恬不知耻的太太,为什么不爱我了?"

我回到巴黎看到的,是一派绝不会引起人们高兴,而实际上只会使人伤心和可怕的情景。我在这座城市看到10万名工人被武装起来加入国民自卫军,他们没有工作,忍饥挨饿,挣扎在死亡的边缘;但头脑里却满是无用的理论和空想的希望。我看到社会被分成两部分:一部分是一无所有的人被共同的贪婪联合在一起;另一部分是拥有一些财产而被共同的苦恼联合在一起。这两大阶级之间再无其他的联系和其他的共同感,而是双方都在想斗争将不

---

[1] 掌握政府的党随着看到自己的候选人连遭失败而感到深重悲痛和表示巨大愤怒,时而柔和地、时而粗鲁地抱怨选民,指责选民无知、忘恩负义、失去理智和不顾自己的幸福。它对国民本身发怒,并一直以冷漠的态度对待国民,好像总是要向国民说阿尔诺尔弗向阿涅斯说的那句话

可避免,迫在眉睫。资产阶级和民众(这两个在以前的斗争时代使用的名词又恢复了,并被用来表示两种遭遇不同的人们)已在鲁昂和利摩日展开斗争①。在巴黎,再也没有财主随便使用或挥霍自己的财产或收入的日子了;人们时而要求他们亲身劳动才可以出售自己的财物,时而要求他们停止向租户收房地产租金,不允许他们本人依靠他人的收入生活。财主们尽量服从这一切暴政,在暴露自己的弱点时[1]努力做到损失最小。在当时从报刊上看到的材料中,有一条《通知》使我最先想起它像是把自尊、胆怯和愚蠢相当巧妙地[2]融合在一起的样品,至今给我留下深刻的印象。这个《通知》中说:"编辑先生台鉴:请允许我借贵刊的版面告知我的诸位房客:我欲把真正的民主所应遵行的博爱原则实施于诸位,现将下期房租的付给收据交给渴望享受这一原则的上述房客。"

但是,也受到压迫和威胁的这位资产阶级得到的却是漆黑一片的失望,而这种失望后来逐渐变成勇气。我向来认为二月革命运动绝没有希望按部就班地以和平方法结束,而只能以巴黎爆发的大规模战斗突然终止。我在 2 月 24 日的次日,就曾这样说过;我当时看到的,不仅使我确信这场战斗实际上已是不可避免的,而且认为战斗已迫在眉睫,觉得人们都在寻找开战的最初

---

① 对选举结果表示失望的"蛊惑煽动党",在鲁昂和利摩日发动大暴乱。在利摩日,没有用太大的暴力就使秩序重建起来;而在鲁昂,镇压是很凶的,因市检察总长塞纳尔要求部队的士兵和国民自卫军夷平由工人构筑的街垒(4 月 27 日—28 日)。

[1] 作出自己的让步时
[2] 令人愉快地

时机。

国民议会终于在5月4日开会。直到最后时刻,人们还在怀疑会议能否开成。我深信一些最热心的煽动家曾多次策动不开会而拖延下去,但他们却不敢这样做。他们始终被他们所主张的人民主权的原理压得喘不过气来。

我的眼前可以浮现议会开会之初的情景,但我反而又觉得当时的记忆非常混乱。如果仅仅是因为事件重大和重要,就以为应当在记忆中留下清晰的印象,那是错误的。深刻地铭记在心并能长期不忘的,反而是人们见到的一些细小的个别事件。比如说,我只记得在开会当中我们争先恐后地喊了15次"共和国万岁!"会议中充满了这样的奇怪事件。也不断看到一个党以过激的感情表现来刺激自己的对手,而对手则不以为然,表现出满不在乎的样子,以避免上当。因此,大家有时出于真诚,有时出于假义,而共同努力推进会议的进行。我还认为,不管会上的喊叫声出于哪一方,它都是很认真的;喊叫声不仅反映了不同的思想,甚至反映了互相对立的思想。当时大家都想保卫共和政体,但有的人是为了进攻而利用共和国,有的人是出于防卫而利用共和国。当时的报刊都提到议会的狂热和群众的狂热。虽然说得十分热闹,但真正的狂热并不存在。大家第二天去忙着做的并不是他们头一天想的事,而是出于某种感情而要去做的事。

临时政府的一项政令,规定议员要着昔日国民公会议员的服装,特别要穿白色的翻领内衣。谁看到这种着装,都会认为是罗伯斯庇尔又出现于政坛。我最初认为,这个奇妙的想法一定出自赖德律-洛兰或路易·勃朗①的头脑；但后来我听说，这应当是出自阿尔芒·马拉斯特的华丽的富有文学情调的想象力。大家知道，没有人遵守这一政令，连它的立案人也没有。只有科西迪埃尔②一个人按照指定着了装。因为我只知道他是后来自称为山岳派的成员，所以我一看到他这一身打扮，总会想起93年的人物。我看到他身材高大，十分肥胖，三角形脑袋深陷在两肩之间，极富表情[1]。他的眼神狡猾而顽皮，整个面貌有点傻乎乎的样子。总之，他是一块难以名状的物体，但其中活跃着一种能够支使粗鲁和无知的还算机敏的精神。

开会后的次日和第三天，临时政府的成员使我们依次认识了这些在2月24日以后各有不同作为的人。他们每个人都大说自己的好话，甚至还大说他们同僚的好话，以致很难辨认其中有些人曾经是死对头。除了政治上的憎恶和嫉妒使他们对立之外，我还觉得他们虽然天天见面，但却彼此十分陌生。这种独特的隔阂就像人在旅途中不得不同乘一艘船，在狂风暴雨的长途航行中互不理解和互不知道对方的心事。我在第一次会议上，看到我的旧议会同僚几乎又都露面。除了落选的梯也尔先生，没有参选的布罗

---

① 路易·勃朗(1811—1882)，社会主义理论家，他的著作《劳动组织》，使他在1848年被工人推举参加政权。临时政府成员，制宪议会的巴黎代表，六月事变后被追捕，流亡于伦敦。

② 路易·科西迪埃尔(1808—1861)，工人出身，参加1834年4月暴动，被捕拘留，1837年被特赦。做过酒类生意的经纪人。二月革命后出任巴黎警察局局长，当选为塞纳省的制宪议会代表，5月15日事件和6月暴动后被指控，他逃往伦敦，在伦敦重操他批发酒类的生意。

[1] 我见到此人身材高大，十分肥胖，三角形脑袋，极富表情

伊公爵①，以及外逃的基佐先生和迪沙泰尔先生，所有的有名雄辩家和旧政界〔1〕知名的大部分说客都出现于会场。但他们表现得很不自在，感到孤立和被人怀疑；又像在政治上常见的那样，他们既令人害怕，又互相害怕。当时他们还不能发生不久以前由他们的才能和经验所取得的那种影响。议会的其余议员，我看都是从旧制度脱离而来的没有经验的新手，因为在中央集权的条件下，政治生活一直操纵在议会的少数人手里，他们没有机会参与。一些没有贵族院议员和参议院议员经历的新议员，几乎不懂议会是干什么的，不知道如何在议会中行动和说话才得体，完全不了解议会的日常工作习惯和基本惯例，在关键时刻态度犹豫，对不重要的事情却听得极其认真。我清楚地记得，在会议的第二天，这些新议员都坐在讲台的周围，鸦雀无声地仔细倾听会议主持人宣读昨天会议的记录，表现出把这没有太大意义的行事视为大事的样子。我确实觉得，这是900名英国或美国的农民突然出现在一个重大的政治团体，而且表现得非常得体。

依然是模仿国民公会开会时的样子，陈述自己的非常激进和特别革命的观点的人，总是坐在阶梯式议席的最高处。他们坐在那里虽然很不舒服，但却有权自称为山岳派；像人们自愿地沉湎于可爱的空想一样，他们也以自己能够取得这个称号以致被人视为

---

① 阿道夫·梯也尔(1797—1877)，在他的祖籍罗讷河口省参选，结果落选。但在6月4日的四省补选中，被下塞纳省选为议员。他是制宪议会和后来的立法议会中保守派多数的有影响领袖之一。——维克多·布罗伊公爵(1785—1870)，贵族院议员，数次出任七月王朝的大臣，只被选为立法议会的议员，1849年4月再次由厄尔省选为议员。他也是秩序党的领袖之一。

〔1〕 议会界

可恶的坏蛋而非常愚蠢地自鸣得意。

　　这个山岳派很快分成截然不同的两个集团：一个是旧派的革命家，另一个是社会主义者，但两者的细微差别并不明显。人们只能根据并不明显的色调来区分他们：名副其实的真正山岳派，头脑里几乎都有点儿社会主义思想；而社会主义者则从心眼里同意山岳派的革命方式。但他们之间也有相当深刻的分歧，使人们不能永远同他们一起前进。这一点把我们救了。社会主义者是很危险的，因为他们更准确地符合二月革命的真正性格，以及这个革命所产生的唯一激情。但他们主要是理论家，而不是活动家，所以他们认为震撼社会是容易的，而为此所需要的实践的毅力和他们的山岳派前辈拥有过的关于起义的科学，他们却是没有的。

　　我在我的席位上，可以听清山岳派的议席上发出的言论，尤其是能看清那里发生的一切。这使我有机会十分仔细地研究经常出没在议会的这一部分人士。我好像在这里发现一个新大陆。他们不以全然不知外国的事情为耻，反而以至少知道点本国的事情自慰。但这是不够的，因为国内总是还有许多地方他们没有去过。我们在这次会议上，就确切地感到他们是如此。我觉得自己好像是第一次见到山岳派，他们说话时总是使用方言，习俗也带有地方的特点，真是使我大吃一惊。他们使用的行话，与无知的法国人和有学识的法国人使用的完全不同，虽然任何行话都有缺点，但他们的行话的特点是：充满大量的粗话和野心勃勃的词句。从山岳派的席位上，不断传来侮辱性的或玩笑性的责骂声，同时夹杂着一大堆嘲讽和警句，交替使用非常放肆的高喊和美丽动听的低语。显然，这些人既不属于小酒店的常客，又不属于沙龙的贵宾。我认为他们的行为举止是从咖啡馆学来的,他们的精神完全是在报刊文艺的熏染下养成的①。不管怎么说,这是我自革命开始以来,第一次看到这些人物出现在我们议会的一次会议上。一直到这个时候,他们在议会里的代表,只是几个孤立的名气不大的人物,这些人关心掩饰甚于关心露面。

制宪议会尽管与此大不相同,但它另有两个在我看来是新的方面。它的大地主和贵族出身的议员,比在选举权和被选举权都需要以财产为条件的时代选出的任何一个议会的同类议员,多得无比;它里面还有一个在人数上和力量上都比复辟时期强大的宗教党。我计算了一下,这个宗教党里有3名主教、多名代理主教和1名多明我会修士[1]。而在复辟时期,路易十八和查理十世只让1名修道院院长选进这个议会[2]。

选举权的纳税额资格的废除,使一部分选民不再受财富多寡的影响;预见所有权将受到威胁,促使选民去选举那些能够保护自己的权益的人去当自己的代表。这两点是使议会出现很多地主的主要原因。教士们的当选也出于类似的原因,但还有一个与此不同的更值得研究的原因。这后一个原因是:大部分国民几乎全部地、完全出乎意料地又回到宗教事务方面来。

92年的革命在打击上层阶级时,使上层阶级对于自己的不信

---

① 我认为,他们在咖啡馆中养成了这些习气,他们的精神完全是由报刊文艺熏染成的。

[1] 3名主教是:由菲尼斯太尔省选出的坎佩尔区主教格拉夫兰阁下,由阿尔代什省选出的朗格勒区主教帕里西阁下,由洛泽尔省选出的奥尔良区主教法耶阁下。2名代理主教是:阿巴尔和莱皮纳。多明我会修士是拉科代尔。还有7名教士当选

[2] 当上议员

教行为进行了反省;虽然未能了解信仰的真正精神,但至少了解了信仰的社会效益。后来成为上层阶级的政治继承者和变为它的嫉妒的对手[1]的中产阶级,并没有接受这个教训;随着上层阶级开始回复宗教信仰,中产阶级变得更加不信教了。1848年革命对资产阶级的打击,要比92年革命对贵族的打击小一些:都是遭到厄运、恐怖和复旧,情况基本一样,只是规模较小,色彩不够明显,而且毫无疑问[2]持续的时间不长①。神职人员自动脱离一切旧的政治党派,回复只有教士应当具有的天主教神职人员原来的真正精神,从而促进资产阶级回到宗教方面来。因此,他们在向原有的信徒宣称保护他们的传统、习俗和等级制度时,就自然而然地宣传了共和主义观点。神职人员被大家接受和爱戴。被选进议会的神职人员,经常受到极大的尊敬,他们也以自己的良知、中庸的立场,甚至谦逊的态度,值得享有这样的尊敬。尽管他们当中的一些人努力争取上台发言,但总是不能用好政治语言。他们早就忘记这种语言,他们的讲演不知不觉变成传道布教。

另外,普选在全国到处展开,但没有出现一个应该当选的新人。我一向认为,不管大选采取什么形式,大部分国内少有的人才最后都会当选。当时采取的选举制度,只对议会所关注的和构成政治体的底层的普通人士有重大影响。随着选举在这一制度下或另一制

---

[1] 成为它们的政治继承者并且仍然是它们的嫉妒的对手

[2] 或许

① 托克维尔在这里所作的类比,有一部分是不准确的;第一次革命和当时的恐怖确实使一部分贵族重新回到天主教方面,而资产阶级的回复信教和宗教活动,也是见于七月王朝最后几年的特别进化的事实。显然,托克维尔没有注意到这个重要事实。

度下的实施,这些普通人士的地位将是非常不同的,而他们的心情也将是大不一样的。制宪议会的情况,最能使我确信这一想法是无误的。所有在制宪议会中发生主要作用的人,我差不多早就认识;而其他的一大帮人,则与我至今看到的人没有任何共同之处。①

总而言之,我认为这个议会比我见过的任何一个议会都好。在这个议会中,认真的、没有私心的、诚实的,尤其是勇敢的人,都多于我曾经工作过的众议院。

制宪议会是为了对付内战而选举成立的。这是它存在的主要价值。实际上,只要它能战斗,它就是伟大的。而在胜利之后,当它感到胜利的重担压在它身上而实际上无法工作的时候,它的存在就惨了。

我把自己的席位选在议席的左侧,在一个便于恭听他人的发言,而自己想要发言时又便于登上讲台的位置上坐下。我的许多好朋友:朗瑞内、迪福尔、科尔塞勒、博蒙和其他一些人,都同我合流,靠近我入座。

尽管大家都知道,但我还要谈一谈会议大厅的布置。这是为了理解我的叙述而必须做的。另外,尽管这个用木材和砖瓦泥灰修建的有纪念意义的建筑物,看来要比以它为摇篮而成长起来的共和国要寿命长一些,但我不认为它能存在很久,何况它遭到破坏后,在其中发生的许多事件很难以解释清楚了②。

---

① 〔这些人受到新的精神的鼓舞,具有新的性格和新的品质。〕:这句话在原稿中用笔圈起来,预定删掉。

② 制宪议会是在波旁宫院内临时赶建的一个大厅里召开会议的。制宪议会的原来会议大厅,已经容纳不下人数如此多的议员。

第五章 制宪议会第一次会议——这个议会的场面

会议大厅是非常大的长方形,它的一端的墙壁下是主席团和讲坛,其余三面墙壁下各为有9排座位的阶梯式议席。对着讲台的会场中央,是像罗马圆形剧场的竞技场[1]的一个空旷的小广场,但这个小广场是四方形的,而不是圆形的。这样,坐在侧面听演讲的人,只能模模糊糊地看到讲演者,而能正面看到演讲者的,又坐在很远的高处。这样的布置特别有利于分散注意力和制造混乱,因为坐在两侧议席上的人看不清讲演者,并在互相干扰中不去指责发言者而是相互争吵;坐在正面议席上的人,也听不清发言,因为他们只顾仔细观看讲台上的人,而不注意听他的发言了。

高悬在大厅上方的几扇大窗户直接向外开着,使空气和阳光可以进入大厅。只是墙上装饰着几面旗子①,幸亏我没有时间去看这些用厚纸板和布制成的平面的富有寓意的装饰物。尽管行家里手和外行的民众对这些装饰物都没有兴趣,但法国人总是喜欢在他们的有纪念意义的建筑物上做这种装饰。整个大厅宽敞,呈现出一种冷漠的、凝重的、几乎是凄凉的场面。准备了900个议席的座位,这个数目是法国议会60年来最高的。

我立即感到这个议会的气氛很适合我;尽管发生一些严重的事件,但我仍有一种迄今没有过的安适感[2]。实际上,自我参加公务活动以来,这是我感到第一次加入多数派的行列,并随着多数派一起,使自己的爱好、理性和意识服从我的唯一方针,从而产生新鲜的和十分痛快的感觉。我弄清了这个多数派斥退社会主义者

---

[1] 舞台
① 栏外旁注:没有直接显示信念和鼓励民众激情的标志。
[2] 但我仍有一种新的安适感

和山岳派的原因,而我真诚地要求支持和建设共和国。我同多数派一样,在考虑两个主要问题:首先,我绝不能有君主政体的思想,即不能对任何一个君主有爱怜和惋惜的念头;其次,没有任何理由不去拥护自由和人的尊严。我的唯一目标是:维护社会原来的法律,以抵制革新者利用政府依靠共和主义原则可能获得的新的力量去捣乱;使法国民众的明显愿望对巴黎工人的激情和愿望占上风;从而用民主主义战胜蛊惑宣传。我觉得我的目标既不太高,也不炫目。我虽然天性喜欢冒险,但我不知道这个还要走很长路程的稍微有点风险的道路[1],如何对我增添更大的魅力。走到近处去看这个十分巨大的危险,使我产生强烈的不快。但我认为,触摸危险东西的小小尖端,能给我生活的大部分活动带来最好的刺激。

---

[1] 这个为达到目标必须走的有点冒险的道路

第 六 章
我与拉马丁的关系
——拉马丁的犹豫不定

这时,正是拉马丁的名声达到最高的时期:所有遭到革命的损害和恐怖的人,即国民的大多数,都把他视为大救星。他被巴黎和11个省选进国民议会①。我还没有见过其他人表现出[1]他那种天生的过激的狂热。为了理解能以什么样的疯狂热情[2]去爱人,就必须注意那种被恐怖激起的也很热烈的爱②。怀着想要抑制革命的过激行为和同蛊惑煽动分子进行斗争的希望来到巴黎的所有议员,事先就把拉马丁视为他们的唯一领袖,期待他坚定地站在他们的前头去攻击和打倒社会主义者和蛊惑煽动分子。然而,他们很快就发现自己错了,看到拉马丁并未理解他所剩下的任务只要稍微努力就可简便完成。应当承认他的处境是非常复杂的和非常困难的。当时,人们忘记他对二月革命的成功的贡献大于任何人,但他自己是忘不了的。恐怖这时已把这个记忆从民众的心中抹掉,但社会的安全又不能不赶快使人们回复这个记忆。不难预见,

---

① 实际上,拉马丁是被塞纳省和其他9个省选进国民议会的。
[1] 引起
[2] 能以什么样的过分崇拜心情
② [人们对他表示的并无恶意的气愤,除了以后对他进行的过分不公正指责,可能再也没有比这更重的了。]:这段话在原稿中用笔圈起来,预定删掉。

当事态发展到不能不停下来的顶点的时候,就产生了逆转,以飞快的速度把国民推向拉马丁不能去和不想去的远方。山岳派的成功,将导致拉马丁马上垮台。但山岳派的彻底失败,又将使他成为无用的存在,并且迟早可能和必然失去自己手中的政府。于是他发现,对他来说,无论是胜利还是失败,同样是损失和危险。

我确信,即使拉马丁一开始就毅然站在想要放慢和调整革命步伐的大党的前头,并领导它取得胜利,他也将很快被他的胜利所遗忘,不能在一定的时候使他的大军停止进军,而他的大军将把他丢掉,去找另外的指挥官。

我认为,他采取什么行动都不能长期保住权力,而他的可能下场,是以救国为名而光荣地失去权力。拉马丁确实不是可以不顾一切地牺牲自己的人。我不知道在这个我也生活在其中的迷漫着利己野心的世界里是不是会遇到比他还只顾自己而全无公益精神的人。我在这个世界上看到的,是一帮为了使自己伟大而乱国的人。这是当时流行的邪恶行为。但我认为,好像只有拉马丁一个人是为了排解积怨而总在准备推翻世界。我从来没有见过他这样的最缺乏真诚、最彻底轻视真理的人。我曾说他轻视真理,但这样说是不够的,应当说他从来就没有以任何方式尊重过真理[1]。在他讲话或写文章的时候,他不是不顾真实情况,就是东拉西扯而言他;他关心的唯一事情,是想当场制造一定轰动的效应。[2]

---

[1] 在我说他轻视真理时,我弄错了;他一点儿也不尊重真理
[2] 在他讲话和写文章的时候,他不是不顾真实情况,就是追求他的唯一关心的事情:想制造一定的效应

第六章 我与拉马丁的关系——拉马丁的犹豫不定

2月24日事变以后,我很长时间没有见过拉马丁。我第一次见到他,是在议会于新大厅里开会的前日。我刚在会场里选好自己的座位,而且没有同他说话,他当时被几位新朋友围着。他看到我以后,装作在会场的另一端有事要处理的样子,便匆忙地离我而去。后来,他通过香浦①(此人以一半是朋友,一半是仆人的身份跟随他)给我传话。请我不要为他躲开我而见怪,谈他对旧议员们不得不采取这种态度,说我也要出现在共和国的未来领导者名单中,但要使我们能够直接对话以达到互相理解,当前还有一些重大困难亟待解决。香浦还自称,他是就当前形势负责向我征求意见的。我开诚布公地陈述了我的意见,但完全没有用处。于是,通过香浦在我和拉马丁之间建立了一定的间接联系。香浦经常代表他的主人来见我,向我通报当前进行的一些事情,我也有时去香浦在圣奥诺雷大街租用的一间阁楼去进行有疑问的访问。他虽然在外交部有宿舍,但为了接见形迹可疑的来客,他总是使用这个阁楼。

我到他那里,一般都见到他被投靠者所包围。要知道,在法国,这样的政治乞丐在任何体制下都有,甚至被反对这种钻营拍马的革命〔1〕所助长,因为所有的革命都要有一定数量的人没落,而在我们中间,一个没落的人只有依靠国家才能复出。在这群乞丐中有各式各样的人〔2〕,被沾了一点与拉马丁的友谊的光的香浦以

---

① 布莱耶的维克多·香浦,曾多年担任拉马丁的秘书。"像狗忠实于主人"的他,后来又跟拉马丁到了内阁。拉马丁的第二次东方之行时,他跟着去了,但在1850年8月3日死于去马耳他的途中。

〔1〕 甚至被要破坏钻营拍马的革命……

〔2〕 各种各样的人

权谋私而拉进来。我想起其中有一位厨师。我当时觉得这个人的手艺并不高明,但他说他一定要为当上共和国总统的拉马丁服务。香浦对他大声喊道:"但他还不是总统!"这个人回答说:"虽然像你所说他还不是总统,但他即将当上总统,而且应当早点儿考虑自己的厨师问题。"为了安抚这个只能当个帮厨的人的执拗的野心,香浦答应他说,一旦拉马丁当上总统,他的名字一定会被拉马丁想起。于是,这个可怜的人,便在遐想他将来的厨具[1]如何精良的美梦中感到极大的满足。

尽管香浦十分傲慢,多嘴多舌,令人讨厌,但在当时我又不得不时常去见他,因为我不能绕开香浦去找他的主人说话,而在同他的谈话中可以知道拉马丁在想什么和在计划做什么。[2] 香浦的一派胡言乱语反射着拉马丁的思想,这就像太阳落在一个被熏黑的巨大玻璃容器里,它射不出光,但使人能用肉眼看得更为清晰。我不难推断:在这个世界上,每个人差不多都沉湎于我方才说的厨师的那种幻想;而拉马丁本人已在自己的内心品味这时正在从他的手里跑掉的最高权力的魅力。但他在走这条很快就要导致他垮台的崎岖道路时,他要努力设法控制山岳派而不是打倒它,减轻革命火焰的势头而不是熄灭它,使国家得到足够的安宁以使民众对他感恩戴德,但他却被民众完全遗忘了。当时他最害怕的是,议会的主导权落在昔日议会的领袖们手里。我认为这是他当时的主要情结。在关于执行权的构成的大讨论时,就清楚地看出他的这种心

---

〔1〕 关于他的厨房……关于他即将获得的地位
〔2〕 这等于我听他的主人本人的谈话

第六章 我与拉马丁的关系——拉马丁的犹豫不定

情。但没有一个党派不露出以一般理论[1]掩饰其党派利益的那种卖弄学问的伪善面孔。这是各党派的惯常表演,但这次表演比往常更为精彩,因为当时需要每个党都设法把它们向来视为异物,甚至完全反对的理论当做挡箭牌。旧的王党主张议会应自行管理和选出内阁,这与蛊惑煽动的做法抵触;而蛊惑煽动家们则要求将执行权交给一个常设委员会,由这个委员会管理政府和选出政府的所有官员,这是一种接近君主主义思想的体制。所有这些辩论,都表示一些人想把赖德律-洛兰从政权当中清除出去,另一些人想把他留住。

国民当时从赖德律-洛兰身上看到恐怖政治的血腥图像,认为他是制造罪恶的魔鬼,而拉马丁则是善的保护神,但这两种看法都是错误的。赖德律-洛兰不过是一个非常善感和多情的胖胖的青年,他没有原则和几乎没有思想,没有真正勇敢的精神和心灵,甚至没有罪恶的意图,而从心里希望所有的人都幸福。他也没有抹过自己的任何一个反对者的脖子①,因为他可能是不记旧仇或对朋友表示宽容。

讨论来讨论去,长时间没有得出结果。在讨论中,巴罗发表了支持我们的非常漂亮的演说,但他使讨论的方向变得对我们不利。我在议会的舌战中多次看到这种意想不到的事件,而一些党派也不断因此而失败,因为这些党派听到本阵营的大演说家们演说后只感到愉快,而没有考虑演说可能对反对者发生危险的刺激。

---

[1] 一般思想

① 栏外旁注:如果他真砍掉了某一个反对者的首级,那只是因为他考虑自己职位的尊严,或者因为尊重他的朋友们的意见。

至于一直保持沉默的拉马丁,我看他是没有拿定主意,他在2月以后首次听到王党左翼的昔日领袖巴罗的发言引起强烈反响和获得成功后,突然决定要求发言。这使我想起香浦曾对我说过:"拉马丁无论如何要首先阻止议会按照巴罗的意见通过决议。"拉马丁登上讲坛,像往常一样,发表了一通十分动听的讲演。

已经踏上巴罗所开辟的道路的多数派,听到拉马丁的演说后又退了回来。(因为这届议会比我所知道[1]的任何一届议会都更容易受花言巧语的辩客们的欺骗[2],它要想从讲演人的话语中识别他行动的动机,还显得十分缺乏经验。十分无知[3]。)因此,拉马丁的主张得到赞同,但他不走运。于是,他在这一天就种下了对他不信任的种子,这种不信任不久便日益增强,而他已经得到的深孚众望从顶点下滑的速度,比他上升到顶点的速度还快。第二天,当人们看到他拉拢赖德律-洛兰,强迫他的朋友支持他把赖德律-洛兰作为同僚拉进执行委员会的时候,人们对他的怀疑就成形了。在这种情况下,议会和国民当中就产生了失望、恐怖和难以表达的愤怒。而我自己,则感到后两种情感达到最高点。我清楚地看到,拉马丁离开了使我们摆脱无政府状况的光明大道;我很难推测,如果顺着他指引的歪道走下去,我们将会陷入什么样的深渊。实际上,我们怎么能预测不受理念或道德限制的一贯正确的想象力会走向何方呢?拉马丁的良知并不比他的不偏不倚更使我安心。实

---

〔1〕 我所见到的
〔2〕 轻信辩客们的谎言,被他们感动、诱引和迷惑
〔3〕 它要想识别他们作决定的动机……他们的观点,判断他们讲演人的话是否正确,还显得十分缺乏经验,且表现得十分无知

第六章 我与拉马丁的关系——拉马丁的犹豫不定

际上,我把他看成除了可能的行动和庸俗的谈话以外什么都能干得出来的人。

我承认,六月事件稍稍改变了我对他的行为方式的看法。六月事件使我看到,我们的敌对者的人数、组织的精良,特别是他们的决心,远远超过我的预想。

两个月来,拉马丁没有离开巴黎,在所谓革命派的内部自行吹嘘革命派的力量,认为法兰西全国已经没有活力。由此他离开真理越走越远。我并不同意他的看法,但也没有提出相反的意见同他对立。我认为应走的道路已经清清楚楚地摆在那里,因而绝不能让人们犯错误而偏离它。我已清楚地意识到,应当尽快利用议会拥有的道义力量,摆脱民众对议会的干扰,而大胆地夺取政府,并通过艰苦的努力强化政府。一小点儿延误,都使我自然觉得这是在减弱我们的力量和增强敌对者的力量。

实际上,从议会开会到六月事件发生的六周里,巴黎的工人已鼓起抵抗的勇气,斗志昂扬,自行组织起来,储备武器和弹药,作好投入战斗的准备。尽管如此,但仍有可能出现[1]拉马丁犹豫不决和与敌人半真半假共谋的局面。这种局面将使他自己破灭而拯救我们,而对山岳派则会发生麻痹它的领袖们和使他们分裂的作用。仍留在政府内的旧的山岳派,将与被排除在政府之外的社会主义者分离。如果这两派由于共同的利益而联合起来,和像在我们胜利之后那样在胜利之前就由于共同的失望行动起来,人们就会怀疑我们的胜利能否长久。当我想到我们只是反对没有领导人的革

---

[1] 但我已确信会出现

命武装，但没有遇到危险的时候，我就在思索没有这些领导人率领的战斗和只能得到三分之一的国民议会议员支持的起义将会得到什么结果！

拉马丁能比我更就近和更清楚地看到这种危险，而到今天我仍然认为，拉马丁害怕引起致命冲突的担心，同他的野心一样影响了他的行动。我听到拉马丁夫人对她的丈夫的安全以及议会的安全表示极度不安时以及以后，我就开始和继续认为我应当作出这样的判断。她每次见到我的时候都说："请不要把事态推到极端，您不知道革命派的力量。如果我们同他们打起来，我们都将完蛋。"我经常责备自己没有兴趣同拉马丁夫人交往，我所以不爱同她交往，是因为我一直认为她虽然具有真正的美德，但也有可能混入虽使美德不变但使她不再受人爱慕的一切缺点。总之，她是那种有点霸道，十分傲慢，心直口快，但有点僵硬，有时还很粗鲁，既不能冒犯她的尊严又不能与她同乐的女人。

第 七 章
1848年5月15日

革命派没有敢于在议会的会议上进行对抗,但他们并不想让会议放任自流。相反,他们要努力把议会控制在自己手里,并强制议会通过遭到反对的议案。各俱乐部已对议员们进行威胁和非难。像法国人在政治激情方面要有理论家来为他们的非理性行为找理由一样,各俱乐部也不断在内部忙于召开民众集会,以制造可以配合他们今后的暴力行动的原则[1]。人们在集会上主张,民众总要高于他们选出的议员,绝不能将自己的意志完全交给他们。这是一个合理的原则,但他们却由此得出一个错误的结论:巴黎的工人代表全体法国人民。自议会开会以来,规模巨大而情绪高昂的骚动,就不断在城市各处出现。群众每天集会于街头和广场,他们像大海里掀起的波涛没有目标地东拍西打。议会大厦的附近,总是站着一大群[2]这种没有工作的使人害怕的人。从事蛊惑煽动的党派有很多领袖,他们的行动突然而规模巨大,但很少经过磋商,以致他们在行动之前和之后,几乎不可能提出他们要干什么和曾想干什么。我当时的看法以后也没有改变,即认为主要的蛊惑

---
[1] 理论
[2] 大量

煽动家们并不想破坏议会,而只是设法对议会施加压力,还要继续利用它。他们发动的5月15日对议会的袭击,在我看来其目的是吓唬议会,而不是打倒议会。这次袭击只是民众闹事时候经常发生的那种性质暧昧的举动之一,其发动者本人在事前并没有就举动可能随着当日的事态发展而止于和平的示威或推进到革命,也明确地提出和制订计划与目标。

在事件发生前8天,人们就开始预感到有制造这类事件的某些试图,但一直生活于惊慌之中的习惯,终于使议会变成一大批在预示危险即将来临的信号中未能看到显示危险就在眼前的信号的个人。人们只知道声援波兰人民的伟大民众运动[1]出了问题,对此表示不安,但只是漠然的不安。当然,政府的成员比我们知情,也比我们害怕,但他们既不向我们通报,又不表示他们的担心。我住的地方离他们太远,无法了解他们的内心秘密。

因此,我在5月15日去了议会,在去之前我并不知道那里发生了什么事情。议会像往常一样在开会,但有一个非常奇异的现象:约有2万多名群众已聚集在议会大厅前,他们没有呼喊叫嚷。只是叫人们知道他们来了。沃洛夫斯基①登上讲台,发表讲话,我不知道他关于波兰讲些什么陈词滥调,这时民众以令人可怕的叫声显示在靠近,声音透过高悬在上方的开着换气的窗户从四面八方传进来,好像从天而降落在我们的头上。我从来没有想到,人们的喊声汇集起来能产生如此巨大的轰鸣;但他们进入议会大厅出

---

[1] 巨大的示威
① 路易-弗朗索瓦-米歇尔-雷蒙·沃洛夫斯基(1810—1876),波兰裔经济学家,先后当选为制宪议会和立法议会的代表,在议会中站在温和民主派一边。

第七章 1848年5月15日

现在我们面前时,我并未觉得他们比最初在外面大吼大叫时更可怕。对这一突如其来的场面表示好奇和害怕的一些议员在座席上站了起来;而其他的议员则高喊:"坐下!"站起的人又各自坐下,一动不动地在那里沉思。沃洛夫斯基又接着发言,讲了几分钟。我相信,他的讲话被人们这样静听,在他的一生中恐怕是首次。但人们不是在听他的讲演,而是听越来越靠近的群众的越来越清晰的吼声。

突然,议会的总务主任德古塞①庄重地走上讲台,没有说明理由就让沃洛夫斯基走下讲台,他宣布说:"库尔泰②将军不顾总务们的反对,命令守卫议会大门的流动哨兵将刺刀放回刀鞘。"这位德古塞是位非常善良的人,但看起来面貌很凶,声音也很低沉。他口中发出的通知,他的相貌和声音,容易使人产生出了什么事的不祥感觉。议员们哗然,但很快就安静下来,但什么事也不能进行了。议会被群众强占。

拉马丁一听到吵嚷声便走出大厅,最后以张皇失措的样子出现在〔1〕大厅的门口。他穿过大厅中央的通道,跨了几大步赶到自己的座位,好像后面有我们看不见的敌人追他似的。在他后面,几乎立即又出现几个民众。他们一进门,看到大厅里坐满了人而感到吃惊,于是停在门口。这时,像2月24日那样,立刻听见旁听席

---

① 约瑟夫-玛丽-安纳·德古塞(1795—1862),工程师,制宪会议员,议会的总务主任。
② 库尔泰伯爵(1790—1877),帝国军队的旧军官。七月王朝时期的极左派议员,被临时政府任命为巴黎国民自卫军司令,但在5月15日事件后被撤职。制宪议会议员。

〔1〕 再现于

的栅栏门被推开,发出嘎吱嘎吱的响声,一群人拥进旁听席,占满了旁听席,很快就站不下了[1]。被后面进入旁听席的人挤向前面的人,也顾不得往前看又向前挤,最前面的人跳过旁听席的栏杆,试图找一条通路冲向会场大厅。这里比大厅的地板只高3米多,他们顺着墙壁往下移动,在离地板1米多高的高处跳进大厅。这些人一个接着一个往下跳,震得地板咚咚作响。我最初在混乱中听到这些轰鸣,还以为是远处响起的炮声。在一部分民众往会场的议席里跳的时候,另一个主要是由各俱乐部的首领组成的人群,从各个入口拥入了[2]会场。这些人身上都有恐怖政治时代的一些特征,摇晃着无数的旗子,有些旗上还挂着红帽子。

群众[3]立即涌满会场中央的一大块空地,在那里挤来挤去,并立即觉得过于拥挤,而通过由我们的议席中间穿过去的狭窄通道涌向廊下。他们一个接着一个走进这个狭小的空间。但一直保持着激动的状态。在这种乱哄哄的和连续不断的群众活动当中,灰尘飞扬,热气闷人,憋得我都要不顾公德,想跑到外面去喘息一下。但是,自尊心使我留在了席位上。

在这群刚刚向我们拥来的人中,一些人携带着武器[4],另有一些人好像把武器藏在身上,但看不出有人想加害我们。从他们的目光看,他们主要是惊异和怀恨,而不是敌视。许多人都有一种粗俗的好奇心,并正以这种好奇心压倒其他一切感情而满足。要

---

[1] 在大厅里,看去就像一面由人形成的瀑布挂在那里
[2] 涌进了
[3] 大量的群众
[4] 一些人把武器露在外面

第七章 1848年5月15日

知道,在我国的一些造成大流血的群众骚动事件中,总有一大群来看热闹的人,其中一半是无业游民,一半是地痞流氓。这群人也没有一个听其指挥的公认的领袖,他们是一群乌合之众,而不是有组织的部队。我看其中有些人喝得醉醺醺的,但大部分人看来都处于激动狂热的状态。这种状态的外部表现是张狂和大喊大叫,其内心则是热血沸腾,紧张而又感到空虚。他们敞开衣衫,袒胸露背,因为他们的服装的性质和式样不适于在太热的时候穿,而且许多人已经汗流浃背。从这群人当中发出混乱的喊叫声,有时还夹杂着强烈的威吓性语言。我看到一些人向我们伸出拳头,可同时又在高呼我们是他们的公仆。他们一再重复这句话。几天以来,过激的民主派报刊只称议员是人民的公仆,而这些粗鲁的人也就醉心于这一思想。不久以后,我曾有机会看到民众的精神是如何明确地和清晰地接受与反映这一思想的。我听到一个穿工作罩衣的人向我和他的同伴说:"你们看,那边那个秃鹰,我真想把他的脑袋拧下来!"根据他的手势和眼神,我不难看到他指的是拉科代尔①。拉科代尔当时穿着多明我会的修士服装,坐在阶梯式议席左侧的上方。我觉得说话人十分卑鄙,但他的比喻却是很恰当的。这位神甫的又细又长的脖子露在白色风帽的外面,刚剃过的〔1〕头上仅围着一束黑发,面部狭长,鹰嘴鼻子〔2〕,两只距离很近的眼睛不断闪闪发光。那个人把这样一副长相比作猛禽,真使我钦佩

---

① 拉科代尔神甫(1802—1861),制宪议会的代表,1848年5月15日后提出辞呈。1860年,接替托克维尔的遗缺当选为法兰西学院院士。
〔1〕 秃顶的……毛发脱光的
〔2〕 钩形的鼻子

不已[1]。

在会场处于这样的无秩序状态当中,议会采取了被动的和无作为的态度:议员们坐在议席上一动不动,闭口不言,既不抵抗又不屈服。山岳派的几名议员同民众称兄道弟,套近乎,但还不敢明目张胆,只是小声交谈。拉斯帕伊①强行登上讲台,准备宣读俱乐部的请愿书;一个名叫达代尔斯瓦尔②的年轻议员站起来,说[2]:"拉斯帕伊市民,你凭什么权力在这里发言?"叫骂声[3]四起,有几个人向达代尔斯瓦尔冲去,但他把他们抵挡回去。拉斯帕伊费了很大劲儿才使他的朋友们暂时安静下来,开始宣读俱乐部的请愿书。不,应该说是宣布俱乐部的命令,因为它严令我们立即声援波兰人。

群众从四面八方喊叫:"快一点,叫他们回答!"议会像死人一样,继续没有作出任何反应。民众在忍无可忍和慌乱之中发起可怕的骚动,从而使我们不必作回答了。素来被一些人视为坏蛋,被另一些人视为圣者的议长比谢③,至少在今天确实成了大人物。他

---

[1] 讲话人将他比作猛禽,我看是人间的最大发明

① 弗朗索瓦·樊尚·拉斯帕伊(1794—1878),复辟时期和七月王朝时期的共和派活动分子。1848年,积极参加最激进的革命派的初期示威活动。被认为是5月15日事件的发动者之一而被捕,被判6年徒刑,但后来改为流放。

② 勒诺·奥斯卡·达代尔斯瓦尔(1811—1898),先后为制宪议会和立法议会的右派代表。

[2] 大声说

[3] 喊叫声

③ 菲力浦·约瑟夫·邦雅曼·比谢(1796—1865),民主主义的和新天主教主义的哲学家,5月15日骚动爆发时为议会的议长。他没有被选进立法议会。比谢对5月15日事件的态度受到恶评,托克维尔也就这个问题发表过恰当的评论。参看阿尔芒·屈维利耶《比谢和他的基督教社会主义观点》,巴黎,法国大学出版社,1948年。

第七章 1848年5月15日

用全力敲打讲台上的警钟,试图叫人们安静下来,好像在这种环境下人们的喊叫声比安静要令人难以忍耐。

正在这时,我看到又有一个人登上讲台。我只是在这一天见过此人,但在我的记忆中,总觉得他令人厌恶和可怕。他两颊消瘦,嘴唇煞白,像个病人,形容憔悴,衣着不整洁,脸色苍白,身上散发出霉味,好像没有穿衬衣,只是一件旧式黑色礼服紧贴在他瘦长的身上。他好像是一个长期生活在下水道的阴沟里刚刚从里面钻出来的人。人们告诉我说,他是布朗基①。

布朗基首先谈到波兰问题,然后急转到国内问题,要求对鲁昂的大屠杀事件进行报复。他以威胁的口气要求议会关心没有人注意的民众的贫困,并指责议会在这方面所犯的重大错误。他这样把听众鼓舞起来以后,又把话题转回到波兰问题,并声称他和拉斯帕伊一样,要求议会立即作出支持波兰的决议。

议会仍然一动不动,民众还是吵吵嚷嚷,高喊一些互相矛盾的口号,议长也是不断敲打他的警钟。赖德律-洛兰试图说服民众退出会场,但已经没有人能够说服民众。赖德律-洛兰几乎是被骂下了讲台。

喧嚷再起,越来越扩大,而且可以说是自发进行的。要知道,民众这时已经不能控制自己,甚至不能理解只要稍等一会儿,就可以到达激情所指向的目标。过了好长一段时间,巴尔贝斯②终于

---

① 路易·奥古斯特·布朗基(1805—1881),社会主义革命领袖,七月王朝时期的造反者。二月革命的第二天,他发挥了组织民众起义的积极作用。5月15日事件后被起诉,被判处10年监禁。

② 阿尔芒·巴尔贝斯(1809—1870),七月王朝时期的造反派,1848年成为激进派的领袖之一,并被选进制宪议会。后被作为5月15日事件的主谋者之一被捕,被判无期徒刑,但在1854年被释放。

来到前面,登上讲台,不,应当说是跳上讲台。他是那种时而是蛊惑家、时而是疯子、时而是骑士的人物,你无法知道他在什么时候、什么地方以其中的哪一种面貌出现,而他却能混迹于我们今天的这种病态的、乱糟糟的社会。但我认为,他主要是以疯子的面貌出现,而在听到民众声音的时候,他会变得疯狂。他的灵魂被民众的激情包围时,就会像水在火上自然沸腾起来。群众冲进会场以后,我一直在观察他。我把他看成是我们敌对者中的最可怕的人,因为他最发疯、最不讲情面而且最坚定。他登上议长的座位所在的讲坛,长时间地站在那里一动不动,只是以兴奋不已的目光巡视会场。我在观看并叫我的邻座观看他的动作变化时,他的苍白的面孔,他的激动兴奋,每在激动的时候用手指捻他的胡须。他在台上好像一直在思索采取极端的方针,但始终没有下定决心。现在,巴尔贝斯要下决心了。他要对民众的激情进行某种梳理,明确目标以保证胜利。他断断续续地、气喘吁吁地说:"我要求议会立即当场作出向波兰派兵、向富人课税10亿法郎、由巴黎撤出部队、停止召集预备役的决议。否则就宣布代表们为祖国的叛徒。"

我认为,如果巴尔贝斯的动议被通过,我们将会毁灭,因为议会采纳他的动议后,议会就将名誉扫地,自己解除武装,而它要否决这项动议(看来,很可能否决),又将遭到被打乱的危险。但是,巴尔贝斯本人也未能使会场安静下来而让我们就动议发表意见。在他说完最后一句话后,全场立即暴发激烈的争吵,争吵越来越激烈,以致无法安静下来,只能让争吵继续下去,让无数的对立意见互相吵闹。巴尔贝斯竭尽一切力量去制止争吵,但在议长当时像敲丧钟那样不断敲打他的警钟的大力帮助下,也毫未生效。

第七章 1848年5月15日

这场反常的会议继续两个小时。议会顶住了压力,我们在细听外面传来的声音,等待着援助,但巴黎好像是一座死了的城市。我们竖起耳朵静听,也没有听到外面传来救援的声音。

这种被动的抵抗激怒了民众,使他们大失所望。他们就像停在一大片酷冷的冰面上,怒气冲冲地找不到可以抓住的东西往下滑。他们在找不到自己的行动出路当中,互相进行无益的争辩和指责。呼喊各式各样的或互相矛盾的要求的声音响彻大厅。有些人高呼:"我们现在就去……"另一些喊叫:"成立劳动组织!……成立劳动部!……向富人课税!……我们支持路易·勃朗!"最后,由于争抢到台上发言而在台下打起架来才听不到喊叫声。有五六个人曾同时登上讲台,有时他们便同时发言。由于总是处于混乱状态,所以时而出现可笑的场面,时而出现可怕的场面。大厅里热得令人难忍,以致许多先拥入的人离开大厅,他们的位置很快就被一些站在门口伺机涌入的人占据。我看到一个身着制服的消防队员,从我席位旁边一条通道走下去。有人对他喊话:"不要投他们的票!"他回答说:"等一等,等一等,我就去,我就去告诉他们怎么做。"于是,他把消防盔使劲往下压了一压,结好帽带,拨开前面遇到的人群,登上了讲台。他在讲台上像救火时站在屋顶上那样潇洒,但他的发言没有讲多久便卡壳了。民众向他喊道:"消防队员,讲呀!"他没有再讲,便被轰下讲台。这时,几名民众用胳臂架着路易·勃朗,像凯旋似地把他拉进会场。他们抓着他的小腿从他们的头上抬过去。我看到路易·勃朗曾徒劳地避开他们。他往后退并全身蜷曲起来,被他们拖着前进,也不能从他们的手里摆脱出来,同时发着尖叫的声音。我觉得好像看见一条尾巴被钳子夹住的蛇。最后,人们把他扶到我下面的一个席位上坐下。我听到他喊叫:"我的朋友们,你们将要取得的权利……"下面的话被喧闹声湮没。有人告诉我,索布里耶①也被这样架进会场,坐在离我稍远的地方。

一场非常严重的意外事故打断了这场热闹的演出:会场深处的旁听席,突然发出嘎嘎的响声,支撑的柱子断裂,向着大厅方向倾斜,坐在上面的群众张皇失措,纷纷逃离。这个吓人的事故,使喧嚣的场面暂时停了下来。这时,我初次听到远处传来的在巴黎到处流动的召集预备役的鼓声。同我一样听到鼓声的群众,立即发出表示愤怒和恐怖的长时间呼喊。巴尔贝斯又独自登上讲台,高声喊叫:"为什么要召集预备役?谁下的命令?下令召集预备役是不合法的!"又有人跟着喊叫:"这是背叛我们,我们要拿起武器!到市政厅去!"

议长被撵下他的宝座。如果相信他自己后来所说,那是他自愿地离开议长的席位。一个名叫于贝尔②的俱乐部头目登上主席台,竖起一面挂着小红帽的旗子。这个好像是刚从长时间处于一种无疑是由于过度兴奋和狂热而引起的癫痫性精神失常状态回复过来的人,从这种使他思想混乱的梦魇中走出来,来到我们面前。他的衣着不整齐,有点惊慌失措的样子。他连续两次高喊:"我以

---

① 玛丽·约瑟夫·索布里耶(1825—1854),巴黎的革命造反者和革命领袖,5月15日事件后被捕判刑。

② 路易·于贝尔,外号小炉匠(1815—1865),在5月15日骚动中起了积极作用的鼓动家和革命家。5月15日起义失败后流亡伦敦,曾在警察署工作,似乎是煽动分子的卧底人员。

第七章 1848年5月15日

被自己的代理人欺骗了的民众的名义，宣布国民议会已被解散！"他像军号声的话音，从高处发出，响彻大厅，把其他一切噪音都压下去了。

已经没有主席团的议会四散了。巴尔贝斯和一些最勇敢的俱乐部活动分子走出去，奔向市政厅。这个结果与群众所期望的相去甚远。我从旁边的愁容满面的互相谈话的民众处听到："咳，咳！这哪是我们所想望的。"许多忠诚的共和主义者绝望了。在这样的混乱当中，特雷拉①向我走来。他是一位多愁善感的革命家，在王政期间一直梦想建立共和制度。他还是一位称职的医生，尽管自己有点疯疯癫癫，他还主持过巴黎的一家主要疯人病院。他握着我的手，两眼含泪向我吐露他的真情："啊！先生。真是不幸，提出这些奇怪想法的都是疯子，造成今天这样结果的全是真正的疯子！我同他们有过往来，给他们治过病。布朗基是疯子，巴尔贝斯是疯子，索布里耶是疯子，于贝尔更是疯子。先生，他们都应当进我的巴黎疯人教养院，而不应当来到这里。"既然他如此清晰地知道他的朋友们的老底，所以要给这个名单加以补充，只能由他自己去做了。我一直认为，在革命中特别是在民主主义革命中发生重大政治作用的是疯子，但不是被比喻为疯子[1]的人，而是真正的疯子。不错，说半疯半狂不适于这时的情况，但这却屡屡有助于成功。

议会虽然四散了，但人们或许认为它并未被正式宣布解散。

议会本身也不认为遭到失败。离开大厅的大多数议员，都表

---

① 于利斯·特雷拉(1795—1878)，巴黎疯人教养院医生。在复辟时期和七月王朝时期曾积极参加解放运动。被选进制宪议会，1848年5月—6月任公共工程部部长。

[1] 被客气地称为疯子

示了不久便在其他地方召集会议的坚定决心。他们互相谈论此事，我也确信他们实际上也决心要做下去。至于我，我决定留下来，这一半是由于好奇心使我一定要看一看这一奇妙事件的发展，另一半是因为我当时认为，也像2月24日一样，议会的力量依然部分地存在于这所大厅。于是我留下来，继续观看这个既与我没有利害关系、我又不能施加影响的混乱而奇妙的场面。在极其混乱和无数喊叫声中，群众试图组织一个临时政府。这是对2月24日的滑稽摹仿，犹如2月24日那天对另一次革命事件的滑稽摹仿一样。过了相当长的一段时间，我在喧嚷当中听到从大厅的深处传来一阵奇怪响声。我的耳朵很灵，立刻辨明这是下令冲锋的鼓声。要知道，在我们这个社会已经陷入混乱状态的时代，每个人都掌握了辨别这种战争武器的知识。我立即赶到这些新来的人走进的入口处。

那里确实有一面大鼓，鼓后面跟着40多名机动保安队士兵。这些年轻人相当坚决地参加到群众当中，但最初很难说他们要来干什么，可不久他们就混入群众当中而不见了。在他们后面不远，有一纵队国民自卫军列队前进。他们清晰地高呼"国民议会万岁！"的口号进入大厅。我把我的议员身份卡放在帽子上，同他们一起回到大厅。士兵们首先把这时一同在讲坛上发言的五六名演说人请下讲台，毫不客气地走上连接讲台的小阶梯。面对这一情景，造反的人们起初还想抵制，但很快被吓得不敢动手了。他们跳上已经空无一人的议员议席，在席位之间乱窜一阵后来到外面的走廊，纷纷从所有的窗户跳下，落到院子里。几分钟后，大厅里只剩下国民自卫军，他们的"国民议会万岁！"喊声，震荡着四壁回响。

第七章　1848年5月15日

议会的会场已空无一人，但四散的议员又三五成群地逐渐回来。他们同（国民自卫军）士兵握手，互相拥抱，回到自己的座位坐下。国民自卫军高呼："国民议会万岁！"议员们高呼："国民自卫军万岁！共和国万岁！"①

议会刚刚从造反分子手里夺回来之后，那个制造这场骚乱的第一祸首、无耻之徒的库尔泰，出现于议会大厅。国民自卫军的士兵对他发出愤怒的叫声，把他抓住，拉到讲台下面。我看见他从我的前面走过去，在闪闪发光的刀剑的押送下，脸色像死人一样煞白。我担心士兵要把他杀死，于是竭尽全力高呼："把他的肩章取下来，但不要杀他！"士兵们照办了。

这时拉马丁又来了。我不知道在我们遭到造反分子入侵的3个小时里他都干了些什么。在造反分子入侵的当初我曾看见过他，他当时坐在我下方的一个座位上，从口袋里掏出一把小梳子在

---

① ［在国民自卫军进入大厅后立即发生的混乱之中，在我身上发生一件小事。我想可以把此事的原委写出来，以供大家评断时不致发生错误。这天早晨我来议会时带来一根藏刀的手杖，把它放在大厅大门的内侧。在听到国民自卫军发出的冲锋的鼓声时我去取手杖，但手杖不见了。在拥挤的人流刚刚过去，一个一手拿着刀、一手拎着我的手杖的年轻人出现在我的面前，声嘶力竭地高喊："国民议会万岁！"我立即向他说手杖是我的，但他回答说："手杖是我的。"我又说："手杖确实是我的，我在里边放有一把刀。"可这个年轻人回答说："确实放有一把刀，这是我两天前放进去的。"接着他又说："但你是谁？"我把我的名字告诉了他。他立即恭恭敬敬地摘下了他的帽子，把手杖的顶端对着我说："先生，这个手杖是我的，但可以把它借给你，我感到十分荣幸，因为今天你可能比我更需要它。改日我再去贵府去取它。"第二天，我发现我的手杖放在议会的一个墙角。它跟昨天被骗走的那根手杖一模一样，把它们两个放在一起来加以比较时，根本不可能区别开来；如果他当真去我家去取那根手杖，我就不可能确定我还给他的手杖是我的还是他的。］

对这段插曲，托克维尔在栏外旁注中写道："完全应当删去；我也不想浪费读者的时间，所以把它删掉了。"

梳被汗水弄湿的头发。群众在重整自己的队伍,这时拉马丁便不见了。他好像去了会场里边的也被群众占领的厅室,想在那里对群众发表演说,但遭到强烈的反对。第二天,有人把当时的情景告诉了我。因为我已决定只写我亲眼看见的东西,所以在这里不能报告听来的细节。后来查明,他去了附近的一处正在为外交部建筑的大厦里藏起来了。如果他能率领国民自卫军前来解救我们,那才是他的最好选择。我认为,他当时的心力处于衰竭状态,而具有锐敏和丰富的想象力的最勇敢的人(他当然也是这样的一个人),有时最容易如此。

他再现于大厅后,他的活力和动听言词又现于他的身上。他向我们大家说:他的岗位不在议会里,而在大街上;他去了市政厅,在那里平息了骚乱。他的讲话受到热烈的鼓掌欢迎,而我听到他这样的讲话,这是最后一次了。当然,人们的鼓掌不只是对他,而是庆祝胜利。这些呼声和掌声,只是对还在激动人心的汹涌澎湃的热情的反响。拉马丁走了出去,半小时前通知冲锋的鼓声,现在变成全面进军的鼓声。还在我们周围的国民自卫军和机动保安队集合起来,也跟着他出去了。到会的议员还不多,但还是开会了。这时是午后6点。

我抓紧时间回家去吃饭。我回来后,议会已决定照常开会。不久又通知我们,一些想成立新临时政府的人已被逮捕。巴尔贝斯和罪该鞭打的年纪较大的傻呵呵的库尔泰受到指控。许多人也要对路易·勃朗进行同样的处理。路易·勃朗勇敢地进行了自卫。他在进来时在门口遭到守卫在那里的国民自卫军的怒斥和殴打,衣服被撕破,凌乱不堪。这次,他在讲台上没有登在他要经常使用的板凳上面。因为他的个子太矮,头部刚能露出讲坛的桌面,所以他在上台讲话时,过去都要站在小板凳上。他在讲话时由于要讲的问题太多,只考虑安排前后次序,而忘却他想要达到的效果。尽管如此,或者说即使有这个原因,他的演说还是获得暂时的成功。我从来没有像今天这样发现路易·勃朗的天才,因为我不把以美丽而空洞的辞藻堆砌的艺术称为天才,这样的辞藻就像精巧雕制的花盘而其中没有可用的东西。

再者,因为我被白天的骚动搞得精疲力竭,所以我对晚上的这一幕并没有留下比较清晰和比较明显的记忆。我要说的都是我个人的所见所闻,此外我再也没有什么可说的了。关于事件的细节和后来发展,《总汇导报》要比我清楚。

第 八 章
协和的庆典和走向六月事件的道路

1848年的革命者不想或不能摹仿他们以前的革命流血的蠢事,但又时时以模仿那些革命的滑稽可笑的蠢事来自慰。因此,他们想举行一场规模巨大的寓意升平的庆典来迷惑民众。

尽管财政拮据,临时政府还是决定拨款100万或200万法郎在马尔斯练兵场举行协和的庆典。

按照事先公布的和后来如实执行的庆典计划,马尔斯练兵场当然挤满了代表各类人、各种德行或政治制度和公共服务的人物。法国、德国和意大利携起手来,平等、自由和博爱也携起手来,农业、商业、陆军、海军和特别是共和国,就会有高大的形象。一辆由16匹马拉的大车将出现于练兵场。据庆典的计划称,这辆马车形式朴素,具有乡村风格,上面载着象征力量、名誉和富饶的3棵树,即栎树、月桂树和橄榄树。还满载着麦穗和鲜花,其中放着一张犁。一群农民和白衣姑娘们围着马车高唱爱国歌曲。还预定有两只角上附有金饰的牛出场,但没有办到。

议会没有一点兴趣去看这一切美好的东西,反而担心这样大规模地聚集群众可能引起某种危险的混乱。

因此,议会想尽一切办法推迟庆典的开会日期,但随着准备工

第八章　协和的庆典和走向六月事件的道路

作的完成,再也无法推迟,而只有决定在 5 月 21 日举行庆典。

这天,我很早就到了议会,议会决定议员们集体步行去马尔斯练兵场。我把一支手枪放在口袋里带去,跟其他同僚交谈后,我发现他们大部分也跟我一样秘密携带着武器;有的人拿着藏着刀的手杖,有的人带着短剑,几乎都是为了自卫而采取某种手段。埃德蒙·拉法耶特①给我看了一个特殊的道具[1]。这是一个缝在长条皮带头上的铝球,皮带可以缠在手臂上,人们称这种武器为可折叠棍棒。拉法耶特叫我相信,这个小狼牙棒,国民议会中很多人都有,特别是 5 月 15 日以后。我们就是这样来赴这个协和的庆典的。

一些不祥的传闻说,当议员们穿过马尔斯练兵场的人群,在设于军官学校的阶梯式看台上落座的时候,将会发生重大的危险。实际上,是指议员们在可以说是没有防卫的条件下步行走过这么长的距离中极容易遭到突然袭击。对于 5 月 15 日胜利的全部经过记忆犹新,就是议员们的真正防卫[2]。有这个记忆就足够了②。另外,法国人向来不同时做两件事情,他们的精神虽然经常改变目标,但一旦目标确定便永追不舍。我认为,法国人没有在庆典或节日活动中造反的先例。因此,民众在这一天都心甘情愿地沉湎于美好的幻想,把贫困和仇恨的记忆暂时放在一边,根本没有造反的

---

①　埃德蒙·德·拉法耶特(1818—1890),1789 年制宪议会成员,拉法耶特将军的孙子。

[1]　武器

[2]　议员们的真正防卫,是他们对 5 月 15 日的记忆,而且这就够了

②　[在获得胜利的第 2 天,出现某种攻击政权的情况是极其罕见的。]:这段话在原稿中用笔圈起来,预定删掉。

心情。庆典计划中写道:庆典必须在友好的喧闹中进行。实际上,也真的达到高度的喧闹,但并不是没有秩序的胡来,因为我们法国人真是不可思议:我们在良好的秩序中生活不能没有警察,而进入革命时期又觉得警察碍事。民众喜欢的这种场面,给温和而诚实的共和主义者带来惊喜,使他们产生某种同情。

145 　　卡尔诺以正直的民主主义者的德行中必然具有的傻气对我说:"我的亲爱的同僚,请相信我,任何时候都要相信民众。"我想起我当时也傻呵呵地回答他说:"是呀!5月15日前一天,你不是也向我这样说过吗?"执行委员会* 占据沿着军官学校搭建的大型阶梯式看台的一部分,国民议会占据看台的另一部分。在我们面前通过的,首先是举着各种标志的队伍,因为庆典的计划要求表现友好的喧闹,所以这支队伍的通过用了很长时间。随后是马车的行列,最后是穿着白衣的年轻姑娘们,人数至少有300人,她们的洁白的少女服装,可能被认为是飒爽英姿的少年男扮女装。她们每个人手里都拿着一个大花束,在通过我们的前面时以优美的动作向我投掷花束。由于她们都经常做洗濯槌衣的家务活儿,很有臂力,我们觉得她们投掷花束就像捣衣那样不费力气,以致花束就像密密麻麻的令人讨厌的冰雹落在我们的头上。

　　一个高大的年轻姑娘,离开自己的同伴来到拉马丁的面前停下,诵读表扬拉马丁光荣的赞辞。她越说越兴奋,表现出诚惶诚恐的样子,但又有点矫揉造作。这样的热情崇拜,使我全身都感到不

---

*　执行委员会由拉马丁、阿拉贡、玛丽、巴约斯、赖德律—洛兰5人组成,是临时政府在5月4日被议会解散后而于10日成立的。——译者

第八章 协和的庆典和走向六月事件的道路

舒服。在她诵完赞辞后,民众又要求拉马丁拥抱她。她把沾满汗水的双颊伸向拉马丁,拉马丁半推半就地吻了她的双唇。

在这次庆典中,阅兵式是庄重的部分。在我的一生中,从来没有在一个地方看见过这么多武装起来的人员,同时认为见过这么大场面的人也为数不多。除了无数的看热闹的群众以外,聚集在马尔斯练兵场的全是武装的民众,据《总汇导报》估计,有 30 万国民自卫军和正规军在这里。我认为这有些夸张,但不会少于 20 万人。

这 20 万带刺刀士兵的景象,永远不会从我的记忆中消失。手持带刺刀的枪的士兵们,在通过练兵场周围的阶梯式看台时,都相互紧挨着而把枪高高举起,从我们所在的高处看去,一大片刺刀几乎就在我们的眼前,在日光的照耀下闪闪发光。使马尔斯练兵场像一个充满液体钢铁的大湖泊[1]。

这些队伍[2]鱼贯而行,从我们前面走过;我看到,在这群人中[3],有的人只是手持着枪,而没有穿制服。

穿着军服的国民自卫军士兵,绝大部分属于富人居住地区的团队。这些士兵最先露面,狂热地高呼:"国民议会万岁!"平民街区的团队虽然也排成长长的持械队伍,但服装却是平民服装或劳动服。这并没有妨碍他们以非常勇敢的战斗姿态前进。他们从我们面前经过时,大部分高呼[4]"民主共和国万岁!"或唱《马赛曲》

---

[1] 这一大片刺刀,在我们眼前形成紧密的整体,只是在日光的照耀下出现微小的波动,看上去很像一片巨大的、光滑的钢铁叶子
[2] 人
[3] 这群武装的人中
[4] 只高呼

和《吉伦特派之歌》。其次是郊区的团队,他们由农民组成,装备和武器均差,也和平民区的工人一样穿着劳动服,但精神面貌与工人完全不同,这从他们的举止和呼喊声中可以清楚地看出。机动保安队的营队喊着各式各样的口号走了过来,这些口号使我们对构成这支队伍的年轻人(不,应当说是孩子)的意图表示怀疑和不安,因为在当时他们比任何人都更重地肩负着我们时代的使命。

正规军的部队殿后,以整齐的步伐静静地前进。

我在看着这一长长的队伍的行进当中,心里充满悲哀:至今的任何时代,都没有出现过如此多的武器一下子落入民众手里的现象。大家可以相信我,我没有我的朋友卡尔诺①那种盲目相信民众和天真高兴的心情。相反,我已预感到在我眼前被日光照得闪闪发光的刺刀,不久就会变成一些派别反对另一些派别的武器;我感到这是我们将要发动的内战的两派军队的检阅。我在这一天还经常听到"拉马丁万岁!"的呼声。但他的深孚众望已是明日黄花。几乎可以说,他的声望已经不再存在,但在群众中间,总有很多人对昔日热爱而已经过时的东西恋恋不舍,他们就像外省人把巴黎人已经放弃的东西当成时髦。

拉马丁本人在太阳的余晖照耀下很快就离开了,他在仪式还没有结束时就退场了,他的样子有些忧郁和疲惫。大多数议员也挺不住疲劳,学着他退场了。阅兵是在面对几乎无人的观众席结束的。这次阅兵从一大早开始,到夜幕降临时才终止。

---

① 伊波利特·卡尔诺(1801—1888),国民公会议员拉札尔·卡尔诺之子。七月王朝时期激进的反对派议员,担任临时政府的国民教育部部长直到 1848 年 7 月,先后为制宪议会和立法议会的议员。

第八章 协和的庆典和走向六月事件的道路

可以说,从5月21日的阅兵开始,到六月事件发生,人们日日夜夜都是在担心这种事件即将发生的不安中度过的。国民自卫军和正规部队,每天都接到有关这方面的新情报而准备战斗。手工业者和有产者居民不再待在家里,而是手持武器聚集在广场上。每个人都真心希望躲开必然来临的冲突,但又隐隐约约地感到这个必然性时时刻刻在逼近。国民议会一直被这一思想所困扰,可以说它随时都可以发出国家已处于内战状态的声明,而会场里早已处于这种状态。

各个方面都尽了最大努力保持慎重和忍耐,以防止或至少推迟危机的到来。一些在内心里十分敌视革命的议员,绝不轻易表现他们对革命的反感和同情;昔日善辩的议员们害怕自己的言行被人怀疑而保持沉默,把讲坛让给新来的议员;而这些新人本身,则因为议会已经没有重大的讨论,而从来没有上过讲台。一些最困扰人心的问题,很少拿到议会上讨论,但人们可能每天都没有忘记它们[1]。提出过各种救济贫困民众的方案,也进行过讨论。甚至自发地研讨过各种社会主义体系,参加研讨的每一个人都真心要努力找到某种可以实行的东西,或至少能与社会的旧法律并存的东西。

在这期间,国家工厂*继续增加人员,人数已经超过10万。人们感到已经无法再把国家工厂保存下去了,而如果把它们解散,又担心发生骚乱。国家工厂这个棘手问题,每天都拿出讨论,但只

---

[1] 但人们可能每天都在寻思它们

* 临时政府于2月28日下令开办国家工厂,以收容失业工人。工厂采取半军事组织,从事植树、修路、挖土、筑墙等笨重劳动。——译者

是做表面文章,议而不决。虽然不断地在讨论,但不敢做出实质性的解决。

另一方面,在议会之外,各个党派显然是既害怕互相斗争,又在积极准备斗争。国民自卫军中的富裕者团队与正规军和机动保安队联欢,互相激励团结起来自卫。

郊区的工人方面,秘密储存弹药,这使他们后来得以坚持那时期的战斗。至于步枪,临时政府早就向工人们大量分发了,可以说一个工人至少有步枪一支,或者数支。

危机不仅出现在巴黎附近,而且发展到远处。在外省,人们对巴黎感到气愤,发出反对吼声。他们敢于提出反对巴黎的思想,60年来这是第一次。人们武装起来,鼓起勇气去支援议会。人们向议会送去数千封庆祝5月15日胜利的贺信。商业的衰退,全面的战争,对社会主义的恐惧,使外省人越来越对共和国反感。这种怨气特别反映在选举投票的秘密之中。在补缺选举中,选民们在21个省重新联合起来,全都选举他们认为具有某种亲王朝思想的人为代表。莫莱先生①在波尔多当选,梯也尔先生在鲁昂当选。

路易·拿破仑的名字开始突然显赫,正是在这一时期②。这位亲王由巴黎和几个省选出,共和主义者、正统王朝派和民众煽动

---

① 马蒂厄·莫莱伯爵(1781—1855),曾任帝国时期、复辟时期和七月王朝的大臣,是托克维尔的亲戚。1848年在吉伦特省全票当选为立法议会议员,是保守的多数派的有影响的领袖之一。

② 在1848年6月的补缺选举中。路易·拿破仑由巴黎和3个省(约讷省、科西嘉省、内夏朗德省)选为制宪议会的代表,后因他的名字引起强烈的抗议而提出辞呈。但在1848年9月再次由5个省(赛纳省、内夏朗德省、约讷省、摩泽尔省、科西嘉省)选出,他接受代表的委托,进入了议会。

第八章 协和的庆典和走向六月事件的道路

家都投了他的票,因为国民当时就像一群受惊的羊彷徨于歧途,他们在各方面可以不沿任何道路走去。在得知路易·拿破仑当选的时候,我一点儿也没有想到,一年以后他成为总统的时候我会去当他的部长。我承认,在我看到昔日的一些议会头面人物重新当选时感到十分担忧和遗憾。我虽然不否认他们的才能和本领,但我担心他们的复出会把至今与我们接近的温和的共和主义者推到山岳派方面去。我了解这些人,而且非常清楚他们一旦参与政治,马上就想领导政治,而如果领导不了政治,他们就不太想救国的问题。但我觉得他们试图领导国家还为时尚早,而且十分危险。我们的任务和他们的任务,是帮助有理智的共和主义者去管理共和国,而不是设法使我们自己去间接管理共和国,尤其不要亲自参加政府。

依据我的看法,我毫不怀疑我们正处在一场可怕的斗争的前夜。但我对这一危险的充分认识,还是通过这一时期即将来临的时候我与著名的乔治·桑夫人①的一次交谈产生的。我是在我的一位英国朋友米尔纳②的住处,与乔治·桑夫人会见的。米尔纳是英国的国会议员,当时住在巴黎。米尔纳才华横溢,做过一些蠢事,而更为罕见的是,还说过很多蠢话。在我的一生中,我见过这两个人多少次啊!我敢肯定这两个人的外貌是不相像的,因为其中一个人才华横溢,而另一个人有些傻气。我从来没有

---

① 《共和国宣言》使乔治·桑直接投身到进步党人方面的活动,但在六月事件后她回到了贝里地区的诺昂乡间。
② 理查德·蒙克顿·米尔纳(1809—1885),霍顿的大贵族,英国的政治家和文学家,国会议员。他来巴黎是为了就地观察1848年革命的发展。

看见米尔纳迷于某人或某事①。而这次他却对乔治·桑的文学才气着了迷[1]。尽管当时的时局严重,他还是为她举行了一次文学聚餐会。我参加了这次聚餐会,不久以后发生的六月事件给我留下的印象,并没有使我忘记这次聚餐会的情景,反而时时使我回想起它。

聚餐会的人并不是清一色的文人。除了乔治·桑夫人以外,还有一位英国少妇,以及几位并不太出名的作家和梅里美②。我已忘记这位英国少妇的姓名,但她的谦逊可爱的风度给我留下深刻的印象。她在她所在圈子里是一位佼佼者。一些来宾之间并不熟悉;但另一些人却很熟悉。如果我没有记错的话,乔治·桑夫人和梅里美就很熟悉。不久之前,他们之间有过一段非常亲密但为期甚短的关系。甚至可以说他们的罗曼司是遵循亚里士多德的规则的,他们的行为完全符合时间和地点的要求。我们的英国东道主并不知道这段故事,他没有事先告诉客人他都请什么人,就鲁莽地把他们俩都请来了。他们没有想到会在这里相遇,而且是他们的艳史结束以后首次相遇,又因为乔治·桑曾想使她与梅里美的关系早日成功,并稍微享用成功的喜悦,所以二人一见面双方都很尴尬。但很快就恢复常态。从此以后,梅里美再也没有出现在她

---

① 原来下面有一句(他总是追求那种以并不聪明的热望闪光的事情,使我想起他的这种激情总是燃烧5分钟而永远不能像太阳那样发光。)托克维尔对这句话在栏外旁注中写道:"我认为应当删掉,我相信他人也会如此认为。"
〔1〕 他爱上了乔治·桑夫人
② 普里斯佩·梅里美(1803—1870),法国的戏剧家、历史学家和短篇小说大师,他的《高龙巴》在我国广为人知。——译者

第八章 协和的庆典和走向六月事件的道路

的面前[1]。

米尔纳把我安排在乔治·桑夫人的旁边坐下。我在以前没有同她谈过话,我甚至觉得也没有同她见过面(因为我很少出现在她所在的喜欢冒险的文学界)。我的一位朋友有一天曾经请她,谈一谈她对我的那部关于美国的著作的意见。她对我的那位朋友说:"我只读作者赠给我的书。"我对乔治·桑夫人有很大的偏见,因为我厌恶写书的女人[1],尤其是厌恶那些一贯讳言女性的弱点,不想暴露她们的真实特征以引起我们兴趣的女性。尽管如此,我还是挺喜欢她的。她线条很粗,但眼神专注动人。她的全部精神好像都表现在她的眼睛上,把脸上的其余部分都放弃了。给我留下特别深刻印象的是,她的身上存在着伟大的精神自然表露出来的某些东西。她的举止和言谈确实真正朴素,她或许稍微把这种朴素与服装的朴素造型结合起来了。但我坦白承认,她越往好打扮,我越感到她朴素。我们就社会局势谈了整整1个小时,而在当时的形势下,也不可能谈其他问题。然而,乔治·桑夫人当时也表现出政治家的风度。她就政治问题对我的谈话,使我大为震惊。我同一位能够和愿意向我略述我的敌对阵营发生的事情的女人直接而亲密接触,这是第一次。当时,各党派之间完全互不了解:既不互相接近、互相来往、互相协调,更不互相交际。乔治·桑夫人向我非常详细地、异常生动地介绍了巴黎工人的状况,他们的组织和人数,他们的武装和起事准备,他们的思想和激情,他们的可怕决

---

① 即使认为乔治·桑与梅里美的纯洁爱情实际上是遵守戏剧学上的三一律的,这种爱情也应追溯到1833年,而托克维尔似乎对这一事情的来龙去脉不甚清楚。参看莫里斯·帕蒂里耶:《莱利娅和菲阿斯科在加朱尔小圈子里的经历》,巴黎,1934年。

[1] 女作家

定。我感到她的描述有些夸张,而其实不是。后来发生的事情,也如实地证明了这一点,她使我觉得她本人十分害怕民众获胜,对我们的未来命运表示出一点诚挚的同情。她对我说:"先生,请说服你的朋友们,千万不要使民众骚动和激怒而把他们推向街头;我也同样希望我的朋友们能够以忍耐为重,因为一旦发生战斗,你们的一切将毁于战斗。"在这次安慰性的谈话之后,我们就分别了,而且后来从未同她见过面。

第 九 章
六 月 事 件

(索伦托)

现在，我终于来叙述这次六月起义，它是我国历史上，也许是任何其他国家历史上至今发生的规模最大、性质最奇特的造反。说它规模最大，是因为它在4天之中，参加人数达到10万多人，死了5位将军①；说它性质最奇特，是因为造反者在战斗中没有高呼战争的口号，没有指挥者，没有树起造反的旗帜，表现非常团结，其干练的军事行动连最有经验的军官都为之叫绝。

在我国60年来相继发生的所有这类战事中，它还有一个显著特点，那就是它没有以改变政府的体制为目的，而是以变更社会的秩序为目的。实际上，它不是政治斗争（从我们至今给予这个词的定义上来说），而是一场阶级的战斗，一种奴隶造反的战争。像社会主义理论在思想方面使二月革命具有自己的特点一样，六月事件在事实方面使自己具有二月革命的特点。或者毋宁说，六月事件就像母亲生孩子一样，也自然出自社会主义理论，而且人们只应当把工人的粗暴的、盲目的、然而巨大的力量，看做是他们摆脱当

---

① 这5位将军是：内格里耶、布雷阿、雷诺、达梅姆、迪维维耶。

前遭受的非法压制的生活条件之所需,看做是他们以武器打开群众走向幸福生活道路之所需,而走这条道路是有人向他们指出[1]这是他们的权利。贪婪的欲望和错误的理论的结合,使这次动乱在发生之后变得如此可怕。有人叫这些穷人相信,富人的财富在某种程度上可以说是偷窃的产物。他们还叫穷人相信,财产的不平等既违反自然,又有悖于道德与社会。在贫困和激情的促使下,许多人相信了这些宣传。关于权利的这种糊涂而错误的观念,与粗暴的力量一结合,就给这种力量带来活力、韧性和它从未有过的唯一的威力。

还必须指出,这次造反并不是一些阴谋家干的,而是全体居民对另一些人的造反。妇女和男人一样,也参加了造反。男人进行战斗,女人则准备和运送弹药。在不得不投降的时候,女人还是决心战斗到最后。

可以说这些妇女是带着爱家的感情参加战斗的。她们是为了自己的丈夫能够舒适地生活,为了自己的孩子能够幸福地成长,而指望胜利的。她们就是像买彩票一样来对待这场战争的。

至于这伙群众所具备的战略知识[2],则完全来自法国人的好战性格、长期的造反经验,特别是大部分居民世世代代接受的军事教育。巴黎有一半工人在部队里服过役,他们总是愿意再拿起武器战斗。退役的老兵一般都参加了暴乱。2月24日,被敌人包围的拉莫里西埃,曾被他在非洲作战时指挥过的造反者两次饶命。

---

[1] 欺骗他们说
[2] 军事知识

这些人的战场回忆[1]，比他们的内战热情强烈。

众所周知，国家工厂的解散是这次造反的导火线。由于不敢一下子解散这个可怕的类似军队的组织，所以试图以把参加这个组织的一部分工人遣散到各省去的办法来解散它，但这些工人拒不前往。6月22日，他们组成几个大集团在巴黎游行，有节奏地连续高呼："不去，不去……"他们派出几个代表，向执行委员会的成员提出漫天要价的要求，但遭到拒绝，于是他们声称明天就拿起武器，然后离去。

实际上，所有的一切都在表明，酝酿已久的危机就要到来了。

议会接到这个消息后，当然产生极大的不安。但议会没有中断议事日程，继续讨论提出的各项法案。议员们虽然心里有些不安，但都在静听讨论。实际上，讨论的是一个非常重要的问题，大家都在静听一位杰出的演说家的发言。

政府提出一项收购全国铁路使其国有化的法案。蒙塔朗贝尔①表示反对，他的反对理由很充分，而他的演说更出色。我觉得他这样的杰出演说，在这以前和以后都没有听过。实际上，我的想法这次与他的一样；但我认为，甚至他的反对者们也觉得他这次发挥得很好。他对法案的攻击十分尖锐，但并没有使用他惯用的怒气冲冲的侮辱性语言[2]。一定程度的恐惧心理，缓和了他性格上

---
[1]　军人生活的回忆

①　蒙塔朗贝尔伯爵(1810—1870)，自由天主教派的保护者之一，七月王朝时期的法国贵族院议员，先后为制宪议会和立法议会的议员。

[2]　恶狠狠的语言

的高傲，抑制了他喜欢发表反对意见和争论[1]的脾气，因为他和其他雄辩家一样，总是大话多而胆怯[2]。

会议没有讨论外面发生的问题就休会而散会了。

23日，我比往常提前到达议会时，发现玛大肋纳教堂周围聚集了大量公共马车，据说这是人们前来构筑街垒。在我进入议会大厅后，大家又向我证实了这一点。但人们对即将发生严重的武装动乱还半信半疑。我决定亲自去调查一下真实情况，于是跟科尔塞勒一起去了市政厅的周围地方。我看到，在邻近这个有纪念意义的建筑物的所有大街小巷，民众正忙于构筑街垒。我看了看这个像是由工程技术人员指导构筑的精巧的、合乎工程规律的[3]工程，它只剥去了为打地基而必须剥去的路面石板，用自己弄来的方块石头砌起非常坚固和相当内行的厚厚的街垒的四壁，而且总是不忘在临街房舍与垒壁之间留出一条可以自由通行的小道。为了急于尽快弄清楚各街道的情况，我和科尔塞勒商定分别行动：他去一个方向，我去另一个方向。他在前进的途中，不得不听人家的摆布。据他后来对我说，最初他没有受到阻挠，就自由地通过了几处正在构筑的街垒。但最后被人家扣下了。构筑街垒的民众，看到这位身着黑上衣、白衬衫的绅士模样的人，优哉游哉地走在市政厅附近的街道上，然后安然地在他们的面前停下仔细观察他们的工作。于是，这些民众就想把这位观景者拉进自己的队伍。他们以友爱的名义，要求他帮助他们劳动。科尔塞勒是一位像恺撒那

---

[1] 争吵
[2] 总是表面坚实而心里胆怯
[3] 合乎工程人员的冷静思考的

第九章 六月事件

样勇敢的人，但他自知在这种情况下，最聪明的办法是只有服从而不要吭声。于是，他帮助他们搬运被掀起的路面石板，并尽量把它们码得整整齐齐。他的笨手笨脚和漫不经心帮了他的忙，人家看他不是一个麻利的劳动者，不久就打发他走了。

我就没有遇到这样的险情。我在圣马丁和圣德尼街区走了一遭，没有见到可以称之为街垒的建筑，但却目睹了规模极大的骚乱。我回来的时候，在守斋者街见到一个身上沾着血污和脑浆的国民自卫军士兵，他面无血色，正往自己的家走。我问他发生了什么事情，他告诉我说，他所在的营队方才在圣德尼门迎面遭到火力极强的射击[1]，他的一位同伙（他还告诉我了此人的名字）在他旁边被击毙，这个不幸的人的血和脑浆都溅在了他的身上。

我在回来的路上，以没有见到一个正规军士兵而感到惊奇的心情走向议会，而刚到议会所在地的波旁宫正面，终于看到雄壮的步兵纵队跟在大炮的后面前进。

拉莫西里埃穿着正式的军装，骑着马走在纵队的前头。我从未见过他这样焕发着战斗的激情，甚至可以说是喜悦的形象。尽管这是他的性格的自然表现，但我总认为，不应在这个时刻如此，而且其中混有想要报复他在二月所受的危害和屈辱的情绪。我对他说："您要干什么？圣德尼门那边已在战斗，市政厅周围全是街垒。"他回答我说："等着瞧吧！我们就向那边进发。您以为我们会在今天这样的条件下愚蠢地将我的士兵分散地投入在平民区的狭窄街道上吗？不会的！我们不会做这样的蠢事！我们要把叛乱分

---

[1] 齐射

子挤到我们能够战胜他们的街区,然后一举粉碎他们。这次他们逃不了我们的打击。"

我一回到议会,就下起一场可怕的大暴雨,使整个城市变成泽国。我怀着侥幸的心理,希望这个坏天气能在这一天使我们摆脱不幸。实际上,这样的天气足可以使一般的骚乱流产[1],因为巴黎的民众需要在晴天战斗,他们烦恶雨甚于害怕枪弹。

我的这个希望很快就落空了。每时每刻传来的消息都令人更加不安。议会想按照议事日程进行工作,但很难办到。不断摇摆不定,但还没有被外面的动乱压倒的议会,时而按议事日程进行讨论,时而脱离日程,最后完全抛开日程,只讨论内战的问题了①。几位议员相继登上讲坛,讲述他们在巴黎的见闻,也有几位议员提出解决问题的办法。法卢②以公共救济事业委员会的名义提出解散国家工厂的议案,受到大家拍手欢迎。时间被无用的对话和毫无结果的讨论浪费掉。谁也不了解确实的情况,议员们不断要求执行委员会来议会报告巴黎的情况,但执行委员会没有来人。在见不到政府出面的时候议会面临的危机是最惨的。它像一个人虽然仍然满怀激情和意志,但已全身瘫痪,四肢不能动弹,空发议论。执行委员会的两名委员终于出现,他们报告说局势十分危险,但又说有望在天黑以前把动乱平息下去。议会决定照常开会,一直开到晚上。

---

[1] 终止
① 栏外旁注:这里所述的一切,均凭我的记忆。我手旁没有24日的《总汇导报》,回到巴黎才读到它。
② 法卢伯爵(1811—1886),1846年进入众议院。路易·拿破仑任总统时,他出任教育部部长,路易·拿破仑称帝后,他表示反对。后因健康原因退出积极的政治活动,但仍支持君主制度和天主教自由派的事业。——译者

第九章 六月事件

但刚一开始讨论,拉马丁就给我们传来消息:他试图接近每个街垒时都遭到枪击,我们的两个同僚比西奥和多尔内①在想对造反者发表演说的时候受了重伤;贝多在圣雅克郊区的入口处大腿被射穿;许多军官因负伤死亡或挂花而退出战斗。1名叫孔西德朗②的议员,提议向工人让步。乱作一团但还没有失去控制的议会,被他的提议激怒,四面八方向他怒吼:"应当惩罚,胜利以后就采取措施。"这天晚上的其余时间和夜里的一部分时间,是在漫无边际的讲话、听取讲话和等待中度过的。到了午夜,卡芬雅克③来了。中午以后,执行委员会就把军事上的一切职权都交给了卡芬雅克。他断断续续地、急急忙忙地以清晰而明确的语言报告了当天发生的重大事件。他说,已下令驻在铁路沿线的部队进军巴黎,巴黎周边的国民自卫军正严阵以待。他最后说,叛乱分子已经占据主要街道,企图最后控制整个城市。已经疲惫不堪的议会,在办公室留下值班人员,决定翌日上午8时再开会。

---

① 亚历山大·比西奥(1805—1865),医生出身,共和主义记者,1848年为驻都灵特使。先后出任制宪议会和立法议会议员,6月事变时负伤。在路易·拿破仑第一次内阁时出任农业部部长8天(1848年12月20—29日)。

奥古斯特·多尔内(1799—1848),《国民报》编辑,制宪议会的摩泽尔省代表。

② 维克多·孔西德朗(1868—1893),经济学家、社会主义哲学家,傅立叶的门徒,先后出任制宪议会和立法议会的议员。在议会中他属于山岳派,1849年6月13日山岳派起事失败后流亡比利时。

③ 欧仁·卡芬雅克(1802—1857),将军,七月王朝期间活跃于阿尔及利亚。被选为制宪议会的代表,出任陆军部长,但在1848年5月17日去职。6月起义爆发后,议会在执行委员会解体后把一切行政权都交给了他(6月24日)。六月起义被镇压后,卡芬雅克以议会授给他的执行权首脑(6月28日)的头衔掌权至12月20日。后来,竞选共和国总统失败,而当选为立法议会议员。1851年12月2日,在路易·拿破仑政变中被捕。

我从乱糟糟的议会大厅走出来,在王家桥上看到那里的大钟的时针正指在清晨1点上。从这里看巴黎,它笼罩在黑暗之中,安静得像在沉睡。我深信今晨的所见所闻是如实存在的,完全用不着我以笔再来发挥。在我通过的广场和街道上,不见一个人影。既没有声响,又听不到人语。可以说勤劳的民众在劳累一天之后正在熟睡,等休息好了明天再去从事和平的劳动。这个夜里的安宁,最后也感染了我自己,以致我相信我们已经胜利。我就怀着这种心情回到家里,随后很快就进入梦乡。

我清晨醒来,太阳已高悬在地平线上,因为现在是全年白天最长的时期。我一睁开眼睛,就听到一阵清脆的金属响声,震得窗户玻璃直响,使巴黎的安静不复存在了。我问:"这是什么声音?"我的妻子回答说:"这是炮声,已经响了近1个小时。我不想叫醒你,因为今天你一定要付出很大精力。"我急忙穿好衣服走出家门。鼓声从四面八方传来,是在要求士兵集合。一场巨大的战斗即将开始。国民自卫军的士兵手持武器离开自己的家门。我所见到的每个士兵都十分精神,而叫勇敢的人赶快离家集合的炮声,则使其他人都留在了家里。但是,这些勇敢的人失望了。他们发现自己被执行委员会带到错误的方面,或是被它出卖了,于是发出可怕的咒骂声。这种对军队领导层的不信任表现,我认为是一种可怕的象征。后来,我在圣托诺雷街的入口处,看到一群工人对炮声表示忧虑。这些人都穿着工作服。大家知道,他们在战斗的时候也像在劳动时一样,都穿工作服。他们虽然没有拿武器,但从他们的眼神来看,也像似在拿着武器准备战斗。他们以抑制不住的高兴样子细听逐渐接近的炮声,因为这表明骚乱又争得了地盘。我已经意

第九章 六月事件

识到,整个工人阶级已经以其双手和心参加了斗争。目前的情景就在证明这一点。造反的精神就像人体的血液循环一样,实际上正从这个庞大阶级的这一部分传到另一部分,扩散在它的每一个部分。这个精神也弥漫在没有发生战斗的街区,好像这里即将成为战场。它还渗透到我们住宅的四周、上方与下方。在我们自以为是主人的地方,也出现了家贼。这像似使整个巴黎都陷入内战的气氛。在这个气氛之中,在一些不为人们注意的地方,造反精神也很活跃。关于这一点,我破例不守自订的不信他人传闻的守则,谈一谈数日后我的好友布朗基[①]告诉我的一件事。这件事虽然微不足道,但它非常能够说明当时的特点。布朗基从家乡把他认为可怜的一个穷人的儿子带回巴黎,当他家的佣人。在发生造反的那天晚上,这个男孩子边做晚饭边说:"这个星期天(当天是星期四),吃童子鸡鸡翅的该是我们了。"对此,一位也受雇于布朗基家的小女孩回答说:"穿美丽的丝绸连衣裙的也该是我们了。"谁能比这两个孩子的天真的贪婪表现[1]对造反的精神状态的合理思想说得更为明白呢?对此再补充一点,那就是布朗基装作没有听见这两个孩子的讲话,可是他心里却非常害怕。于是,在骚乱被平息后的次日,他就打发那个野心勃勃的男孩和那个虚荣心旺盛的女孩回他们贫困的家去了。

我终于到达议会。尽管开会的时间未到,议员们已成群地来到这里。是炮声把他们集合到这里的。议会大厦好像成了要塞:它的

[①] 阿道夫·布朗基(1798—1854),经济学家,我在精神和政治科学院的同僚,革命首领路易·勃朗基的哥哥。

[1] 比这两个孩子的天真表演

158　周围由几个营的军队围守,对着通到这里的所有街道架起大炮。

议会依然非常坚定,但已表现非常不安。应当承认,有它不安的理由。尽管得到的报告互相矛盾,但人们可以轻易地断定,现在所面对的是一场最全面的、武装精良的、巴黎从未遇到过的叛乱。向叛乱提供训练有素和善于战斗的士兵和指挥官的,是已被解散的国家工厂和若干革命团体。叛乱还在时时刻刻地扩大,而根据60年来发生的重大叛乱均以胜利告终的情况来看,则很难断定这次叛乱会被镇压下去。对付这样的敌人,我们只有几个由富裕居民组成的国民自卫军营、几个在二月革命中被解除武装的非正规军连和由两万多名青年组成的纪律散漫的机动保安队,而这些青年均是参加叛乱的人的儿子、兄弟或亲戚,他们的动向很值得怀疑。

但我们最担心的,是我们的首长的态度。执行委员会成员们的态度,使我们产生深深的不信任感。关于这一点,议会里也出现了我由家回来时在国民自卫军士兵中见到的那种感情。我们怀疑他们当中的某些人的忠诚,不相信他们所有人的能力。他们的人数虽然很多,但非常分散,不能齐心协力共同行动,他们多是耍嘴皮子和玩笔杆儿的。在这种条件下,即使能够互相了解,也不能有效地行动。

但是,我们战胜了如此可怕的叛乱。而且,如此令人生畏的叛乱,也确实拯救了我们。下述的名言①绝不适用于此:"不历险境,何谈脱险。"如果叛乱不太过激,不太残忍,大部分有产者就会留在家里,全法国也不会前来帮助我们。国民议会本身也许会让步,至

---

①　[孔代亲王在宗教战争中发出的名言。]:这句话在原稿中用笔圈起来,预定删掉。

第九章 六月事件

少议会的少数派会建议[1]让步。军队的士气也就由此非常低落[2]。但是,由于叛乱具有断然拒绝一切调停和不愿意调解的性质,所以一开始就选择了不是战胜就是战败的道路。

就是由于这个原因,使造反没有一个重要人物出来为其带头。我认为,一般说来,取得胜利的造反,也是开始时没有领导者,但总是在得到领导者后而告终。这种情况并非没有先例,它包括所有的平民阶级的造反,而绝没有超过这个范围。议会中的山岳派也没有敢于支持这次造反。有几个人公然反对这次造反。他们还希望用另一种方法来达到自己的目的。此外,他们害怕工人的胜利不久将给他们带来厄运。激起民众拿起武器的那种贪婪的、盲目的、粗糙的热情,使他们害怕了:事实上使同情他们的人也害怕的这种热情,更没有迷住那些指责和反对他们的人。

一些唯一可能领导6月造反者的人,早在5月15日就被视为祸首抓了起来。于是,他们只能隔着文森纳监狱的墙壁听到外面的激战枪声。

尽管我忙于公务,我还是挂念我的几个小侄子而辗转反侧。他们被放在小修院避难。根据我的判断,叛乱即使没有冲到他们的住处,也离那里不远了。他们的双亲不在巴黎,我想去看一看他们。于是,我再次走上把波旁宫与[圣母·德·尚]街①隔开的长街。在路上,我见到一些由造反者的敢死队在夜间构筑的街垒,一到白天,这些街垒就被放弃或被夺回。

---

[1] 要求
[2] 消沉
① 这里和以下,初版为"圣母·德·尚街",但原稿是空白。

所有的街区都响起类似鬼哭狼嚎的叫声,与夹杂其间的鼓声和喇叭声形成鲜明的对比,使我觉得很不和谐与粗野。实际上,这是我初次听到,而且以后再也没有听到过。这是只有在最危急的时候才发出的要求全体官兵都立即拿起武器的紧急集合通知。

各处的国民自卫军士兵都走出了家门。各处的工人穿着劳动服,成群结队,表现出忧郁的样子,听着紧急集合通知的鼓声。战斗还没有扩展到[圣母·德·尚]街,但已离得很近。我领着我的几个侄子回到家里,然后去了议会。

在我就要接近议会大厦,已经进入守卫大厦的部队的中间的时候,一位老太婆推着一辆满载蔬菜的小车蛮横地挡住我的去路。我也相当粗鲁地要求她让路。她不但不让,反而把菜车放下,突然扑来把我揪住,样子十分凶狠,使我用了很大力气才把她甩开。她的面部的丑陋可怕的表情,清楚地反映着煽动所造成的疯狂和对内战的狂怒,以致吓得我直打哆嗦。我所以引述这件小事,是因为我当时冷静地从中看到一个巨大特征。在发生狂暴的危机的瞬间,与政治无关的行动也会具有引起混乱和激起愤怒的特性。这个特性逃不过专注的目光,它是反映人们精神的总状况的最可靠标志。公众的这种狂热情绪,形成一种像是火在燃烧的氛围,各式各样的激情在这个氛围中发热和沸腾。

议会已被无数的不祥消息搅得极为不安。造反在到处获得地盘。它的中心,也可以说它的大本营就设在市政厅的后面,从这里伸出它的长长的双臂,向左和向右伸到巴黎的平民区,眼看就要把我们紧紧包围起来。实际上,炮声也显然越来越近。除了这些真实的情报之外,还有无数的并不真实的传闻。有的传闻说,我们部

第九章 六月事件

队的弹药已开始短缺;另有传闻说,我们的一部分部队已经放下武器,或已经跑到造反者方面去了。

梯也尔先生把巴罗、迪福尔、雷米萨、朗瑞内和我,请到一个单间。在这里,他对我们说:"我到造反的地方看过:请大家相信,它非常可怕,你们也会看到。在一个小时之内,造反者就将来到这里,我们将一个一个被屠杀。你们不想在必要的时候,不失时机地向议会提出议案,把布防在附近的部队集合到议会的周围,使我们全体可以逃出巴黎,把共和国的所在地迁往一个可以使我们号召军队和法国的全体国民自卫军来援助我们的地方吗?"他在说这些话的时候,声调非常激昂,情绪非常激动,好像不是临危不安。我觉得二月革命的幽灵似乎附在他的身上了。[想象力不太敏捷,而且]① 不愿大力协助他不喜欢的人,即使为了自救也不协助这种人的迪福尔,发表了他的意见。根据我的记忆,迪福尔眉开眼笑地讽嘲说:提出这样的计划还不是时候,要在以后才能讨论它,我们的目前状态还不足以使他绝望到必须考虑这样的非常措施,而考虑这种措施是自己无能的表现。他的话确实有理,于是结束了梯也尔召开的这次会议。我立即给我的妻子写了一个便条,告诉她危机时时刻刻在增大,巴黎最后也许完全被造反者所控制,那时我们就不得不撤出巴黎,迁到别处继续进行内战。我吩咐她:赶快利用还未被造反者控制的铁路去圣日耳曼,在那里等我的消息。我把信交给我的侄子们,然后又转回议会。

议会正就一项在巴黎实行戒严、停止执行委员会的权限而代

---

① 括号的字句,在原稿中被删掉。

之以由卡芬雅克将军实行军事独裁的法案进行投票表决。

议会十分清楚,通过这项法案是它的所望。这件事似乎容易办到,因为迫切需要如此,但又总是迟迟通不过。议员们不断提出一些小小的附加条款或临时动议,以破坏和改变议会的总思路。要知道,各种会议都深受一种胡搅蛮缠的影响。在这种纠缠中,有一股搞不清和看不见的强大力量,总是在最后关头于思想与行动之间进行搅和,阻碍其中的一方压倒另一方[1]。谁能想到这是巴斯蒂德①在左右议会?但他正是在这样做。

我确实听人说过,他这个人在讲话的时候总爱谈论自己,他的发言的头几句只说自己。但是,我有时在其他情况下发现,不善于讲话的人,如果条件适合于他们,会比最好的演说家产生更大的效果。这种人只是想看准时机,把自己的想法插进发言里,再以某种方式写成正规的书面提案拿到讲坛上宣读,使所有的人注目,让每个人很快理解它的真实意义。巴斯蒂德就是这样以长长的、貌似真诚的、有些悲哀的面孔出现在大家面前的。他以悲伤的口气说:"公民们,我以祖国的名义,吁请大家尽快投票通过法案。看来,不出1个小时,市政府就可能被占领。"

这个简短的发言,便使会议的讨论结束了。法案立即被通过。

---

[1] 各种会议都深受一些奇怪的事情的影响。这些奇怪的事情就是胡搅蛮缠,在这种纠缠中,你能知道讨论的问题,但又抓不住它,好像一扇门在开着,但你又走不过去……人们不知道这是为什么,而唯一的原因,就是一股看不见的力量不断地在思想和行动之间进行搅和,阻碍其中的一方压倒另一方

① 朱尔·巴斯蒂德(1800—1879),被临时政府任命为外交部秘书长,临时政府改为执行委员会后升为外交部部长。在卡芬雅克将军的政府中仍任外交部部长。当选为制宪议会的代表,在议会中支持右翼共和派。

第九章 六月事件

我举起手来,反对法案中关于在巴黎实施戒严的文句。我采取这种态度主要是出于本能,而不是出于深思熟虑。我对军事管制持有一种自然的轻蔑感,而且感到非常可怕,以致在法案中提实施戒严时,我的这种感情在混乱的心中更加强烈,甚至高于危机所造成的情感。在这个问题上我犯了错误,但十分幸运,同意者很少。

执行委员会的朋友大吵大嚷,说他们的反对者和卡芬雅克将军的支持者利用鼓噪来加速通过法案。说真的,如果鼓噪者得逞,我还愿意原谅他们,因为他们采取的措施,对拯救国家也是不可或缺的。

在通过我方才说的法案之前,议会一致通过另一项法案。这项法案规定,在战斗中死亡的人的家属将得到国库发放的抚恤金,他们的子女将由共和国抚养。

议会决定由主席团指派60名议员,到巴黎各区去向国民自卫军通告议会通过的各项法案,重新鼓起士兵们的据说已经动摇不定和低落的士气。

但是,我也在其中的主席团,并没有立即指派60名议员,而是无止无休地讨论起方才的决定是否有益和危险的问题①。因此,

---

① 下面有两段被删掉:[我坐立不安,急得无可奈何,觉得只用一句话就可以结束这种可笑的吵嚷局面。但按议会的惯例,说这句话就是要求赶快指定这60名议员,可我又不愿意这样做。我觉我没有勇气像比西奥和多尔内那样,在大家讨论得热火朝天的时候,因为没有被提名而跑到露天地上躺下耍赖。我心里想,在也我一样是主席团成员的科尔默南和克勒米厄看来,已把大家弄到这个地步而且应当负责的那些人,现在又千方百计地想担当这方面的任务,这一点儿好处也没有。但在我看来,他们当选已经6个月了,所以再叫他们做这样的工作,也是很难为他们的。

说实在的,我们被弄到这个地步,其责任不完全在他们,我们也有部分责任;我们就像被海盗劫持的旅客,在需要帮助海盗去救船时,并不是为了自己不被溺死。因此,我马上进行反思,但我终于忍耐不住,要求发言,这时便以一句话结束了讨论。]

浪费了许多时间。我终于忍耐不住,用一句话终止了这种无止不休的争吵。我说:"诸位先生,议会可能有不对的地方,但请允许我提醒大家注意:议会一旦正式通过这项决议,则迟迟不去执行乃是议会的耻辱,我们不去遵守便是我们的耻辱。"

立即投票选出议员。不出所料,我被大家一致推选为委员。科尔默南和克勒米厄①也当选了,另外还有古德硕②。当时他不太出名,但在这3人中他最有特色。他是集激进派和银行家于一身的罕见人物,善于仔细观察事物,能够用一些合理的思想掩盖其满怀似是而非的理论的内心世界,而最后又经常被人揭露出来。他的父母都是犹太人,但从外貌来看他并不像犹太人,因为他的双颊丰满,嘴唇又红又厚,身材又短又胖,容易被人看成是一个富人家的厨师。他不可能是那种特别虚荣、特别暴躁、最爱吵架、特别活跃,而又不太容易激动的人。他在讨论政府的预算困难的时候,发言中总是掉泪。总之,他虽然身材短小,但却是人们可能遇到的最勇敢的人物之一。

尽管主席团还在进行并不适宜的讨论,其他几位议员已经出发,负责向导和保护我们的人,也同他们一起出发了。我们这个组挎上议员的肩带也上路了,但我们没有向导,只是有点不安地信步沿着塞纳河右岸向巴黎市里走去。这时,造反的规模已经扩大,炮

---

① 阿道夫·克勒米厄(1796—1880),律师,七月王朝时期自由主义反对派议员;临时政府成员,出任司法部部长至1848年6月7日;先后为制宪议会和立法议会议员。

② 米歇尔·古德硕(1797—1862),银行家,塞纳省的制宪议会代表,在议会中支持右翼民主派。临时政府的财政部部长,1848年5月5日辞职参加卡芬雅克将军政府(1848年6—10月)。参加立法议会议员竞选失败。科尔默南(1778—1868)的经历,见第183页注。

第九章 六月事件

声隆隆,艺术桥和九号桥之间架有许多大炮。国民自卫军看到我们在岸边的高处走过投以惊异的目光,脱帽表示尊敬,压低声音以支持的口吻轻呼:"国民议会万岁!"昔日目睹国王被赶下台时发出的狂欢,也没有这种发自内心的祝贺感人,更没有这种共鸣动人。当我转向卢浮宫走到骑兵竞技场时,我发现科尔默南和克勒米厄已自行右拐,即向杜伊勒里宫走去。我听到其中一个人,是谁已经记不起来了,说道:"我们到底要上哪儿去呢?没有向导能行吗?到杜伊勒里宫的花园里转一圈不是很好吗?有几支预备队在那里,我们可以向他们传达议会通过的法案。"另一个人回答说:"你说的对。我甚至认为,我们这样可以比其他议员更好地完成议会交给的任务,谁能对率先行动的人说三道四呢!这些预备队正待命去第一线。"我一向认为,观察聪明人无意之中暴露其恐惧心理是最有意思的。蠢人暴露他们的恐惧心时赤裸裸,一览无余,而聪明人总是在恐惧心的上面盖上一层用一些小小的谎言精心细致织成的遮恐布。这真是喜欢把说谎看成是智慧的人的天才活动。

他们知道,我是不会去杜伊勒里宫花园散步的,对他们去那里非常生气。但正如常言所说,一不做,二不休。我把古德硕叫住,让他看一看他们往哪儿走。他气冲冲地回答说:"我都看见了。我也不跟他们走,没有他们我照样能传达议会的决定。"我们一起向卢浮宫的长廊走去。科尔默南和克勒米厄对自己的做法可能感到有点儿可耻,也很快就与我们合在一起了。于是,我们来到圣奥诺雷街,这里的景象可以说是在六月事件的过程中最打动了我的心。原来熙熙攘攘的这条街,现在连一个人影儿也没有,比冬天清晨4点钟时还要冷清。极目所及,连个有生命的东西也看不到,商店以及家家户户的门和窗户都关得死死的。见不到有人出来,一点儿生活的气息也没有,既听不到车轮声和马蹄声,又听不到人的脚步声,只有炮声好像在一个没有人的城市里轰鸣。但每一户里还有人,因为我们在前进的过程中,看到妇女和小孩透过贴满纸条的窗玻璃惊奇地注视着我们通过。

在离王宫不远的地方,我们终于见到国民自卫军的大批部队,我们便开始执行议会交给的任务。克勒米厄看到工作只是说话,便马上来了劲头。他向这些人传达国民议会通过的事项,称赞他们英勇,博得阵阵掌声。我们在这里得到一个护送队,然后又前往他处。我们在附近几个街区的大街小巷转了很长时间,来到朗比托街上的一个大街垒前停下。这个大街垒还在造反者手里,使我们不能前进。因此,我们经过……①返回。这些大街小巷,都还留有不久以前的战斗的血污,而且现在还时时发生冲突,因为这是一场战场不固定、打打停停、停停打打的埋伏战。枪声停了片刻,就有人从天窗射击;当你进屋搜查,可以认定确实有人放枪,但射击手已经不在:他在前门有人进来之前,已从后门逃跑了。国民自卫军已经接到命令:凡窗户上有百叶窗者,一律令其把百叶窗打开。命令上还清楚地载有:对一些看热闹的人,也射杀不贷。因此,我们虽然挎着议员的肩带,也不能从他们面前经过。在我们巡行的这两三个小时内,我们至少发表了30次演说,都是由克勒米厄和我讲,因为古德硕只能讲财政方面的问题,而科尔默南,大家知道,他总是像个哑巴似的一言不发。老实说,这一天的重担几乎都是

---

① 这里应是一个街名,原稿上空白。

第九章 六月事件

由克勒米厄承担的。他使我满意,我并没有赞扬他,但他的能力使我感到吃惊。让维耶①谈到克勒米厄时,称他是雄辩的鬼才。这一天,他就发挥了他的这种才干。他声嘶力竭,慷慨激昂,满脸大汗沾着泥垢,出语惊人,吓唬听众,但又不断提出人们共同关心的问题(应当说是他开始时就已提出,而现在更要使人注意的话题)[1],时而以激烈亢奋的动作配合叙述,时而在叙述当中做出激烈亢奋的动作。他总是说得有根有据,总是热情高昂,总是不断鼓掌。我不认为人们曾经遇见过这样的人物,并怀疑人们曾经想象过这样一个最为丑陋而又最不善于雄辩的人[2]。

我注意到,在向国民自卫军传达巴黎已实行戒严时,他们感到满意;在告诉他们执行委员会已被推翻时,他们高兴得叫起来。本来民众听到自由和自己的政府处于危险境地时是不会轻松的,但拉马丁的众望不到两个月就跌落到如此地步。

在我们讲完话后,这些士兵要求我们证实执行委员会是否真正停止了它的工作,让我们拿出议会通过的法案以满足他们的要求。

我要特别指出的是,这是这些士兵的坚定态度。我们方才激发了他们的勇气,而现在他们又来鼓舞我们的勇气。他们对我们高喊:"国民议会要态度坚定,我们在这里坚持战斗。拿出勇气,不

---

① 欧仁·让维耶(1800—1852),巴黎的从业律师,1834—1848 年为蒙托邦市选出的众议员。

[1] 他声嘶力竭,慷慨激昂,满脸大汗,浑身灰尘,长长的腰带绻曲地扎在身上,反复地向不同的方向转动他的短小身躯。但又不断地提出一些新想法,应当说是他开始时就提出而现在又作为新的东西提出的想法

[2] 不会有他这样的既讲不好话又这么啰唆的人

要同叛乱分子妥协！我们要战胜这次叛乱。"从来没有见过国民自卫军如此坚定，我认为要想改变他们的态度是错误的，因为他们的勇气来自他们的需要和绝望，且与绝不能再现的形势有关。

在古代的城市，那里的自由民知道自己的城市一旦被占领，他们本身就将沦为奴隶，所以他们都英勇地保卫城堡。今天，巴黎就像这些城市[1]。我们刚一回到议会，古德硕就与我们分手了。他当时以一半是阿尔萨斯地方的口音，一半是加斯科尼地方的口音，咬牙切齿地对我说："现在我们已经完成任务，该我自己去战斗一下了。"他说话的口气像似一个战士，又好像庆幸自己平安无事地回来了。我听了以后不禁一笑。

他确实去战斗了。后来我听人说，他是钻在仅能容纳他那样又胖又粗的身躯的两三个地方战斗的。我在这次巡行当中已确信我们终将胜利，而回到议会的沿途所见，更坚定了我的信心。

来自全国各地的成千上万的人，沿着还未被叛乱分子控制的一切道路，进入巴黎来援助我们。尽管昨天夜里战斗才开始，但他们已经乘火车从200公里以外的地方前来支援。次日和以后几天，又有人从400公里或800公里以外的地方前来。这些人分别属于社会的不同阶级，其中有大量的农民、大量的自由市民、大量的大财主和贵族，他们混在一起，走在同一行列之内。他们的武装既不正规又不齐全，但他们是怀着无比的热情冲到巴黎来的。在我国的革命史上，这种场面比造反本身形成的场面还要令人惊奇

---

[1] 巴黎使我想起古代的一些城市。巴黎的国民自卫军今天就像古代城市的自由民一样，决心保卫自己的城市至死而不沦为奴隶

第九章 六月事件

和觉得新鲜。由此可见,最后的胜利将属于我们,因为造反分子没有新的部队补充,而我们则有整个法国作为后备军。

我在已被居民用大炮武装起来的路易十五世广场,遇见在七月王朝末期任众议院副议长的我的亲戚勒佩尔蒂埃·道奈①。他没有穿国民自卫军的制服,也没拿火枪,只有一把剑柄镀金的仪式用短剑,用细长的白布带系在衣服上晃荡着。

我看到这位可敬的白发老人衣着如此异特时,眼泪都要流出来了。我对他说:"今天请到我家吃晚饭好吗?"他回答说:"不啦,这些同我在一起的勇敢的人,知道叛乱的得势给我造成的损失会比他们的大得多,如果我把他们丢下,自己去享受,他们会说什么呢?不能这样,我要同他们一起就餐,一起露营。我只有一件事想拜托你,即如有可能,赶快催促他们把答应给我们的军用面包送来,因为我们今天早晨以来就没有吃东西了。"

我在将近3点钟时回到议会,然后就没有再出来。

这一天的其余时间都用去谈论战斗了。时时刻刻都有事件发生,都有情报传来。听说某个省的志愿军来了,有人带来俘虏,有人站在街垒上摇晃夺来的旗子。赞赏英勇的行为和豪言壮语。随时传来某个名人负伤或战死的消息。至于这一天的最后结局,还完全不能预见。

过了很长一段时间,议长召开会议,而且开会的时间很短。议会这样开会有它的道理,因为议会就像儿童一样,一有空就胡诌八

---

① 费利克斯·勒佩尔蒂埃·道奈(1782—1855),1827年起为塞纳—瓦兹省选出的众议员,1842—1848年为众议院副议长,立法议会代表。

扯，或大淘其气。每次开会，议长本人都要谈一谈在闭会期间他得来的消息。大家知道，这位议长就是人们所知道的鲁昂的有名律师塞纳尔①。他为人勇敢，但过于习惯于律师日常使用的装模作样的喜剧把戏，以致在应当表露真实感受[1]的时候失去如实地表露真实感受的能力。他在表现他的那种勇气时总要说些他特有的夸张之词，而在表达他以为是自己的真实情感时，在我看来又总是使用低沉的语气、颤抖的声音和一种好像是演员在表演悲剧时的哭啼语调。滑稽和庄重不能共栖，因为庄重寓于事实之中，而滑稽则表现在嘴皮子上。

在夜已经很深的时候，我们才散会去稍事休息。战斗已经终止，但明天又将开始。叛乱到处仍在继续，还没有一个地方被制服。

---

① 安托万·玛丽·朱尔·塞纳尔(1800—1885)，1848年2月24日出任鲁昂的检察长，制宪议会议员，6月叛乱时出任议会议长；卡芬雅克将军政府的内政部长，1848年10月辞职，竞选立法议会议员失败。

[1] 真实的亲身感受

第 十 章

六月事件（续）①

我当时在马德莱娜街的家有一个看大门的人，街坊邻居对他的看法都不好。他是个老兵，有点疯疯癫癫，嗜酒如命，不干好事，如果没在家打老婆，就把全部时间泡在小酒馆里。人们称他是天生的社会主义者，其实应该说他是即兴的社会主义者。

造反的初步胜利使他大为兴奋，在要闹事的那天早晨，他在附近的一些酒馆转悠，嘴里不断说一些坏话，而针对我的，是说我回家时，见到我在家，他一定在晚上把我杀死。他甚至拿出那把准备用来杀我的长刀给人家看。他的可怜的妻子听到这些后，慌慌张张跑来我家，把这一切告诉了我的夫人。我的夫人在离开巴黎前给我留下一张便条，在上面把事情告诉我后，嘱咐我晚上千万不要回家，到离我家不远的当时不在家的我父亲②那里去住。我本打算按照她的嘱咐去办，但到半夜离开议会的时候，我又没有气力照办了。我已经精疲力竭，无心到我家以外的地方去找安适的就寝处。而且我也不太相信真会发生这种事先预告的谋杀，而只好在

---

① 栏外旁注：(行文经删节而大大压缩。)
② 埃尔韦·德·托克维尔(1772—1856)，复辟时期曾任省长。1841 年住在杜福街 16 号，第二帝国时期住在马蒂兰新街 102 号，两处都离阿列克西·德·托克维尔的住处很近。

170 全天的激动兴奋之后听天由命了。但我事先准备好在这种危险的时候一般都要携带的手枪。在我敲开我家的大门的时候,出来开门的正是这位看门人。我走进房门,回头看他把所有的门都仔细关好后,问他是不是所有的住户都回来了。他简要地回答说,他们今天早晨就离开了巴黎,这所楼里只剩下我们两个人了。我觉得再有一个人在我身旁就好了,但他也没有什么办法来对付我。我目不转睛地盯着他,后来叫他掌灯来到我的跟前。我们来到通向院子的房门前,他停下来,说他听到一个车库传来一阵使他不安的奇怪响声,他要我同他一起去查看声响的原因。他一边说着,一边走上通向车库的道路。这一切,使我产生极大的怀疑。但我认为,既然上了贼船,就得跟着走了。于是,我跟在他的后面,但时时注意他的一举一动,并决心一看到他有不轨的意图就把他像狗一样击毙。我们确实听到他向我说的那个非常奇怪的响声,它像流水的沉闷的隆隆声,又像远处传来的马车响声;尽管响声来自不远的地方,但我始终没有弄清是出于什么原因。实际上,我也没有长时间地去寻找原因。不久,我就回到屋里,叫他领我上了我所住的楼层。在上楼的过程中,我一直注意他的一举一动。我叫他打开我的房门,他打开门后,我从他的手中接过烛台。进入自己的房间。只在看到我进入屋里,他才敢于脱帽向我行礼。这个人是真想杀我吗?当他看到我保持警惕,两手插在口袋里,感到我的武器比他的厉害而要放弃他的预谋吗?我当时认为,他并没有真想杀死我的预谋,而且现在我仍然这样认为,有人在革命时期以所谓犯罪为荣,同在和平时期有人争相表示善意几乎完全一样。我总觉得这种可悲的人,在战斗的结果对我们不利的时候,才会变成危险的存

第十章 六月事件（续）

在；而如果情况相反，即使战斗的结果未定，但对我们肯定会好时，他便会倾向我们。

天亮的时候，我听到有人进入我的家，我被突然惊醒。他是我家的佣人，用他手中的公寓专用钥匙开门进来。这个勇敢的人刚由露营回来（根据他的要求，我给他装备了一身国民自卫军制服和一支好枪），想看一看我是否已经回家，有什么事情需要他办。我确信，无论在理论上，还是在志趣上，他都不是社会主义者。我们这个时代最常见的毛病：精神不安，他一点儿也没有。在与我们的时代不同的其他时代，也很难见到他这样安于自己的现状而不抱怨命运的人。他对自己非常知足，对别人也相当满意。他一般只追求能够和差不多能够，或相信能够取得的东西，而在这样的追求过程中又不知不觉地遵守哲学家们教导的、但他们本人却绝不实行的训诫，以保持据哲学家们说的可以得到幸福的才能与愿望之间的愉快平衡而自慰。

这天早晨，他进屋后，我同他有过如下的对话："啊，欧仁，你很好吗？"——"很好，先生，非常好！"——"怎么能说很好呢，可我听到炮声隆隆！"——"不错，战斗一直在进行，但大家都相信结果一定很好！"他一边说着，一边脱下自己的制服，随即擦我的长靴，刷我的衣服。然后，又穿上他的制服，对我说："先生，如果没有什么活了，请允许我再去参加战斗。"在这4天4夜里，我一直看到他辛勤地在做这两项工作；而我在目睹这个年轻人满意自如的身影时，也从野蛮和憎恨所引起的这些天的动乱中享得一种暂时的安宁。

我认为议会没有什么重大事项待作决定，所以在去议会之前，我决定深入到仍在战斗或炮声不断的地方去看一看。这不是羡慕古德硕所说的:也该我自己去战斗一下了,而是我想亲自判断事态的实况,因为对战况一无所知,就不能知道这么长的战事中发生的一切。而且我觉得,在时时激动我的心的所有情感的后面,有一种控制这些情感的好奇心。我巡视了大部分林荫大道,都没有见到战斗的痕迹。但我一进圣德尼门,就看见战斗的痕迹,人们在造反者撤退后留下的残迹中行走:窗户被打坏了,门被摧毁了,房屋上留有弹痕或被炮弹穿透,树木被打倒,铺路的石板东一堆西一堆,堆后面是沾满血污和泥土的麦秸。悲惨的战斗痕迹就是如此。

我又来到水塔堡,这附近驻有各种部队的大批人马。塔下有一门大炮朝向桑松街射击。最初,我以为造反者也用自己的大炮在反击,但最后我才搞明白,是我把我方大炮轰鸣产生的可怕的哗啦啦回声,当成了对方大炮的轰炸声,我从来没有听到过这样的激烈炮声。谁在这里都会觉得自己置身于一场大战之中。实际上,造反者只用当时罕见的但很有杀伤力的步枪回击。这是一场奇异的战斗。大家知道,桑松街并不太长,有圣马丁运河从旁流过,运河后面有一座面对桑松街的大厦。

桑松街一片荒凉,没有一个街垒,大炮也是在待命,把目标定好。只是有时从一些窗户冒出烟气,这说明敌人仍在,但你看不到他们。沿墙分布的我方狙击手,向着有向外射击的窗口开枪。在喷泉的后面,拉莫里西埃骑着高头大马,目标十分明显,冒着枪林弹雨发布命令。我为自己看到这样的司令官在这种局面下指挥若定,而深为感动和对他大加赞许。他大声喊叫,嗓子都喊哑了,显出狂怒的样子。不难看出,他的思想和表现十分明确,在这样的混乱当中也没有失去冷静。但是,这样的指挥方式,如果是别人,就

第十章 六月事件(续)

可能失去冷静。我愿意直言,如果他能沉着一些,我将更加赞赏他的勇敢。

这种前面看不到一个敌人,好像在对墙进行的战争,使我感到奇特。我从来没有想过会有这样的战争。在水塔的前面是一条似乎可以自由通行的林荫大道,所以我不明白我们的部队为什么不通过那里出击;为什么不首先占领桑松街对面的那座大厦,把敌人的这个射击点除掉,不让它长时间地进行火力很强的枪击。但是,这个问题很快就得到解释:从水塔开始的这条林荫大道,我认为可以自由通行,其实是不能的,因为前面向右拐有一条大街,街上向右一直到巴士底广场筑有一连串街垒。在攻打这些街垒之前,要控制街垒身后的几条街道,特别是要占领(桑松)①街对面的那座鸟瞰林荫大道和十分妨碍我方交通的大厦。最后,我方未能攻占大厦,因为那条从我的所在处看不见的运河隔在大厦与林荫大道之间。因此,只能以大炮摧毁这座大厦,或至少使敌人守不住它。早晨,我对战斗尚未结束表示吃惊,在稍微镇定之后,我自言自语:这样的速度怎么能使我看到战斗结束呢!因为我在水塔附近所看到的一切,也同时在巴黎的其他上百个地方,以另一些方式重演。

因为造反者没有大炮,所以这里没有出现战场本应该被炮弹打得稀巴烂的可怕情景。我看见中了枪弹的一些人,好像被一条看不见的线穿过而晃晃摇摇倒下。最初,除了衣服上有个小孔以外什么也看不到,而看到他们衣服上的这种情景,最打动我的不是他们的肉体痛苦,而是他们脸上表现的精神苦恼。看到他们面孔

---

① 街名在原稿上是空白。

的突然变化和在死的恐怖下急剧闭上眼睛,真有一种奇异而可怕的感觉。

不久以后,我看见拉莫里西埃的坐骑,被飞来的枪弹打中而倒下。这是自前天晚上以来死于将军胯下的第三匹马。他轻轻地摔在地上,随即又站起继续怒吼。

我发现我方的正规军士兵并不精神振奋。他们懒洋洋的,好像仍对二月事件记忆犹新,不知道明天自己是不是还要干二月时所干的那种坏事。倒是我们一贯不信任的机动保安队,还真地表现得生气勃勃。通过这次事件,我还是有许多理由不信任机动保安队,因为它从反对我们转向帮助我们并不那么坚定。不错,它被派去参加战斗,是创造了一些奇迹的。它的士兵原来都是巴黎的无业青年,他们给我们的部队增添了一些不守纪律和胡作非为的士兵,因为他们最爱做有害的事情,他们上战场就像去参加庆典。但不难发现他们不知道去战斗是为何而战,而是因为喜欢战争而去战斗[1]。这些部队的士兵都是刚入伍的新人,最容易惊慌失措。我自己也是如此,几乎因此而丢命。在(桑松)街的拐角,靠近水塔一侧,当时有一座正在建筑的高大楼房。显然是从后面进入楼房院中的一群造反者,已经在楼里驻了下来。他们突然出现在楼房的房顶上,向集聚在林荫大道上的部队进行一大阵齐射,而这

---

[1] 然而直到最后,他们仍然认为,喜欢战斗本身比知道战斗的原因更为主要……

甚至在参加战斗以后,他们对战斗的喜爱表现得更为明显,而不去问战斗的原因……

他们总是对战斗本身过于喜爱,而不关心战斗的原因……觉得战斗的原因是无所谓的

些部队根本没有预料到敌人会在这么高而近的地方出现。他们的步枪声以巨大的响声对着对面的房屋回响，以致使人认为从我们这一侧发出了同样的奇袭。不一会儿，我们的列队发生难以置信的大混乱：炮兵、步兵和骑兵立即乱了队形，士兵们胡乱射击，自己也不知道打到哪里去了，乱糟糟地退却了60多步。退却的秩序十分慌忙，把我挤到寺庙街对面房屋的墙下，被骑兵踢倒摔在墙下面，丢了帽子，差一点儿把命也搭上[1]。这可以说是我在六月事件中遇到的最严重危险。这使我感到战场上发生的一切，并不都是英勇地甘冒战争风险的英雄行为。我不怀疑，像我这样的事件在精锐的部队中也常有发生，但没有人以此来吹嘘，战报也不讲这些事情。

这时，拉莫里西埃的表现令人尊敬。他一直都把指挥刀放在鞘里，这时他把刀抽出，奔向他的士兵，行动果断而英勇。他喝令士兵停下，用手指着他们，甚至敲打刀柄的护手，使士兵们停止了后退，站在他们的前头，领着他们冒着弹雨以小步冲向寺庙街，以夺取发出齐射的那座楼房。这一切都是在很短时间内完成的，没有遇到严重的抵抗。敌人逃跑了。

战斗进入沉闷状态，直到敌人的枪声终止；把街道占领后，又打了一段时间。在转入另一处作战之前，有一段暂停的时间，拉莫里西埃进入他的司令部。司令部设在圣马丁门附近的大街上的一个小酒馆里，我终于能够来到这里探听战况。我问他："您以为战斗还要继续多长时间？"他回答说："啊！我只能说这取决于敌人，

---

[1] 我的帽子像一张纸飞向（桑松）街对面的那座楼房的墙上撞碎，我也差一点儿以同样的方式殒命。

而不取决于我们。"于是，他站在地图前面，一一指出所有已被夺取和占领的街道，以及还待攻占的所有街道。随后他说："如果造反者想要防卫仍在他们手中的地区，并像保卫被我们占领的地区那样去战斗，我们还得用8天去打他们，我们的损失将会很大，因为我们的损失大于他们。现在，谁先失去精神力量，谁就得败北[1]。"

于是，我指责他在指挥作战时过于暴露自己，而且我认为这样的暴露是无益的。他回答说："您说我该怎么做呢？有人让卡芬雅克给我派来几位能够和愿意辅助我的将军，可我没有让他们来；但在只有自己一个人的时候，必须继续献身。"说话当中梯也尔先生来了，他抱着拉莫里西埃的脖子，同时称他是英雄。我看他这样的表现不禁一笑，因为他们俩向来不睦。但重大的危险如同美酒，使人们和睦了。

我丢下正跟梯也尔先生握手的拉莫里西埃，然后向议会走去。时间已经很晚，只觉得再没有比出于好奇心而把自己的脑袋丢在战场上的人更愚蠢的了。

这一天的其余时间，还是像昨天夜里那样度过的：议会里还是惶惶不安，还是吵吵嚷嚷地一事无成，还是同样坚定。

志愿军继续蜂拥般地开进巴黎。时时有某种悲惨事件和某个人英勇战死的消息传来。这些消息使议会感到悲哀，但又鼓舞着议会，使议会坚定了态度。凡是敢于冒险畏畏缩缩地提出与造反者妥协[2]的议案的议员，都遭到怒斥。傍晚，我想独自去市政厅

---

[1] 就失去战斗力
[2] 议和

第十章 六月事件(续)

打听当天的最后比较可靠的消息。这次造反使我感到不安的,首先是它的暴力,其次是它的持续时间,因为谁也预见不了法国大部分地区,尤其是像里昂这样的工人集中的大城市的最后结果,预见不了这些地方的时间不定但很长的战斗的战况,更预见不了长期处于未定之局的巴黎的战况。在我通过费莱伊码头时,遇见我们街区的国民自卫军士兵,他们用担架抬着他们的几名负伤的战友和两名负伤的军官。我在同他们交谈的过程中有一种伤心的感觉:在我们这样文明的世纪,一些心地非常和平的人,正以一种令人吃惊的速度,参与可以说是内战的大联合,而且对暴力的爱好和对人命的轻视好像在这个不幸的时期一下子膨胀起来。当时同我交谈的几个人,都是正统而本分的手工艺工人,他们温和的和有点软弱的品行,跟英雄主义根本无缘,更不用说与残忍不搭边了。但是,他们也很喜欢破坏和屠杀。他们抱怨不用炮弹和挖地道去攻占造反者的街道,并且不想让造反者占领的街区留下一个人。①我尽力使这群发疯的绵羊安静下来。我向他们担保说,明天就将采取非常有力的措施。实际上,拉莫里西埃早晨就对我说过,他准备用榴弹炮炮轰街垒的后面,而且我知道,已从杜埃调来一个工兵连,想用它在墙上穿洞,炸毁被包围的房屋。我附带对他们说,不要把所有被俘房的人都枪毙,但对试图抵抗的人,都要立即枪杀。我离开这些心情稍微安静的人,继续向市政厅走去。在走的过程中不禁反躬自省:对自己使用的论据的性质,对自己这两天中迅速

---

① 〔已经天亮的时候,我看到面前的林荫大道上一个可怜的家伙差一点儿被枪毙。在抓住他的时候,他并未携带武器,但他的嘴和脸被可能是而后来被确定是炸药的东西弄得黑乎乎的。〕这段话在原稿中用笔圈起来,预定删掉。

产生的对本来与自己毫无关系的残酷破坏和残忍行为的看法,不禁大吃一惊。我再次经过前两天还看到街口筑有极其坚固的街垒的几条小街时,发现这些街垒已被大炮夷平,但还留下一点儿痕迹。

巴黎市长马拉斯特在市政厅接见了我,他对我说,市政厅事实上已经完全摆脱危险,但在今天夜里,造反者可能要试图夺回刚被我们占领的街道。我见他对战报并不太相信。他领我到在战斗的第一天就负重伤的贝多现在养伤的房间。在市政厅的同一哨所里,贝多手下的两位将军死于非命。贝多免于一死:在他负伤之后,迪维维耶和内格里耶就相继在哨所里战死。贝多觉得自己的伤势不重,一直关注着战况。他的精神虽然昂扬,但我总觉得有不祥的预兆,所以很担心。

在我离开市政厅返回议会的时候,夜已经很深了。他们想派警卫人员送我回去,但我觉得没有这个必要而拒绝了。但在途中我一再后悔,不该拒绝。为了防止造反者所占的街区得到极愿帮助他们的其他街区的人力、物力和精神的支援,这天早晨就十分正确地作出全面封闭所有道路交通的决定。没有通行证或警卫人员,在街上通行时一律逮捕。因此,我在途中常被抓起来,不得不出示议员的徽章。我有 10 多次被刚刚当兵的哨兵拿枪指在胸口,他们说着各自的方言,而当时到处是从各省来的乡下人,其中很多人是初次来巴黎。

我回到议会的时候,会议已开完了相当长的时间,但会议室里还是吵吵嚷嚷,议论纷纷,传说格罗·卡尤抽水站的工人要在夜里来占领议会。因此,经过 3 天的战斗之后已把战斗推进到被造反者占领的街区中心的现在,议会内部反而惊慌起来。再也没有比如下的传闻更没有根据的传闻了,也再也没有什么东西更能说明这场战争的特点了:这是一场敌人随时就在你的身旁,谁也保证不了自己的已被掠夺的家园不再被破坏,而胜利又遥遥无期的战争。为了使议会不遭受敌人的突然袭击,当夜就急忙在通向议会的一切道路的入口处筑起街垒。在得知这只是无中生有的传闻之后,我便就寝去了。

关于六月的战事,我再也没有什么要说的了。关于最后两天的回忆,都插在最初几天的回忆当中,因而有些分不清了。大家知道,造反者在这次内战中的最后据点圣安托万郊区,星期一才被我军占领,亦即在战争开始后第4天才投降。这一天早晨,芒什省的志愿军才抵达巴黎。他们以急行军前来,但要在没有铁路地区走320多公里路程。他们共有1500人,其中有地主、律师、医生、农场主、我的朋友和邻居,我见到他们时十分感动。我的故乡的几乎所有旧贵族,都在这时拿起武器参加了部队。差不多全法国都是如此。从深居乡间的士绅,到望族的高雅无为的继承人,这时都想起他们曾是战争等级和统治等级的一部分,他们要到处作出去巴黎和勇敢的表率,他们的活力还像当年的贵族那么大。因为这是在他们觉得自己已经彻底失败,在永远安息[1]之前又屡次企图从死亡的阴影中挣扎出来的时候,显示自己昔日的形象的机会。夏多布里昂①先生正是在六月事件期间逝世的。在今天,老一辈的

---

[1] 永远跌倒

① 夏多布里昂1848年7月4日死于巴黎。他的弟弟夏多布里昂伯爵与托克维尔父亲埃尔韦·德·托克维尔伯爵是连襟。夏多布里昂伯爵和他的夫人1794年死于断头台后,他们的几个小儿子被他们的姨夫埃尔韦·德·托克维尔收养,与表兄弟们一

人可能对他仍有深刻的印象;我由于家庭的关系和童年的记忆,也觉得他似乎还在我的眼前。长期以来,他一直处于呆然失语状态。人们觉得他随时可能失去智力。但就在这种状态下,他还能听清二月革命的传闻,并想打听其详情。人们告诉他路易·菲力浦王朝被推翻时,他说:"好得很!"随即沉默无语。4个月后,6月的轰隆炮声进入他的耳朵时,他还能问这是什么声音。人们告诉他这是在攻打巴黎,是大炮在轰鸣。他一面说"我也去那里",一面挣扎着要起来而起不来。随后,他沉默不语,而这次他要永远沉默了,因为第二天他就死了。

这就是六月事件,它是必然而又痛苦的事件。它没有在法国扑灭革命的火焰,但它至少使可以称之为二月革命的固有任务的工作暂告一个段落。六月事件使全国人民从巴黎工人的压制下解放出来,让他们重新自己掌握自己。

社会主义理论继续以贪婪而嫉妒的精神[1]向民众的心中渗透,在民众中间撒播未来革命的种子,但社会主义政党本身未能挽救自己的失败,而日渐没有力量了。不属于社会主义政党的山岳派,不久也因受到连带的打击而感到伤势难以治愈。温和的共和派也很快发现[2],救了自己的六月革命的胜利,把他们推到可使他

起长大成人。夏多布里昂在他的《墓畔回忆录》(E.比雷,加尼埃编,第2卷第467页)中,曾提到他在托克维尔和他的兄弟们少年时居住的韦尔讷伊(西南)的宅邸里见过这几个孩子和他们的监护人。见前引的安托万·雷迪埃所著《托克维尔先生如是说……》第31页和以下各页。

〔1〕 在利用穷人的悲惨境地和他们的嫉妒心理……
〔2〕 他们自己担心这次胜利不会给他们安排位置

第十章 六月事件(续)

们滑向共和国之外的斜坡上,于是他们赶快努力克制自己,但已无济于事。至于我,本来就嫌恶山岳派,对共和国又不执著,但因我热爱自由,所以在六月事件结束后,我就采取了大力支持共和国的态度。我当时就把六月的战斗看成是必然的危机,但在危机之后全国人民的气质就出现了某种变化。在对独立不羁精神的热爱之后,继之而来的将是对自由制度的恐惧,可能还有对这种制度的厌恶。自由被滥用之后,就必然要回归到原来的样子。这个反向运动实际上开始于6月27日:最初很慢,肉眼好像看不见,后来加快,再后来猛烈而不可遏止。它要在什么地方停止呢?我不知道。但我相信,不退到我们在二月之前所期待的地点,我们将非常困难,而且我可以预见,社会主义者、山岳派、共和派和我们自由主义者,都将信誉扫地,直到渐渐遗忘和消失关于1848年革命的特有记忆,而时代的普遍精神将重新占据支配地位。

第十一章①

宪法委员会②

（索伦托——1851年3月）

我现在改变回忆的题目，愉快地离开内战的舞台而去回忆我的议会生活。我想谈一谈我所参与的宪法委员会的工作。在这里，我必须先叙述一下稍前的工作，因为这个委员会在六月事件之前就已组成，并开始工作。由于害怕打乱或中断我们在六月事件之前就直接参与而迅速完成的工作的叙述，所以我又不想过于提前。宪法委员会委员的提名工作于5月17日开始，但工作拖了很长时间，因为已经规定，委员要由议会的全体议员选出，得票过半数才能当选。我在第一轮投票中，与科尔默南、马拉斯特、拉梅内、维维安、迪福尔一起当选③。我不知道还要投几次票才能把18名

---

① 栏外旁注：要重阅会议记录。当时对宪法序言的漫长讨论的细节，我已记不清了。

② 这一章有很长一段空白，我没有叙述一般原则的讨论及相关的决议。这项讨论的若干部分已经相当深刻，甚至表现得很有勇气。当时的革命者和社会主义者的意见，大部分被否决。

在被提名为委员的名单中占第一位的科尔默南得657票，托克维尔得490票。还要进行两轮投票，以补满委员的名额。见1848年5月18日《总汇导报》。

③ 托克维尔注：我得496票。

第十一章 宪法委员会

委员全部选出。

委员会在六月胜利之前就已组成,差不多大部分委员都属于议会中的各种不同的温和派。山岳派只有拉梅内和孔西德朗两个人当选,而且两个人都是空想家,尤其是孔西德朗,他虽然非常认真,但只做过一些不重要的小工作,而且我认为他也没有再大的能力。

回顾委员会的全体工作,不难确认不可能期待它做出有声有色的工作。

在委员当中,有些人在前届政府中做过行政方面的领导或管理工作。他们见过君主政体,但对它从来没有研究和真正理解。而且他们大部分只知道君主政体的实务,而对它的各项原则并未做过研究,也没有受过政治斗争的实际锻炼。现在,他们要负责实现他们向来轻视或敌对的东西,不经他们同意就让他们接受的理论时,就很难在自己的工作中采用君主政体以外的理念;或者在他们采用共和政体的理念时,就不得不时而畏畏缩缩,时而怒气冲冲,总是有点像初来乍到的新手。

至于选进委员会的所谓真正的共和主义者,他们除了在读报时或在写文章时有些思想外,并没有其他任何理念,因为他们有些人就是记者。大家知道,马拉斯特主持过10年《国民报》,多尔内斯这期间是该报的主要领导。沃拉贝尔①工作认真,但有些粗鲁,甚至厚颜无耻,他也经常为该报撰稿。就是这个人,1

---

① 阿希尔·田纳伊·德·沃拉贝尔(1799—1879),历史学家,1838年以后任《国民报》编辑,制宪议会代表,卡芬雅克将军政府的国民教育和宗教部部长(1848年7—10月)。

个月后连他自己也大为吃惊地被任命为国民教育和宗教部部长。

这样一批人,跟那些完全相信自己目的的正确性和完全了解为实现这一目的而应采取的手段,60多年前在华盛顿总统的领导下起草美国宪法的人,毫无共同之处。

而且,当委员会能够做好起草工作的时候,又因为时间不足和牵挂外部出现的事情,而妨碍了起草工作。

世界上没有一个民族像法兰西民族这样不依靠统治他们的人,没有政府自己也能生存的。但法兰西民族看到自己必须单独前进之后,又常晕头转向,觉得自己随时都可能跌入深渊。当我在议会发言的时候,法国人都疯狂地热望宪法能顺利地制定,热望政府落实在一个虽不坚固、但至少可能持久和合法的基础之上。政府无论如何需要一部好宪法,不管是什么样的宪法,只要它好就行。议会也染上了这种热情,并不断地鼓励我们,但根本没有这个必要,因为对5月15日的记忆犹新,对6月的恐怖胆战心寒,看到分裂而无能的政府不可能把政务工作领导得足以推动我们前进时,议会无论怎样鼓励我们,我们都兴奋不起来。但是这样做特别会使委员会失去精神自由,应该说,这是来自对议会外的一种畏惧和当时人们的冲动。很难想象革命思想对不太愿意接受它的人们施加的这种压力将产生什么效果;也很难想象当这种压力无法使这些人离开他们要去的方向时,就会直接不断地把他们推到他们所不想去的更加遥远的地方。当然,如果委员会不是在5月16日而是在6月27日召开,它的工作就将完全是另一个样子。

讨论于5月22日开始,首先是明确应由哪一方面着手这一庞大的工作。拉梅内①提议先从规定各级自治体开始。他还自作主张，把自治体问题列入即将公布的宪法，以证实这是他的首要发明。随后，他要把优先权问题作为主要问题来讨论时，又开始大谈行政上中央集权问题，因为他的整套思想是不可分割的，他的思想总是整个地被一个体系支配，而且这个体系中的各种思想观念之间非常密切地联系着，在一个思想观念产生出来以后，必然有其他思想观念随之而来。因此，他曾努力地思考共和国，认为公民没有日常的思想和习惯引导自己，共和国就是一个不能生存的怪物。

于是，委员会展开论战。巴罗虽对地方自治的好处还相当模糊，但想象力却相当丰富〔1〕，他大力支持拉梅内，我也表示支持。马拉斯特和维维安②反对我们。维维安一向以维护中央集权为己任，因为处理行政工作是他的职业，而且他的性格也适于这项工作。他具备精明的法律家和卓越的解说者所应具备的一切，而没有立法者和政治家必须具备的资质。现在，他看到自己至爱的制度面临危险而心急火燎；他甚至大声疾呼，主张共和国不但不限制中央集权，反而还要加强它。有人说，从这一方面说明他喜欢二月革命。

至于马拉斯特，他是法国革命家中常见的那种总是用人民的自由来理解以人民的名义实行专制的人物。因此，对维维安与马

---

① 费利西泰·罗贝尔·德·拉梅内(1782—1854)，制宪议会中极左翼代表，著有《法兰西共和国宪法草案》(1848年，巴黎，18开本，第62页)。

〔1〕 总是喜欢遐想的巴罗，一向相当清晰地认为地方自治是必要的

② 亚历山大·弗朗索瓦·维维安(1799—1854)，七月王朝时期的众议员和内阁部长；制宪议会的代表，在卡芬雅克将军政府中担任过公共工程部部长(1848年10月)；后来出任政府参事。

拉斯特的这次突然携手,我一点儿也不惊奇。我习惯于这种场面,而且很久以前我就指出,使一个保守分子与一个激进分子联合起来的唯一办法,就是不在实务方面而在原则方面攻击中央政府的权力。不久以后,他们确实携起手来。

于是,在人们断言没有什么东西在我们中间[1]未被革命摧残的时候,我就指出他们说错了,中央集权依然存在。在法国,只有一件事情办不到[2],那就是建立一个自由的政府;而唯一破坏不了的制度,则是中央集权制。怎样才能消灭它呢?政府的敌人喜欢这一制度,而统治者则珍爱它。不错,统治者随时都感到中央集权在给他们制造突然的难以克服的灾难,但他们并未因此而厌恶中央集权。中央集权使他们把一切都管起来,每个人都必须给他们带来喜悦,而他们对由此带来的危险却视而不见。他们认为这样安逸的生活并不比长期有保证的生活差,并像摄政时代的浪荡公子那样说,这样生活"痛快而舒适"。

这天没有决定问题,但暂时决定不先讨论自治体的制度问题。

第二天,拉梅内提出辞呈。在我们被包围的情况下,这是非常令人遗憾的。这不能不扩大或加深向来反对我们的偏见。于是,进行了十分迫切的和相当吃力的斡旋,以使拉梅内打消辞意。因为我同他的观点一致,所以叫我去同他磋商,请他回到委员会里来。我去见了他,但没有效果。他对形式的问题表示了让步,但他绝不再主持委员会。这足以说明他已决心不想回委员会

---

[1] 在法国
[2] 在法国,使我焦急的只有一件事情

第十一章 宪法委员会

了。尽管我可以对他说,我们的利益和观点是一致的,但他没有改变态度。

特别是对还俗的神职人员,要考虑如何正确地理解神职人员对曾经受过他们感染的人们发生的精神上的和习惯上的牢不可破的、也可以说是无限的影响力。拉梅内虽然穿上长筒白袜、黄背心、绿上衣,戴上花领带,但他在性格上[1],甚至在容貌上,仍然未变其神父的风度。他迈着方步慢慢前进,绝不回头看人,生硬而又端庄地从人们当中走过。这副模样活像拿着圣器从圣器室出来,旁若无人,只向神低头的神父。由于未能战胜拉梅内的顽固,只好另找办法。于是,为了不再在没有准备的讨论上浪费时间,而成立一个制定工作程序和准备资料的小委员会。不幸的是,小委员会选举科尔默南①为主委,而实际上他代替了小委员会。他由此所处的固定的主导地位,以及他作为主委对讨论的引导,对我们[2]以后的工作发生了非常有害的影响,可我不知道他是不是应该对我们工作的错误负主要责任。

同拉梅内一样,科尔默南也制定并发表了他的宪法草案,并且也像拉梅内那样,极力要求我们采纳他的草案。但他不善于在委员会中如何引导我们。一般说来,非常自负的人对非常缺乏自信

---

[1] 精神习惯上

① 路易·德·科尔默南(1788—1868),法学家,时事评论家,复辟时期他是起草行政法的创作者之一。查理十世和路易·菲力浦时期的反对派众议员。制宪议会代表,接近爱丽舍派。1849 年出任政府参事,在第二帝国时期仍保持这个职位。见保罗·巴斯蒂《法学家、时事评论家、科尔默南,1848 年的先驱和制宪议会议员》(巴黎,阿歇特出版社,1948 年),书中同意托克维尔对委员会及其主委的工作的意见。

[2] 委员会

的人说话时都非常大胆。科尔默南的自负,使他一遇到3个听众[1],就绝不让他们有开口的机会。他对我们诺曼底来的一位邻座总是这样,但我们的这位邻座是位论战的高手,无论你怎么天花乱坠地论证权力的仁慈,他一概不信。科尔默南看到我对此人的观点有不同看法后,便急忙站起来回家,回家后马上给我写信,把他要对我说的话告诉了我。这样,科尔默南虽对我们没有赞成他的意见表示失望,但对抓住我们的分歧却沾沾自喜。他希望让我们一点一点地接受他建议的制度,也可以说,在我们不知不觉之中每天向我们提出其中的一小部分。这样,就不能对宪法整体,甚至其每一部分,进行全面的一般讨论,从而也就几乎不可能对宪法的基本思想进行探讨和研究。他每天向我们提出事先拟好的五六个条款,并慢慢地、十分耐心地说服不同意这些条款的人在这个小范围内进行讨论。有时有人提出反对意见,但由于厌倦论战,终于使人们向这种接连不断的软性强制表示让步。一个主委对其主持的委员会的影响是巨大的,凡是亲眼看过这个小委员会的工作的人,都会同意我的看法。应当承认,如果我们当中有人要坚决地结束这种暴政,他们将会得到支持。但是,没有时间去进行认真的讨论,而且也没有这种兴致。问题的广泛性和复杂性,使人一看就感到害怕和厌倦;许多人对问题连研究都不想研究[2],或者把其中最混乱的观点完全排除出去;有非常明确的观点时,也感到不便提出。还有人害怕卷入激烈的无止无休的争论,而试图躲在后面看

---

〔1〕 一遇到反驳者
〔2〕 我们当中的大多数人,从来没有思考过一个十分博大精深的问题

第十一章 宪法委员会

热闹；也有人表面上拿出支持的架势，而最后还是不同意。我们就这样一直走下去，对一些小事情采取明确的很有原则的措施，逐渐使整个国家机器不通过我们而自行设计其各部门的有关权力和使它们能够协同工作的方式。

在从这样的好差事中忙里偷闲的时候，巴拉斯*式的民主派，一向喜欢奢华、吃喝和女人而不太爱穷酸的民主主义的马特拉斯，便讲一些小风流故事，而沃拉贝尔则说一些下流话。我极力反对公布书记处向会议提出后果非常不好的会议记录，以维护委员会的名誉。素材非常丰富而讨论却毫无结果，会使人们大吃一惊。我当时声称，我从来没有在我参加过的任何一个委员会里见到过如此可悲的局面。

但也有过严肃认真的讨论。这是对一院制的讨论。委员会暗中形成的两派，实际上只是在这次讨论中才真正交锋和对打起来。问题还不在于两院制，而在于应赋予新政府的一般性质：在灵巧而不太复杂的制度中是否要有制衡力量，并且经过慎重考虑和深思熟虑是否要使共和国的领导拥有克制而温和的权力呢？或者是否应走相反的道路和采取最为简单的理论呢？根据这个理论，政府把一切政务委托给其下属的、清一色的、互无障碍的，从而在行动上可以进行激烈而不可抑制的竞争的单位这就是讨论的主要内容。这样的一般问题也会出现在其他许多条款中，但这不外是两院制在一些条款中提到的特殊问题。

---

* 保罗·巴拉斯(1755—1829)，法国大革命时期督政府中的权贵。1791年选入立法议会，1792年当选为国民公会议员。在热月政变中他是推翻罗伯斯庇尔的3个主要人物之一。——译者

争论持续下去，开了两次会，还一时得不出结论，因为不仅在巴黎，而且在所有的省份，舆论都大力支持一院制。巴罗强烈支持两院制，他采用我的论点，并以他的才气大加发挥，但缺乏自制，因为二月革命好像使他的心灵失去平衡，并始终对他保持了这种压力。我支持巴罗，并多次重述我的意见。我听到迪福尔发言反对我们并且相当积极，而稍微有点吃惊。当律师的，一般不是为他们根本不相信的事情强行辩护，就是为他们喜欢辩护的事情信心十足地去轻松辩护。迪福尔就是在作第二种辩护。在舆论和他本人的激情或利益的驱使下，他总是要去抓住一个他认为是错误的，但又要把它说成正确的论据，并经常以此为满足。他天生的机灵、敏捷和洞察入微的思想，使他得以逐步接近这种论据，终于有时不仅确信它，而且狂爱它。我看到他那样积极维护他那些我曾表示怀疑的主张，真是惊异不已！

　　他这项主张只设一个立法机构的主要理由（我认为也是他可能找到的最佳理由）是：我们只由人民选举的一个人行使的[1]执行权，如果只为它配置一个分成两院的软弱的立法权，那它一定要占据优势。

　　我只记得我回答他说：实际上，可能出现这种情况，但从目前看情况无疑是这样，这就是两院巨大的权力自然要互相嫉妒，而且要永远面对面对峙（这是我的用语），绝不可能有第三种权力居间仲裁，这就会使两者立即[2]翻脸或者发生冲突，直到一方把另一方

---

[1] 代表的
[2] 一直

摧毁为止。我又补充说,如果总统真是由人民选举的,并拥有在法国只有行政机关首长才有的无限特权,那他有时就要压制[1]分成两院的立法机构,而这样觉得自己有这种权力和权力来源的总统,一定不会甘当代理人,也不会永远服从由一院构成的立法机构的放肆而专横的意志。

我们对立双方各有自己的理由。因此,讨论的问题,正如我以后将要叙述的,也就得以解决。但是,国民提出了问题①。

迪潘结束了我们的混乱。他以出人意料的热情捍卫一院制。可以说,他这样做绝不是听了别人的意见。我也认为他是这样。我知道他这个人总爱盘算个人得失,而又有点胆怯,但有时会突然表现英勇和诚实。10年来,我看他总是[2]在各党派的周围转悠,但并不参加任何一派,而对其中的败者则穷追不舍。他一半像猿猴,一半像豺狼,不断嚎叫,不断上蹿下跳,见到不幸者倒下去就马上扑过去。他在宪法委员会中就是如此,或者说有过之而无不及。我还没见过他有过我方才所说的英勇和诚实的突然表现:他对别人表面上总是卑躬屈膝。在多数派还未表态的时候,他一般都持观望态度。但一看到多数派表示支持民主的见解,他便急急忙忙站在这种意见的前头,而且往往远远超过排头。一旦在途中发现自己走错了,看到多数派并未朝他走的方向走去,便立即调动他灵活的才智停下来,向后转,又回到已离开多数派很远的原有的意见

〔1〕 控制

① 〔至今的共和国,都是通过把国王原有的权力交给总统,并由人民选举总统的方式产生的。正如我在后面将要说的,也应尽量限制总统的职权范围,或可考虑由议会选举总统。但国民对这两者都不想接受。〕:这段话在原稿中用笔圈起来,预定删掉。

〔2〕 习惯于

上来。

所有原来的旧议员,几乎都反对两院制。大部分人寻找支持他们的投票的多少说得过去的借口。有些人想使国家行政法院具有他们认为必要的制衡作用,另一些人希望一院制议会具有既能顶住内部的狂热又能防止外来的突然袭击的稳妥形式,但并没有提出合理的论据。我们的委员会里有一位叫科克雷尔①的新教牧师,看到他的同行天主教神父们在委员会中的表现,也想在委员会中显一下身手,而犯了一个由深受尊重的传教士突然变成非常可笑的政治说客的错误。他在发言中总要说一些蠢话。他在委员会中的率直表现,使我们以为他是一贯支持两院制的,但他这次却投票赞成一院制,因为他尊重舆论,用他自己的话说,是因为他不想"逆潮流而动"。他的这种直率,气坏了原来同他意见一致的人,而使我和巴罗却十分高兴。但只是高兴片刻,因为我们最后只得了3票。

这次失败使我的斗志稍微受挫,但却使巴罗失去了常态。他越来越不发言,并以此表示轻视和不屑一顾,而不是表示同意和不同意。

现在来谈谈行政权。尽管时代的状况和委员会的性质[1]已如上述,但还是很难使人相信如此重大、复杂和新出现的问题竟未成为任何一次一般辩论,甚至一次十分深刻的专题辩论的对象。

委员们一致同意把行政权交给一个人行使。但是,怎样选定这个人,给予他以什么样的特权和权限,他应负什么责任呢?显而易见,这些问题中的任何一个问题都不能单凭抽象的议论来解决,

---

① 阿塔纳斯·科克雷尔(1795—1868),先后为制宪议会和立法议会的议员,属于右翼共和派。

[1] 实际情况

其中每一个问题都与其他一切问题有必然的关系,尤其是只能按照地方的风尚和习惯的特殊情况来解决。这无疑都是一些老问题,但情况的新变化又把它们提了出来。

科尔默南按照他的习惯,提出一个全新的条款来讨论。这个条款的基本内容是,行政权的首脑或当时开始所称的总统,由人民直接选举,以相对多数当选,但最低必须得到200万张选票。我看到只有马拉斯特一个人反对,他提出行政权的首脑由议会选举的议案。他当时沉湎于梦想,为自己今天可能实现的某种奇思妙想而沾沾自喜,觉得议会的选择就要落在他的身上。但据我的记忆,科尔默南的提案没有遇到阻挠就通过了。然而应当承认,由人民选举总统是否合适,并不是一个自己可以证明的真理,而直接选举的安排既是新鲜事物,又是危险的事情。在一个没有君主政体传统,行政权一直是软弱的而且总是受到很大限制的国家,最贤明的办法是叫国民去选择这位代理人。其权力没有植根于选举的总统,在这种国家中将成为议会的玩具,但我国的情况完全不同[1]:我国脱胎于君主政体,共和主义者本身的习惯也还是君主政体时期的。而且,中央集权制可以无比地适合于我国的条件。根据规定的原则,我国的一切行政事务,无论是大事还是小事,都只能归总统管理;而他手中掌握的全国成千上万的官员,也只能由他调用。这就是按照2月24日仍然生效的法律,甚至当时的思想行事,因为我们虽然对王权失去兴趣,但我们仍然

---

[1] 在我们这里,问题的条件就完全不同

保存着王权的精神[1]。在这种情况下,由人民选出的总统岂有不觊觎王位的?总统的制度只适合于想利用它把总统的权力变为王权的人。我当时就感到,现在更加清楚地认识到:要想由人民选举总统,并使他不给共和国带来危险,就得大大限制总统的特权范围,而且这还不够,因为在法律上受到限制的行政权的范围,在人们的记忆中和他们的习惯中得到扩大。相反,如果让总统随意使用他的权力,那就不必由人民选举总统①。科尔默南的条款最初被采纳,但不久以后大受攻击,其受攻击的原因不是我方才提到的,而是第二天即6月4日发生的事情。几天以前谁也不会想到,路易·拿破仑公爵竟然在6月4日由巴黎和3个省选为议会的代表。人们开始担心,只要由人民选举总统,他不久就会占上共和国的这个首位。各式各样想当总统的人和他们的朋友们发慌了,又把问题提到委员会上,多数派坚持他们最初的主张。

我记得,在委员会讨论这个问题期间,我的思想一直在思考:揭示在我们要建立的共和国中,权力的天平一般应当倾向于哪一方,时而觉得应当倾向于一院制的议会,时而觉得应当倾向于当选的总统。这种游移不定的态度,使我大伤脑筋。实际上,这是不可能预言的;这两种对立的趋势孰胜孰负,将取决于形势和时局。这肯定会使它们发生冲突,并造成随之而来的共和国的破灭[2]。

我方才叙述的一切想法,都没有在委员会中得到深入讨论,甚

---

〔1〕 因为我们在精神上依然是保王党,而只是心里不这样想

① 〔这个道理不必解释;我甚至认为,也不便拿到委员会上去讨论。〕:这段话在原稿中用笔圈起来,预定删掉。

〔2〕 新的革命也随之而起

第十一章 宪法委员会

至可以说根本没有讨论。巴罗有一天顺便提到它们，但人们根本没有理他。他的精神（与其说是无精打采，不如说是软弱无力，但在聚精会神的时候却能洞察入微）在触及这些想法的时候，就像处于半醒半睡的状态，迷迷糊糊，无法深入下去。

我自己只是以一种迟疑的和有保留的态度提到这些情况。我的两院制主张的失败，使我有些不愿意再去争论。而且，我坦白承认，比起制定完善的共和国宪法，我更希望尽快给共和国安排一位强大的首领。那时我们正处于执行委员会这个分裂而不稳定的政府的管理之下，社会主义就在我们的门口，六月事件即将发生。以后，特别是在六月事件以后，我在议会中强烈主张由人民选举总统的制度，并在一定程度上为这一制度在讨论中领先做出贡献。我的主张的主要理由是：在向人民宣布将给予他们一直热望的这项权利以后，就不可能取消。这是真实的，尽管如此，我对在这种场合下说话还是感到遗憾。

现在回过来谈委员会。在委员会未能或不想反对我提出的原则以后，我至少要力图使应用原则的危险较小。我首先提议对行政权的范围进行若干限制，但我很快发现，这方面没有什么重大问题。于是，我转向选举的方法，并结合科尔默南原案中与此有关的部分进行讨论。我在前面已经说过，科尔默南的原案规定，总统由人民直接选举，以相对多数当选，但最低得票数不得少于200万张。这种方法有几个重大缺点。

总统由公民直接选举，人民的狂热和激情将会使人觉得非常可怕。而且，当选者拥有的权威和道德力量，也将是非常巨大的。相对多数只满足了那部分发生效力的选举，可能使人觉得总统只代表国民中少数人的意志。我提议不由公民直接选举总统,而由人民选出的代表投票选举。

其次,我又提议以绝对多数代替相对多数,如果绝对多数在第一轮投票中没有出现,则采用由议会负责选举的方案。我认为这个想法很好,但不是我的发明,而是从《美利坚合众国宪法》学来的。关于这一点,我要不说谁也发现不了,可见委员会对自己应负的重大任务完全没有准备。

我的最初的修正案被驳回,这是我预料到的。委员中的几位大人物认为这个方案并不简单,有点旧贵族制度的味道。我的第二个修正案被通过,而成为现行宪法的条文之一。

博蒙提议总统不得连选连任,我大力支持这项提案,提案被通过。这时,我和博蒙犯了一个大错,后来我发现它产生了很坏的后果。我们向来最害怕的,是连选连任的总统可能给自由和公德带来的危害。这个总统在他连任之前,必然千方百计地利用各式各样的强制和收买手段,而我国的法律和习惯并不反对行政权的首脑这样做。我们的思想不够灵活,不够敏捷,以致未能及时采取防范措施,未能事先意识到,从决定由公民本身直接选举总统之时起,我们就犯了这个无法挽救的错误,而且在人民进行选举的时候对他们肆意干涉的话,将会加重这个错误。

关于这项议案的表决和巨大影响,是当时给我留下的记忆中最不愉快的记忆。我们在反对中央集权时随时都会遇到阻力,但我们没有排除障碍,而是被障碍绊倒了。行政权首脑负责制,是共和政府的基本要求。但他都负什么责呢?怎样去负责任呢?他能负起成千上万的行政责任吗?我国的行政法已把行政责任规定得

第十一章 宪法委员会

很详细,几乎无法再细了,而且行政权首脑不可能用它来限制自己,让它去限制行政权首脑也是有危险的。这种情况是不正常的,而且也是可笑的。而如果不叫行政权首脑对所谓的纯粹行政负责,那又由谁来负责呢?结果决定,总统的责任只及于各位部长,而部长的副署仍像王政时期一样是必需的。看来,总统是负全责了,但他的行动并不完全自由,也管不了他的官员。

接着讨论国家行政法院的组建问题。科尔默南和维维安负责起草工作。可以说他们像建筑自家的房屋那样在专心工作。他们竭尽一切努力要使国家行政法院成为第三权力,但没有成功。它最终只是一个行政顾问委员会而已,其权限远远不如立法议会。

在我们的工作中,只有一项工作做得完美、合乎程序、在我看来也是最好的部分,就是关于司法的讨论结果。在这一领域内,委员会好像从迷路里走了出来,重新振起精神,因为大部分委员是律师出身或仍在操业。由于有他们这样一些人,我们得以保住法官终身制原则。这项原则在 1830 年就在反对持反对意见的声浪中保存下来。但是,一些地地道道的共和主义者反对这项原则,而我看他们这样做是太愚蠢了,因为这项原则有利于公民的独立性,而不屈服于管理他们的那些人的权力。权限裁定法院,特别是政治罪裁定法院,就以今天(1851 年)见到的形式迅即组建起来。关于这两大机构的条款,大部分是由博蒙起草的。我们在这方面所做的工作,比 60 年来人们为同一目的所做的一切工作都好得多。这或许是 1848 年宪法中得以传世的唯一部分。

根据维维安的要求,委员会决定只有新成立的制宪委员会才能修正宪法。这是合理的,但有人提出补充意见:只有国民议会关于这个问题提出紧急动议,并以三次五分之四多数表决通过,修正案才能成立。这就使一切正式修正几乎成为不可能。我没有参加这次投票。我很久以来就认为,不要希望我们有长久存在的政府,而应当以简便而正规的方式使政府变好。最后我发现,危险较小的是相反的制度。我还认为,在管理法国人民时,最适当的办法是把他们看成狂人而加以拘束,而如果对他们加以强制,这些狂人就有发疯的危险。

现在,我来谈一谈已经公布的几个独特见解。马丁①不满足自己在革命前夜成为共和派,有一天他可笑地在讲坛上宣称自己生来就是共和派,但他又提议给予总统以解散议会的权力,而不考虑这项权力容易操纵共和国。马拉斯特主张在国家行政法院里成立一个创制新思想的部门,即建立一个进步部。巴罗建议一切民事案件都由法官本人审理,而这样的司法革命能够速判速决。最后,迪福尔建议禁止由他人代替服兵役,人人都必须自己去服兵役。在采取这项措施时,如果不大大缩短服役期限,就将破坏公民的自由教育,而如果缩短服役期限,又将损害军队。

于是,我们总是在时间的追迫之下,对重大议题不能进行很好的研究,就草草结束我们的工作。当时有人说:我们不妨暂时通过提交上来的条文,然后再慢慢加以审查;有了这个初稿,我们可以容易定稿,并按照定稿使两者之间一致起来。但是,我们后来没有审查,初稿就成了正式绘画作品。

---

① 爱德华·马丁,或斯特拉斯堡的马丁(1801—1858),七月王朝时期反对派众议员,下莱茵省的制宪议会代表,在该议会中支持温和的共和派。

第十一章 宪法委员会

我们推举马拉斯特当我们的报告人。他在执行这项重大任务的过程中,大大暴露了其性格中的主要缺点:怠惰、轻浮和无耻。尽管议会一再要求我们报告审议的结果,全法国也热望早点儿知道这个结果,但最初几天他什么也没有做。后来,在必须向议会提出报告的那一天的前夜,他忙活了一夜,总算把报告写了出来。第二天上午,他向偶然遇到的一两位同事谈到要作报告,然后就威风凛凛地走上讲台,以委员会的名义宣读报告,但报告中只字未提委员会的名字。宪法草案在6月19日做了表决前的宣读。宪法草案由139条条文组成,在不到1个月的时间里拟就。本来可以早一点完成,但还是多用了一些时间。我们根据科尔默南的逐条宣读,通过了许多条细致的条文,但也被我否决了许多条文,科尔默南对此非常不快,但他没有来得及暴露出来。他想从公众的支持中得到安慰。他在所有的报刊上发表了或授意他人发表了(我已记不清是哪一位)一篇文章,介绍了委员会的工作情况,但把好事都放在科尔默南身上,而把一切坏事都推在他的反对者的头上。发表这样的文章,引起我们很大的不快,甚至可以说是愤怒。后来决定把他的做法引起我的不满通知给他。但没有人愿意充当说客。我们委员会里有一位工人(因为当时各种组织里都有工人)叫科尔邦①,他为人直爽,性格坚强。他自愿承担这项任务。于是,第二天,委员会刚一开会,科尔邦就登台发言,简单而有点粗暴地把我们的想法传达给科尔默南。科尔默南局促不安,环视桌子的周围,看一看有没

---

① 克劳德·昂蒂姆·科尔邦(1808—1891),老工人,《车间》杂志的创办人之一,临时政府的秘书,塞纳省的制宪议会代表,在议会中支持右翼共和派,议会的副议长,未被选进立法议会。

有人向他伸出援助之手。谁也没有动。于是,他有点儿不安地说:"根据方才的情况,我是不是应当认为委员会希望我辞职?"我们谁也没有说话。他拿起帽子,走了出去。没有人挽留他。不管他怎么故作镇静,也掩盖不了这样的奇耻大辱。我觉得,尽管他妄自尊大,对这种没有表现出来的歧视也不会感觉不出来,特别是为了在大庭广众之下保持自尊,他才没有对这种类似棍棒的一击大发雷霆。

许多人认为,科尔默南成为子爵以后立即激进起来,虽然仍保留着昔日的虔诚,但却不断玩弄花招,不断背叛自己的思想。我不敢说他这样,但我总是发现,他在同他人交谈时说的,与他在文章中写的之间,有一些令人觉得奇怪的不一致;老实说,他在我面前真实地表现出来的,是他对革命的恐怖,而不是他对革命的想法。他思想上的一些缺欠,使我一直感到特别吃惊。任何一个著作家都不曾像他这样把一个著作家应有的习惯和缺点充分地保存在政治工作上面。他把一项法律的不同条款间的关系明确以后,就对条文进行精细拟制;而当他把文本放在桌子上的时候,他就觉得大功告成了,对文本的形式、文字叙述的有条有理和均称赞扬不已。但他特别需要的,是文本中表现的新事物。在他看来,其他地方和其他时代试行过的制度,都是老一套应当唾弃。他认为,一项法律的第一价值,是其中没有一点儿与以前的同类法律相似的东西。他知道,制宪议会据以成立的法律是他的杰作。在大选当中我遇到他的时候,他相当满意地对我说:"世界上什么地方能看到我们今天看到的东西!哪一个国家能像我们这样使佣人、穷人和士兵都来投票!请相信,这是至今不可想象的!"他搓着双手补充说:"由此产生的一切是值得一看的!"他在说这些话时,把选举看成了化学实验。

第三部分

我参加内阁

1849 年 6 月 3 日—10 月 29 日

这一部分是在国民议会的任期延长期间,于 1851 年 9 月 16 日在凡尔赛开始写的。

为了立即着手书写回忆录的这一部分,我跳过从 1848 年六月事件终止到 1849 年 6 月 3 日这"前一段时期"[①]。如果以后有时间,我还准备把它写出来。我觉得,在我的记忆还清晰的期间,最重要的事情是写一写我参加政府的 5 个月。

[①] 关于这"前一段时期"中间的活动,见本书《附录》所收的文章。

第 一 章
归国——内阁成立

在我仔细观看欧洲革命大型戏剧的一幕在德国这一独特舞台演出的时候，我的注意力突然被引向法国，因一些没有预想到的可悲事件而注意起国内的事务。我知道了我国军队在罗马城下遭到不可置信的失败，制宪议会随之进行了谩骂性的讨论，全国由于这两个原因而发生动摇，最后大选的结果是两大党的预测失误，使150名山岳派被选进新的议会。① 同时，蛊惑煽动之风突然传遍法

---

① 1849年4月末，托克维尔得到机会休养，携妻子到莱茵河对岸旅游。在法兰克福，他目睹了当地国民议会的垂死挣扎（见《附录》Ⅳ）。他不在国内期间，国内发生了两件他反对的事：向罗马出兵和选举立法议会。

撒丁国王查理·阿尔贝于1849年3月23日在诺瓦拉的惨败，给意大利的民族解放运动带来致命的打击，但也是这个半岛即将出现强烈的反抗的信号。人们焦急地看到已经占领波河谷地的奥地利人，即将进军罗马，推翻1849年2月9日宣布成立的共和国，迎接为躲避革命者的暴力而去那不勒斯王国境内的加埃塔避难的教皇庇护回罗马。但是，法国不能容忍奥地利人占领罗马，于是出兵干涉。1849年4月25日，一支法国小部队在乌迪诺将军的指挥下在奇维塔韦基亚登陆。这次远征的目的是什么呢？各派都以自己的观点为这一行动辩解。其中，一个含糊其辞的说法是：要赶走奥地利的占领军，成为这一严重纠纷的理由，并被各派所接受。但是，右派还是希望恢复教皇在这个国家的世俗权力，而左派则不愿意支持法兰西共和国对姊妹共和国的干涉。

就在这时候，1849年5月13日举行了准备代替制宪议会的立法议会的选举。一年之间，局势就完全变了。曾是1848年4月的胜利者的右翼共和派，在1849年5月成了败北者。他们当选的代表还不到80人，极"左"的激进分子和社会主义者，获得出乎一切人意料的成功，共得150个席位。山岳派、天主教保守派和秩序党联合起来控制了普瓦提埃地区选举委员会，获得将近500个席位。

国的某一部分,但还没有在芒什省占据统治地位。但是,与议会的保守派脱离了关系的该省原议会代表在选举中失败了。他们原有13人,只有4人再次当选。至于我自己,虽然没有回去竞选和发表讲演,而且我在去年12月曾公然投票支持卡芬雅克出任总统,但我的得票数比其他人都多。人们所以投我的票,主要不是出于支持我的政治观点[1],而是因为我个人在政治以外的工作受到人们的尊敬。当然,我受到这种尊敬是光荣的,但在各党派中保持这种地位并不容易,而且在各党派本身都强烈排他的时候,这种地位就更加不稳定①。

得到这个消息之后,我便踏上归国之途。在波恩,我的妻子因身体有病而不得不留下。她让我不要管她,劝我与她分别继续自己的行程。我虽然这样办了,但总觉得遗憾,因为把她留在一个内战方兴的国家,而且是在她的勇气和坚强意志帮助我摆脱困境的时刻。

如果我没有记错的话,我是在1849年5月25日,即在立法议会开会前4天到达巴黎的,当时制宪议会正处在最后挣扎的时刻。几个星期以来,政界的形势发生了面目全非的变化,但不是起因于外部情况的变化,而是因为人心不多几天发生的惊人

在这次使保守派获得绝对优势的选举之后,乌迪诺将军的举措便清晰地表现他反对罗马的革命政府。最初在4月30日大败于罗马城下的法国,6月初又开始采取军事行动。6月3日,法国军队围攻罗马,激战1个月后,罗马于7月2日被占领。

[1] 不是因为我的观点

① 托克维尔的名字,同时出现在民主派和保守派两派的候选人名单上。他得票最多,在94 500张票中得票82 500张,总投票人数中有将近一半弃权,超过保守派的总投票人数。见Ch. H. 普达斯,前引书第31页。

第一章 归国——内阁成立

变化[1]。

我出国时掌权的党现在依然掌权,我认为选举的获胜结果也要使它加固手中的权力。这个由不同的小派别构成的党,时时想阻止革命或减弱革命,它在各选区获得压倒的多数,在新的议会中占了三分之二以上的席位。但是,这个党被一种深刻的恐怖所折磨。我认为这种恐怖的深刻程度只有二月革命的恐怖可与之相比,而且从政治上和战争上来看都确实如此;同时不应忘记,所有事件本身所造成的影响都要小于它们给人的印象所造成的影响。

6个月来在所有的补选中总是得到有利结果,充斥和控制几乎所有地方议会的保守派,一改他们对普选制的极端不信任而采取无限信任的态度。在刚刚举行的大选中,他们本想不仅获得胜利,而且可以说要消灭敌人,但他们却在获得梦寐以求的胜利后发现并没有大获全胜而垂头丧气。另一方面,自认失败的山岳派,也欣喜若狂,大大振作起来,以为选举可能使他们在新的议会中占有多数。为什么事件会使两派同时产生错误的希望和错误的恐怖呢?很难说清确切的原因,因为巨大的人群对自身运动的原因[2]茫然无知就像大海对自身的运动原因无知一样;现象的原因使两派都没有看见,好像消失在现象的无限运动当中。

但可以认为,保守派的失败主要源于他们自己所犯的错误。这些错误有:在他们确信胜利在握的时候,对于同他们的思想不完全一致,但在反对山岳派的斗争中帮助了他们的一些人,采取了不

---

[1] 有时我觉得,我见到的人心变化,比政治上发生的变化大得无限
[2] 规律

宽容的态度；新任内政部长的福舍①先生实施了暴力的行政；再加上出兵罗马没有取得成功。这一切错误使原来支持他们的一部分民众站到他们的对立面去，并马上被蛊惑煽动家们所掌握。

于是，像我已经说过的，150名山岳派当选了，一部分农民和大多数士兵投了他们的票：这些农民和士兵就像未能顶住狂风暴雨的两个主锚。恐怖成了普遍性的，它使各派保王党又得到宽容和谦逊的声誉，这是二月革命以后加于他们的美德，但6个月以来已被他们完全忘记。从各方面来看，现在应当重新认识的，不再是来自共和政体方面的问题，而只是把稳健的共和派与山岳派对立起来的问题。

人们开始谴责那些一直受到他们鼓励和支持的部长，大声疾呼要求改革内阁。内阁本身也认识到力不胜任，希望有人来接替。我离开法国的时候就已经知道普瓦捷埃街委员会②拒绝接受迪福尔先生为委员，而现在却看到人们把一切注意力都指向迪福尔和他的朋友们，以哀婉动人的语调恳求他们掌握政权以拯救社会。

我回到巴黎的当晚，就接到通知：我的一个朋友要在香榭丽舍大街的一个小餐厅请朋友们晚上聚餐。我到那里去了。我看到参加者有迪福尔、朗瑞内、博蒙、科尔塞勒、维维安、拉莫里西埃、贝多和一两个我当时还不知道姓名的人。他们向我简单地介绍了当前

---

① 莱昂·福舍(1803—1854)，记者和经济学家，1846年当选为众议员，属于左翼中心。先后为制宪议会和立法议会的议员。在第一次巴罗内阁中先任公共工程部部长，后任内政部部长（1848年12月20日—1849年5月14日），在第二次巴罗内阁（1851年4月10日—10月14日）中暂任内政部部长。

② 这个委员会是为支持秩序党竞选立法议会而由保守派集结王朝派和天主教派成立的联合委员会。

第一章 归国——内阁成立

的局势。奉总统命令组阁的巴罗，几天来忙于组阁的工作，但没有成功，已经累得筋疲力尽。梯也尔先生、莫莱先生和他们的主要朋友拒绝参加政府。但正如以后所看到的，他们是希望掌握主动权，只是不去担任部长。未来的情况难以捉摸，一切事情都在动荡之中，目前的国难和可能还有的危险，使他们暂时却步了。他们极想掌握政权，但不肯承担责任。遭到他们拒绝的巴罗，于是来找我们。①但是，他要我们当中的谁呢？给我们哪些部长职位呢？我们还能担当其他职务吗？要采取什么共同政策？结果出现当时就已看出难以克服的实施困难[1]巴罗又多次去找多数派的几位公认的领袖，被他们拒绝后，再次投向我们。

　　时间就在这种徒劳无功之中过去了。危机和困难日益增加。意大利方面的形势日益令人担忧，内阁随时可能被苟延残喘，但还能发威的议会投以不信任案而推翻。

　　人们可以想象得到，我是带着对方才听到的一切问题的担心回到家里的。我已确信，只能由我和我的朋友去出任部长。我们是合适而必要的人选。我已相当清楚地看到，多数派的领袖已经确定：他们不想在风雨飘摇的政府下负责政务，他们没有这种兴趣，他们不冒这种风险。他们的高傲和畏避，使我确信他们会自我控制。因此，我们只要坚定我们的立场就可以了，由此可以迫使他们来求助我们。但是，一定要当部长吗？我非常认真地考虑了这个问题。我相信我能够以正直的人格担保说，我对这种试图的真

---

　　①　〔他要求我们，不，应该说他恳求我们成为他的同僚。〕：这句话在原稿中用笔圈起来，预定删掉。

　　[1]　这一切问题，使已经出现的实施细节产生困难

实困难不抱一点儿侥幸的幻想,我在以观察过去时没有过的明确观点观察未来。

人们普遍认为,一场街头战斗即将发生。我自己也认为这是眼看就要发生的事情。我认为,使这种事件成为不可避免的,是选举的结果使山岳派产生了疯狂的胆量,以及罗马事件为他们提供了机会。但我又认为,这样办也没有什么出路。我确信,虽然士兵们大多数投了山岳派的票,但整个军队在同山岳派战斗时不会手软。以个人身份投票支持一个候选人的士兵,与以部队的一员的身份在军纪的压力下[1]行动的士兵,实际上是两个不同的人在行动。投票的士兵的思想,并不能控制按军纪行动的士兵的行为。巴黎的守备部队,人数众多,有良好的指挥官,巷战经验丰富,对六月事件的激烈场面和事例记忆犹新。因此,我认为他们可能胜利。但我对他们后来的表现十分担心。那些似乎是困难终了的东西,被我看成困难的开始。我断定这些困难几乎是不可克服的,并认为实际上也会如此。

不管从哪个方面来看,我都觉得我们处在不稳定的局势之下,因为感到普遍不安的国民都希望不要宪法:一些人是由于社会主义的原因,另一些人则是由于君主政体的原因。

舆论向我们呼吁,但也不能过于轻率地依靠舆论。恐惧心理正把国家推向我们,而恐惧心理一旦消失,舆论对以往的回忆,舆论的利益、本能和激情,一定要把国家拉向后退。我们的目标是,如有可能,就巩固共和政体,或至少使其维持一定的时间,以正规

---

[1] 在团队精神和军纪的压力下

第一章 归国——内阁成立

的、稳健的、比较保守的、完全合乎宪法的方式治理国家。这一切并不能使我们永孚众望,因为民众都不想要宪法。山岳派更不想要它,各派王党则根本不想要它。

在议会里,情况更坏。各党派的首领自私和自夸所造成的事件,使上述的普遍现象更加严重。这些领袖可能同意我们放弃政府,当我们要去接管政府的时候,他们就不会有这样的态度了。一旦危机过去,他们就要考虑各种陷阱。

至于总统路易·拿破仑,我们对他还不了解。但有一点是清楚的,那就是只要我们的共同敌人在煽动他嫉妒和怀恨我们,我们就不能指望他主动来支持我们。他的同情者肯定不是我们,因为我们的目的与他的目的不仅不同,而且从来就是对立的。我们要使共和国长存,而他则希望共和国死亡以接受它的遗产。在他为此需要合谋者的时候,我们也只是向他提供了几名部长。

除了这些存在于局势内部的,从而也是长期存在的困难之外,还有一些绝不容易克服的临时出现的困难:国内一部分地区重现的革命骚动,公共管理中排他的、广泛流行并已生根的思想和习惯,计划和行动都十分拙劣,以致后来既难于进行到底又难于从困境中摆脱出来的出征罗马,最后是把我们的前任者们所犯的错误全部接收过来。

这许多原因,都在困惑人心,但我从来对它们就认识得很清楚。

希望从事一种人人都敬而远之、但可以由此把社会从人们所在的困境中解救出来的工作,这个思想既可以满足我的荣誉心,又可以满足我的自尊心。我清楚地感到,我只应当参加政府而毫不犹豫。但我希望我在政府工作期间,要做出几项对我国有贡献的工作,使自己由此成长起来。这可以使我得到锻炼。

于是,我立即做出3项决定:

第一,良机一到,绝不拒绝出任部长;

第二,要同我的几位主要朋友一同参加政府,掌握几个主要的部,以便以后能在内阁中永远占据主导地位;

第三,最后,在我担任部长期间,每天都要以明天就要被停职那样的精神去工作,也就是说,不以我在职的需要去服从我想留任的欲求。

以后的五六天,一切努力都用于去组阁,但没有成果。做了许多尝试,对各种尝试进行比较,做过一些小事,也做过当天的一些大事,但第二天就全忘了,以致难于在我的记忆中重新找到痕迹,尽管我有时也亲自做过其中的一件。其实,在人们提出的条件下,问题很难解决。总统表面上愿意改组内阁,但他总是要把他认为是自己的主要友人的人留下来。一些保王派的首领无力由自己的人组织政府,但他们也不愿意让与他们没有关系的人去组织政府。即使同意我们的人入阁,入阁的人数也不能多,而且只能担任次要的部长。他们把我们看成是必要的救急人员,但只想让我们管理很少一部分工作。

最初,他们提议只让迪福尔入阁,出任公共工程部部长。迪福尔拒绝了,而要求担任内政部长,再让出两个部长名额由他的两个朋友担任。他们勉为其难地答应可以改任为内政部长,但拒绝其余要求。我当时就认为他肯定会接受这项建议,并想起自己6个月前在中途被人甩掉的经过。他虽然不是骗子或对朋友们不关心,但他一看到这样好的部长位置眼看就要到手,而且能够大大方

第一章 归国——内阁成立

方地接受,就受到了格外的吸引。这项建议不会使他完全背叛朋友,但会使他与朋友疏远,朋友们自然把他忘掉。但他这次坚持一点,觉得不能自己一个人入阁,而请我同他一起入阁。我是最合适的,因为我在新的议会里刚被选为副议长之一①。但让我担任什么职务呢?我自己认为只能担任国民教育部长。可惜这一部长位置当时正被法卢②先生占着。为了不得罪法卢也是其领袖之一的正统王朝派,不得罪想从法卢处得到保障的天主教党派,不得罪他的朋友总统,当前都需要这个人。又提议叫我出任农业部长,被我拒绝。巴罗在技穷之余提议由我主持外交部。我费了很大努力,要求由雷米萨来担任此职。他与我之间过去的关系这时显得特别重要,但没有必要在这里详说。我一再坚持要雷米萨同我们一起入阁。他虽是梯也尔的朋友,但高尚文雅得几乎没有人可比。只有他能保证我们即使得不到梯也尔这位政治家的支持,至少也可以让他保持中立,而又不伤害他的感情。经过巴罗和我们的一再恳求,雷米萨终于在一天晚上接受我们的要求。他在我们面前下了保证,但第二天早晨,他又收回前言。我确切知道,他在头一天晚上会见过梯也尔;而且他自己也向我承认,对于这一切,曾经大声疾呼我们必须参加国家事务的梯也尔,劝他不要同我们合作。雷米萨说:"我非常清楚,我成为你们的同僚,不等于他协助你们。

---

① 注:选举在6月1日举行,托克维尔在597票中以336票当选。
② 阿尔弗雷德·德·法卢伯爵(1811—1886),1846年当选为正统派众议员。先后为制宪议会和立法议会的议员。巴罗的两次内阁的国民教育部长(1848年12月20日—1849年10月31日)。他以天主教的最热情捍卫者之一而著称,也是1850年的教育自由法的创案人。

但只是这一点，很快就使我同他处于对立状态。"请看，同我们共事的都是一些什么人！

我没有想过要当外交部长，我对他们的提案的第一个反应是拒绝。我认为，贸然担当自己毫无准备的任务，是不适当的。我在我的文件中找到关于这时的犹豫态度的记载。这是我当时同几个朋友在一起晚餐时的对话记录①。

我最后决定接任外交部的工作，但我提出一个条件：要朗瑞内与我同时入阁。我有几个十分充足的理由要求这样做。首先，我认为我们必须有3个人入阁，以便能够在内阁中占据优势，而这是为把工作做好所必要的。其次，我觉得朗瑞内在我准备推行的路线方面，特别有利于我同尚捉摸不清的迪福尔搞好关系。我尤其希望在自己的身边安排一位可以向他开诚布公的朋友：在所有的时代，而主要是在像我们这个互相猜疑和容易变卦的时代，在我们

---

① 在这下面，原稿里留出几行空白。下面引述的对话记录，是安德烈·雅尔丹从托克维尔的文件中发现的。

1849年5月

在我接受入阁的要求的前夜，我和里韦在与朋友们会餐时的对话记录。

"要对梯也尔和莫莱关闭内阁的大门。否则将会遭到背叛。至于法卢，如对他开门，也会遭到背叛。"

"对联合的一般看法和对我个人的看法，您有什么要说的？"

"我认为联合是危险的，对你要接受的任务我很犹豫。对法卢和尚加尼埃，都要特别小心！至于外交问题，我认为所有的反对派都把目光投在这里。您干不了巴斯蒂德那样的工作。"

"您觉得由帕西担任外交部长，而由我代替法卢现在的职务的组合如何？"

"因为您觉得自己出任外交部长比帕西好，所以我不敢说什么。但是，他已经卷入现在的竞争热潮，而您还是局外人。"

经安·雅尔丹查证，上述对话的"提问"部分为托克维尔的手笔，而"回答"部分是里韦的字迹。

第一章 归国——内阁成立

想要完成的工作尚有风险的时候,身边有这样的朋友,尤其显得珍贵。

尽管我和朗瑞内的性格[1]有很大不同:他性情好静、温和,我的性情好动和有时心烦意乱,但从以上各种考虑,我依然认为他是最合适的人选。他办事慢条斯理,小心慎重,甚至谨小慎微,只是很难着手工作,但一旦从事一项工作,就绝不后退,最后表现出他那布列塔尼亚农民的坚定而顽固的精神。他不太喜欢显示自己的观点,而一旦显示出来的时候,就说得十分明确,甚至直率得容易伤人。他不会随便表示友爱、热情、狂热和拒绝,但也不必怀疑他会意志消沉、出卖朋友和暗藏坏心。总之,他是一位非常诚实的合作者;从各方面来看,他都是我在公务中见到的最诚实的人,我觉得他也是在爱护公益的时候毫不掺有个人的和出于利害关系的观点的人。

没有人反对朗瑞内入阁,但困难出现在给他以什么职位的问题上。我请他担任12月30日以来由比费①占据的农商部长。比费是法卢的朋友,而且是内阁中最服从法卢的追随者。法卢拒绝放弃他的同僚。我坚持我的意见。新内阁又推迟24小时才成立。法卢为了挫败我的决心,采取了直接行动。他来到我家,我还没有起床,他把我叫起来,要求我放弃朗瑞内,留他的朋友比费继续担任农商部长。我坚持我的意见,没有听他的。法卢生气了,但仍能

---

[1] 气质

① 路易·约瑟夫·比费(1818—1898),律师,孚日省的制宪议会代表,后为立法议会的代表,在议会中支持右翼。第一次巴罗内阁的农商部长(1848年12月29日—1849年6月2日),在福舍内阁仍任农商部长(1851年4月10日—10月14日)。

控制自己的怒气，站了起来。我以为一切全完了，但情况相反，我完全胜利了。他以贵族的那种可以天衣无缝地掩盖一切情感，甚至苦涩的情感的高雅风度，向我伸出双手说："就按照您的意见办吧！我表示让步。请不要说我是出于个人的考虑在如此困难和如此危急的时候破坏如此必要的联合！只有我一个人还留在内阁与你们在一起。但我希望您不要忘记，我不只是你们的同僚，而且还是你们的囚犯。"一个小时之后内阁成立。迪福尔在告诉我内阁成立时请我立即出任外交部长，时在1849年6月2日。

这个产生得如此艰难和如此费时而寿命不会太长的内阁，就是这样成立的。在成立前的长时间阵痛期，巴罗确实是全法国最辛苦的人。他对公益的真诚热心，使他想尽力把内阁改造好；而他那与其可信的诚实密不可分的野心，已使他想以无比的热情去争取留任为新内阁的首领。因此，他不断地往来于各派之间，向每一派提出感人的而且往往是动人的哀求和央告，有时去求多数派领袖，有时来找我们，有时向他认为比其他派别稳健、革命后变为共和派的人士呼吁。他还随时准备把这些人或那些人拉过去，因为在政治上是不能有永久的友谊和永久的仇恨的。他的心是一只漏水的瓶子，什么也存不住。当我看到他到处乱跑去忙于组阁的时候，我不禁想到他像一只母鸡到处转悠去寻找它的小雏回窝，但因为过于慌乱而未能辨别找回来的是自己的小雏还是别人的小雏[1]。

---

[1] 使我认为他像一只慌慌张张跑回自己窝的母鸡，但发现窝里除了自己的小雏还有别人的小雏。结果不得不变相放弃，而实际上是接受

第 二 章

内阁的面貌——至6月13日造反失败内阁的初期行动

内阁的组成如下：巴罗任总理兼司法部长，帕西任财政部长，吕利埃尔任陆军部长，特拉西任海军部长，拉克罗斯任公共工程部部长，法卢任国民教育部长，迪福尔任内政部长，朗瑞内任农业部长[①]，我任外交部长。只有迪福尔、朗瑞内和我是新任的部长，其他几位都是上届内阁[②]的留任者。

帕西有真才实学，但气派不够。他为人耿直，说话不拐弯抹角，有讽刺口吻，容易得罪人，说他这是出于正义，不如说是他技巧不够。但他在必须切实行动的时候，比他专靠嘴皮子说教的时候更重视正义，而他在不想行动的时候就喜欢发表悖说。我从来没有见过他这样的卓越的健谈家，也从来没有见过他这样的在陈述困难事件的发生原因和将要产生的结果时轻易地对事件的解决表

[①] 伊波利特·帕西(1793—1880)，经济学家，众议员，七月王朝时期的大臣和贵族院议员。立法议会代表。
吕利埃尔将军(1797—1862)，先后为制宪议会和立法议会的代表。
特拉西(1781—1864)，复辟时期和七月王朝时期的众议员，先后为制宪议会和立法议会的代表。
关于拉克罗斯，见第71页注①。
[②] 1848年12月至1849年6月2日的内阁。

示放心的人[1]。在最后看到政局的前途非常暗淡的时候,他依然会微笑而安然地说:现在已经几乎没有拯救我们的办法,而只有等待社会的全面崩溃了。总之,他是一位既有知识又有经验的部长,为人诚实,有久经考验的勇气,既不会屈服又不会出卖朋友。他的思想,他的感情,他与迪福尔的旧谊,特别是他对梯也尔的强烈敌视,保证了我们对他的信任。

吕利埃尔参加过政党,而尚加尼埃①的所属党派尚不清楚,但他们都是保王派和极端保守派分子。后者是一个只想留任陆军部长的大兵。我们初次见面他给我的第一个印象,是他出任巴黎驻军司令而引起的对他的极端猜疑,因为这个职务要与多数派领袖经常联系,对总统有影响。这一切必然使吕利埃尔站到我们这方面来,并奋力依靠我们。

特拉西天生性格软弱,最初封闭在他父亲加于他身上的思想教育的非常有体系的和非常绝对的理论的框架内,而且自己也固守这种理论。但后来,由于长期接触日常的事实和受到革命的影响,这个坚硬的外壳好像已被打破,而不再受没有根基的智力和软弱的心灵的支配,但依然诚实和忠厚。

拉克罗斯是一个不幸的人,命运和德行都相当不好,在旧的王朝反对派中也是很粗鄙的人,二月革命偶然把他推上政治的领导行列,对于出任部长并非没有兴趣。他主动靠近我们,但同时也设

---

[1] 在栏外用铅笔写道:没有像他这样安心地沉湎于达观的幻想的人

① 尼古拉·尚加尼埃(1793—1877),将军,在阿尔及利亚立过战功。塞纳省的制宪议会代表,后在立法议会连任。被卡芬雅克任命为国民自卫军和巴黎正规部队总司令,镇压1849年6月13日的起义。他的总司令职务在1851年1月9日被撤。

法以小小的服务和阿谀逢迎得到共和国总统的信赖。说实在的,他这样的人也很难再得到其他照顾,因为他是一个少见的无能之辈,什么真本事也没有。人们曾谴责我们让特拉西和拉克罗斯这样无能的人同我们一起入阁,而这种谴责是对的。这也是内阁不能很好运作的一大原因。不仅因为他们没有行政能力,而且还因为他们的人所共知的不能胜任,可以说由于总要更换他们而造成了经常的内阁危机。

至于巴罗,无论从感情的深处来说还是从思想的深处来说,他自然同我们站在一边。他的昔日的自由主义倾向,他的共和主义爱好,对他在议会中作为反对派的记忆,使我们同他结合起来。如果没有这种结合,他就可能非常遗憾地成为我们的敌对者。但是,他一旦站到我们中间,我们就应当信任他。

综合以上所述,在内阁的全体成员中,只有法卢一个人在出发点、社会关系和倾向方面与我们不同;在内阁中,只有他以多数派首领的代表身份出现,或者毋宁说只是他觉得自己是多数派的代表,因为实际上,正如我在前面说过的,他在这里也像在其他地方一样,只代表教会。他的这种孤立地位,再加上他的隐蔽的政治目的,使他只得到我们之外去寻找支点。他一再努力把支点放在议会和总统身上,但也像他在做其他一切事情上一样,做得十分慎重和巧妙①。

这样成立起来的内阁有一个很大的弱点,那就是它本身不是联合内阁,而是由联合起来的多数派的协助而执政的内阁。

---

① 栏外旁注:在我描述法卢与迪福尔的争吵时,他或许就是完全如此。

但另一方面,内阁也有很大的力量。这个力量是相似的根源、同一的本性、昔日的友谊、相互信赖和共同的目标给予各位阁员的。

人们一定会问我:你们的共同目标是什么,你们想往何处去,你们想做什么。我们生活在人心这样动荡、这样不安的世界[1]上,我贸然代表我的朋友们回答这些问题可能有点自不量力。但我愿意以自己的名义来回答。当时我并没有像今天这样认为共和制政府是最适合法国的需要的。确切地说,我所理解的共和制政府,是要政府拥有经选举产生的行政权。在人民的习惯、传统和习俗保证行政权有广泛的实施基础的国家,行政权的不巩固在社会出现动荡时经常是革命的原因,而在社会安定时则是巨大灾难的原因。而且,我还一直认为,共和政体如果是一个不受制衡机构监督的政府,它虽然可以许诺很多,但它给予人民的自由还不如君主立宪政体。不过,我还是真诚地希望维护共和政体。尽管可以说法国还没有真正的共和主义者,但共和政体并非绝不可能实施,所以我尊重维护共和政体的尝试。

因为对共和政体的建立还没有做任何准备,也没有适于建立它的良好条件,所以我更加希望维护共和政体。旧的王朝是大多数国民最嫌恶的。人民在革命中疲于奔命,而革命给予他们的许诺完全是空头支票,所以人民的一切政治激情都减弱了。而在这种减弱的过程中,法国只剩下一种还很活跃的激情,那就是憎恨旧制度和不信任他们认为是代表旧制度的旧特权阶级。这种感情经

---

[1] 而人心暧昧和多变的世界

过历次革命保存下来,既未在革命中发生变化,又未在革命中消解。按照前人的说法,它就像一股清泉,乘着大海的波涛进入大海,既未与海水混合,又未消失在大海当中。至于奥尔良王朝,人们从这个王朝得到的感受,没有使人产生迅速回到这个王朝的巨大兴趣。这个王朝只能把整个上层阶级和神职人员重新投入敌对关系[1]之中,把政府的运作与独占利益仍然交给我18年来所见的无力管好法兰西的中产阶级而脱离人民。而且,它也没有为自己的胜利作任何准备。

只有路易·拿破仑为取代共和政体作了准备,因为他已掌握政权。但是,他如果成功,除了出现一个轻视知识阶级,敌视自由并依靠阴谋家、骗子和走狗进行统治的杂种王朝,又能是什么呢?这样的结果绝不能称之为一场新的革命。

共和政体的确很难维持下去,因为爱好共和政体的人大部分不能或无力管好共和政体,而能够建立和领导共和政体的人又嫌恶共和政体。但是,要打倒共和政体也相当困难。对共和政体的嫌恶,也像当时国内出现的其他一切爱憎一样,是模糊的。而且,人们之非难政府,并不是想找一个比它可爱的其他政府。三个互不让步而且彼此敌视的政党,谁也无力独立撑起共和政体,而一直争吵不休。在这个问题上,它们根本无法形成多数派。

因此我认为,共和制政府如果脚踏实地,而且没有遭到难于联合起来的几个少数派的反对,又能稳健地、贤明地执政,则会在群众无能为力的状态下自己维持下去。因此,我不但没有试图反对

---

[1] 对立关系

它，反而决心捍卫它。几乎所有的阁僚都持同样的观点。迪福尔还相信我会对共和制度的良好运作和未来做出贡献。巴罗还说我历来尊重共和政体。而且，我们全体当时都表示坚决支持共和政体。这个共同的决心既是我们的团结标志，又是我们的旗帜。

内阁组成后，我们全体阁员去谒见共和国总统。这是我初次走近总统身边。在这之前，我只是在制宪议会上从远处看见过他。他彬彬有礼地接待了我们。但我们不能待得太久，因为迪福尔反对他，对他竞选总统作过几乎是侮辱性的发言还不到6个月，而我和朗瑞内在选举总统时都是公然投他的反对者的票的。

路易·拿破仑在我所叙述的这段历史的其余时间里具有巨大影响，所以我觉得在描述我的一批同时代人的时候，值得着重写一写他。我相信，在他的所有部长当中，或许在不愿参加他反对共和政体的阴谋的所有人当中，我也是最受他青睐，最能就近观察他和最能正确评论的人。

路易·拿破仑的前期经历和独特的所作所为，使人们可以认为他不愧为卓越人物。这是我跟他接触时得到的第一印象。关于这一点，他的敌对者，或许还有他的朋友，在是否可以对他们所支持的参选政治家给予这样的称呼的时候有些犯难。他的大部分朋友在推选他的时候，实际上不是出于他有这种资格，而是出于认为他平凡。他们想把他当作可以随意利用和他也愿意叫人随时丢弃的工具。在这一点上，可以说他们犯了严重的错误。

路易·拿破仑也有常人的一定感人之处：他平易近人，有人性，心地柔和甚至相当感人，不爱挑剔，人际关系很稳定，浑厚朴实，虽然出身可以使他无上自傲但为人却相当谦逊，重感情而轻怀恨。他能够感受友爱,对接近他的人也能施以友爱。他同人谈话的时候较少,而且多半不得要领。他没有引发他人谈话和同谈话人拉近关系的技巧。他不善于口述自己的观点,但有舞文弄墨的习惯,并有些以文学家自负。他爱隐讳,同一生中总搞阴谋的人爱隐讳一样深重,并因他不动声色和目光凝滞而得到加强。他的两只眼睛晦暗无光,就像安在轮船下层舱的厚玻璃,虽然可以透光,但往外面什么也看不见。他对危险毫不在乎,能在危机的日子里安然处之。同时,对于一些相当平凡的事,他又总是研究来研究去,拿不定主意。可以看到他经常改变路线:前进,徘徊,遇到重大损失时后退。国民选举他,是叫他敢作敢为;国民期待于他的,是大胆而不是慎重,所以他不该遇到损失就后退。有人说他耽于享乐,而对于享乐的选择不够高尚,对于一般享乐的这种热情和对安乐生活的这种爱好,随着权力的易于获得而更增强。这样,每天都在消耗他的精力,甚至减退他的野心。他的智慧缺乏条理,混乱,总是胡思乱想,以致时而要以拿破仑为榜样,时而借用社会主义理论,时而又想起他曾生活过的英国。他想学习或借用的东西多种多样,而且往往是互相对立的。他苦心孤诣地把这些东西收集在他的远离事实和生活的孤芳自赏之中,因为他天生就是一个梦想家和空想家。但是,当现实迫使他走出这种茫然而空洞的思维领域,以把精力用在实事求是的限界之内时,他的认识也可能正确,有时还相当细致,有广度,甚至有一定的深度。但这绝不会持久,而是往往要把稀奇古怪的想法放在正确的想法旁边备用。

一般说来,通过长期观察和亲身接触,不难发现他的见识当中也有小小的狂妄才气,在想起他青年时期的不务正业而见到这种才气时,就可以找到不务正业的由来。

总之,可以说他的成功和能力,除了借助环境的帮助之外,来于狂妄的才气大于理性,认为世界是一个不可思议的舞台。在这样的世界上,最坏的剧本有时会演成最好的戏。如果路易·拿破仑是一位贤人[1]或者是一位天才,他绝不会当上共和国总统。

时势制造明星。他坚信自己是命运的工具,是时代所必要的人。我一直认为,他确实是相信他的权力是合法的;但我认为,路易十世从来没有确信自己的地位是合法的,而且他也没有能力为自己的确信找出理论根据,因为即使他对人民抱有一种抽象的爱,也不会对自由太感兴趣。在政治方面,路易·拿破仑的精神的基本特点,是憎恨和轻视议会。在他看来,立宪君主制度甚至比共和制度还难以容忍[2]。他的拿破仑这个名字使他产生的无限自豪,虽然使他愿意服从国民,但又使他产生不想受国会影响的思想。

路易·拿破仑在没有获得权力之前,有一段时间努力效仿平庸的君主,这样的君主自然爱护其仆从,同一些小冒险分子、破产户、失意者和公子哥儿20多年在一起搞阴谋的生活经历,使这些人在此期间都能自觉地成为他的追随者或共谋者。而他本人,则通过奇妙的手法学会了可以使自己成为冒险家或侥幸的君主。他继续同这些末流人士在一起花天酒地,而不再过正常的生活了。我认为,他除了写文章,描述那些长期与他在思想上共鸣,在梦中都与他胡混在一起的人物,就难于表达自己的思想,而同这些末流

---

[1] 明智的人
[2] 都更令人不快

第二章　内阁的面貌——至6月13日造反失败内阁的初期行动

人士的经常往来，一般又使他同有风趣的很难打交道的人接触。另外，他也希望自己的人格和事业能得到众人的尊重（就像他的人格和事业能够产生这种尊重一样）。他不愿意依靠自己的能力去独立行动。他要求人们相信他的星相，盲目崇拜他的命运。因此，只有通过他的亲密追随者和特别友人形成的集团，才能接近他。尚加尼埃将军当时就这个集团对我说过，差不多可以用骗子和混蛋这两个合辙押韵的词合称他们而给他们定性。总之，虽然不能说这一族类的成员大部分是男流氓和坏女人[1]，但他们通常不如其亲信。

国家需要首领，想起法国有过拿破仑那样的权威，就把他这样的人推上法国的首领的地位，由此我们就跟着他来治理法国。

在非常危急的时刻从事政务工作是困难的。制宪议会在结束其纷争多事的生存之前，通过了一项禁止政府出兵攻打罗马的决议（1849年5月7日）。我入阁后知道的第一件事，就是进攻罗马的命令已于3天前下达给我们的部队。这种对作为最高权力机关的议会的禁令的公然违反，以及以革命的名义、不顾宪法要求尊重外国的有关条款而对革命中的人民发动的战争，使人们担心的斗争就成为不可避免和迫在眉睫。这场新的斗争将怎样结束呢？各省省长寄给我们的所有信件，警察当局送来的所有报告，当然给我们敲起了严重的警钟。我曾亲眼看到，在卡芬雅克统治的末期，一个政府是怎样在调和其与下属的利害关系中得以在梦想中维持下来的。这次我又亲眼看见，而且是离得很近看见，这样的一些下属

---

[1] 妓女

是怎样得以使他们的雇主增加恐怖感的:同一原因产生不同的结果。他们每个人都判断我们处于不安之中,想以发现新的阴谋来引人注意,把威胁我们的新阴谋的某些证据提供给我们。他们越是相信我们要成功,越是主动地向我们提示我们的危难。这种情报的特点和危险之一,就是随着危难越来越大,越来越需要情报,而情报却越来越少,越来越含糊不清。政府的下属在看到豢养[1]他们的政府不会持久,而去注意行将代替它的下届政府的时候,一般都一言不发或完全沉默。而这次在我们这里,他们却大嚷大叫起来。听到他们的喊叫,人们不能不以为我们已临深渊的边缘,而我却不这样认为。从此以后,我就像我历来所做的那样一直坚信,政府的公报和警察当局的报告,在揭发和处理阴谋事件时可能有参照价值,而想要判断和预测党派的巨大动作的时候,它们只会使人得出夸张的、片面的而且往往是错误的概念。就整个法国来说,情况都是如此。比如说,你要想让专设的、最值得信任的官员提供关于国内都有什么需要、都存在什么情绪和想法的资料,即由他们亲自获得这些问题的全面资料,那是完全不可能的。

　　看到目前的整个局势,我觉得在目前来说,武装的革命并不可怕;但现在进行的而且可能引起内战的斗争,却是非常残酷的,特别当内战与瘟疫的疯狂流行碰在一起的时候,就将更加残酷。事实上,巴黎当时正遭到霍乱的蹂躏。死亡这次打击了各个阶层。有相当多的制宪议会议员已被霍乱击倒;在非洲时没有遇难的比

---

〔1〕 雇用

若，也即将死亡①。

如果说我还怀疑危机迫在眉睫，那么新议会的景象就使我清晰地感到危机已经开始。可以说，在旧议会中，我们就已经闻到内战的气味。那时，发言粗野，动作激烈，语言过于粗暴，当面对骂。我们这次暂时借用众议院的旧大厅开会。这个大厅原来是为460人开会准备的，而现在容纳750人就太勉强了。因此，大家在里面你拥我挤，互相埋怨，但总算在不顾互相指责之中，拥挤地进入了会场。肉体上遭受的折磨，加剧了心里的不满。这是一场挤在木桶里的决斗。山岳派怎么能够忍耐呢？他们自以为有相当多的人承认他们在国民和军队中是有强大力量的。但是，他们在议会中的力量很弱，不足以实现他们控制议会或在议会中为所欲为的希望。一个使他们重新集结力量的良机出现在他们的面前。仍然处在动荡之中的整个欧洲，只要大力打击巴黎一下，就可以重新回到革命的道路上去。这不仅仅是气质粗暴的人们所需要的。

人们可以预见，在获悉进攻罗马的命令已经发出和开始进攻的时候，就要爆发一场运动。实际上也是如此。

发出的命令仍然是保密的。但在6月10日，发布了初战的报道。

从6月11日开始，山岳派到处演讲，对政府进行猛烈的攻击。赖德律-洛兰站在讲台的高处，号召进行内战，因为他认为政府违反了宪法，而他的朋友和他已经准备用一切手段甚至武力来保卫宪法。要求罢免共和国总统和前届内阁。

---

① 染上霍乱，死于1849年6月10日。

12日,负责审议昨天提出的问题的一个议会委员会驳回罢免案,而直接要求议会立即对总统及其部长们的未来作出判决。山岳派反对立即开始讨论,而要求制作有关的文件。山岳派推迟讨论的目的何在呢?这很难回答。它打算利用推迟来煽动人心,还是想寻找时间来安定人心呢?可以肯定的是,善于辞令而不擅于实际斗争、热心足而决心不够的山岳派领袖们,这一天在他们大放厥词当中表现出前一天没有表现出来的某种犹豫。他们把剑拔出来一半以后,好像又想把它放回鞘内①。不久以后,他们发出的信号被议会外面的支持者看到,但再往后,他们并没有采取主动行动,而是跟着形势随大溜了。

这两天中,我的处境使我感到非常痛苦。前面说过,我完全反对远征罗马的意图和做法。在入阁之前,我曾向巴罗庄重地声明,我只对将来负责,而对迄今发生在意大利的事情,只由他自己去答辩。我只是在这个条件下才答应入阁的。因此,在11日的讨论之中我一言未发,只由巴罗一个人去抵挡议员们的猛烈攻击。但在12日,我看到我的同僚们受到非难的时候,我认为不能再长时间地保持沉默了。我要求重新提出有关的证明文件,顺便作了简短的发言,而没有就事件的本质发表意见。我非常激动,但只说了几句话。

我在《总汇导报》上重谈这篇简短发言时,我感到毫无内容,而且表达得非常拙劣。但在发言时却得到多数派的热烈鼓掌[1],因

---

① 栏外旁注:我认为,他们的行动出自一时的冲动,而没有经过深思熟虑,在面临内战中他们停步了。

[1] 而今天,多数派则是狂怒

第二章 内阁的面貌——至6月13日造反失败内阁的初期行动

为在人们感到即将爆发内战的危急时刻,思想的表达和语言的声调,比发言内容的价值更能打动人。我的发言直接指向赖德律-洛兰,怒斥他不仅想要制造动乱,而且在散布可以引发动乱的谎言。我发言的感情是强烈的,声调是坚定的,具有攻击力。尽管我讲得很不好,对我的新任务还有游移,但我感觉很好。

赖德律-洛兰对我作了回答,并指着多数派说,它是哥萨克式的派别;多数派回答他说,他是海盗和放火者。梯也尔在解释这个看法时说,方才发言的人与6月的造反者有密切联系。议会以压倒多数否决罢免案后散会。

山岳派的领袖们虽然仍在诋毁,但态度已不坚定。于是,人们可以自以为斗争开始的决定时刻还没有到来。可是他们想错了。我们在当天夜里收到的报告,使我们获悉一场武装斗争正在准备之中①。

实际上,第二天,各家蛊惑煽动的报刊都声称,它们的编辑们所要求的,已不再是用司法,而是用革命来解决问题。这完全是直接或间接号召进行内战。国民自卫军士兵、学生和居民完全被报刊的报道鼓动起来,不带武器到指定场所集合,然后列队来到议会的大门前。这是把本拟在5月15日发动的事件移到了6月23日。上午11时左右,实际上有七八千人集合到格罗·卡尤抽水站。当时,我们正在共和国总统处开会。总统已经全副武装,一俟接到战斗开始的报告就准备骑马前往。除了军装以外,他还是原来的样子,没有什么改变。总之,他还完全跟昨天一样:表情还是

---

① 栏外旁注:后来知道,这是各派领袖们昨天夜里准备的。

有点忧郁,说话依然慢慢腾腾,不够连贯,眼神依然晦暗无光。从这临战不慌的表现中,一点儿也看不到面临危险时常有的慌张不安,即没有只有在精神衰萎时才会出现的心态。①

我们把尚加尼埃请来,他向我们说明了战斗的准备情况,并表示一定会胜利。迪福尔向我们宣读了他接到的报告,所有的报告都说发生了可怕的叛乱。随后,他返回自己的活动中心内政部。正午左右,我返回议会。

议会仍然没有开会。因为议长没有同我们磋商就安排了议事日程,宣布明天休会。在另一个人看来,这是非常严重的失职行为。在议员们纷纷回家期间,我去了议长的家,多数派的领袖大部分都已在这里。场面非常严肃,人人都很激动和不安,要求立即开始战斗,对内阁的优柔寡断进行强力的谴责。梯也尔,躺在一张大安乐椅子里,把脚放在另一张安乐椅子上,抚摩着肚子(因为他好像感染了流行病),以其非常尖的假嗓子,大发脾气地高呼:不想对巴黎下戒严令,也太奇怪了。我以温和的口吻回答他说:本想下戒严令,但时间还不到,因为议会还没有开会。

议员们从市内的各处来到议会。他们前来并不是接到了议会的开会通知(大部分人没有接到通知),而是听到市内的传闻。在下午2点钟,会议终于开始。多数派的席位全满了,但在高处的山岳派席位没有一个人。议会的这部分席位的沉寂,比通常出现的喊叫还令人难忍。这表明讨论已经停止,内战已经开始。

---

① [至于我,我更喜欢他能有更英勇的表现。在我看来,他所有的缺欠在今天都成了长处。]:这段话在原稿中用笔圈起来,预定删掉

在3点钟的时候,迪福尔提议在巴黎实行戒严。只有卡芬雅克一个人支持。他像有时他讲话那样,作了简短的发言,而发言中表示的本来平庸而含混的思想,却达到其心灵的高度,甚至接近崇高。在这种环境中,他转瞬之间成了我在议会中见到的真正伟大的雄辩家:把其他发言人远远抛在后面。

他对着从讲坛上走下来的一位山岳派①喊叫说:"你们说我失去了权力。不对,我是自动放弃权力的。国民的意志没有改变,它就是命令,人人都要遵守。我补充一点,而且我也希望,共和主义的党能够对此作出公正判断:说我的行动遵守了共和主义的信念,是自动放弃权力的。你们说我是在恐怖之中生活的,而历史俱在,它会说话。但我想对你们说,即使你们没有使我产生恐怖的感情,你们也使我产生了痛恨你们的感情。你们还想叫我对你们说最后一句话吗?你们在革命之前都是共和主义者,而我,在共和政体建立之前没有为它出过力,也曾反对过它。我对此感到遗憾,但我后来忠心为它服务,而且我还管理过它。请你们注意,我没有为其他事情这样尽力过!请你们把这句话记录下来,作好速记,永久存于议会的记录里。你们和我们不都是这样吗?这就是要我们都很好地为共和国尽力。

"好了!我所痛恨的,正是你们非常不愿意尽力的。为了我国的幸福,我切望它不要遭到破坏的命运。但是,如果我们不得不遭到这种痛苦。我们就要责难这是由于你们的张狂和妄为。请你千万记住这一点。"

---

① 即皮埃尔·勒鲁。

在宣布实施戒严后不久,就传来叛乱已被镇压下去的消息。尚加尼埃耶总统率领一支骑兵部队,冲进并驱散了向议会走来的游行队伍。一些刚刚构筑起来的街垒,几乎没有进行抵抗就被破坏了。被围在作为自己的总部的国立工艺博物馆里的山岳派,或被逮捕或逃亡。我们掌握了巴黎。

这样的动乱也发生在其他一些城市,其程度虽然激烈,但没有一处成功。在里昂,激战了5个小时,但胜利终于属于政府军。我们巴黎的胜利者,也有点使一些省份不安,因为在整个法国,无论是建立秩序还是破坏秩序,都以巴黎是瞻。

6月的第二次叛乱就这样结束了。其激烈程度和持续时间都与第一次大不相同,但使其失败的原因却是一样的。在第一次时,主要是出于欲望而不是出于信念,参加造反的民众[1]是孤立战斗的,没有能够把他们的代表——议员请来领导他们。而这一次,是议员不能出面领导民众战斗。1848年6月,是军队缺乏指挥员;1849年6月,是指挥员缺少军队。

山岳派是一些奇怪的人物:他们喜欢吵架的性格和自傲,还表现在他们不该进行的活动当中。在报刊上进行宣传和亲自煽动人们积极参加内战,在以大量侮辱的语言攻击我们的人们当中,有一位孔西德朗。此人是傅立叶的门徒和后继者,写了一些空想的社会主义著作,在其他时代,他是微不足道的人物;而在我们这个时代,则是一位危险的人物。孔西德朗和赖德律-洛兰,设法从国立工艺博物馆逃了出来,去了比利时。我同他有过来往,他到布鲁塞

---

[1] 主要是出于愿望而不是出于思想观点参加造反的民众

尔时给我寄过一封信,其中写道:"亲爱的托克维尔(接着写了他求我办的事,随后他又写道)……如果需要我个人为您服务时,请随时示教。从现在开始,我可以有两三个月的时间来为您服务;随后,我估计最长还有6个月的空闲时间。当然,您完全有能力自己处理或迟或早一定会遇到的这些或那些问题。但是,我们不谈政治问题,尊重奥迪隆·巴罗本人发布的非常合法和非常正当的戒严令。"我对此复信说:"亲爱的孔西德朗,您委托的事情我将照办,我不想利用您的那种小小的服务[1]。但是,我现在不难确信,那些被你们称为部长的自由的、可恶的压迫者们,并不急于使他们的敌对者们相信,他们不把敌对者绳之以法后就使敌对者得到公正的安排。不管怎么说,这证明正义仍在我们方面。如果我们与敌对者调换一下位置,我能够像现在这样行动吗?我这不是对您说的,而是对您的那些我可以指出姓名来的政治友人说的。我相信情况一定相反,而且我要向您郑重声明,一旦他们掌握了政权,并且只要把我的脑袋留了下来,我就感恩戴德了,并准备声明他们的道德超过了我的期望。"

---

[1] 那种也很简单的事情

第 三 章
国内政治——内阁的内部纷争——内阁面对多数派和总统困难重重

我们胜利了,但我们真正的困难也即将出现,我对此已有准备。而且,我一直相信如下的箴言:在重大的胜利之后,一般会出现巨大的破灭性危机。在危难时期,我们所反对的是我们的敌对者,但在胜利之后,我们要开始反对自己,即反对自己的优柔寡断、自己的自高自大、自己在胜利后产生的苟且偷安。人们一般很难战胜这些东西。

我并不认为我们已经处于这种最后的危难之中,因为我不认为我们已经完全克服了主要障碍,而且知道它们就存在于与我们一起领导政府的人们当中。把山岳派迅速而完全击败,并没有保证我们摆脱他们的恶意,反而立即被这种恶意所影响。如果不是这样不够彻底地打败他们,我们可能会更强大。

多数派当时主要由3个党派组成(总统派人数还不多,而且名声不太好,不足以在议会中形成气候)。和我一样真诚希望建立稳健的共和政体的人,有60人到80人,他们是我们在这个庞大的议会中唯一的强大支点。多数派的其余成员,是正统派和七月王朝的老朋友与支持者,前者约有160人,后者大部分是统治了特别是榨取了法国18年的中产阶级的代表。我立即感到,这两派中最容易支持我们事业的,是王朝正统派。王朝正统派在前届政府中被排除在政权之外,所以他们既无地位又无本钱去恢复昔日的权势,但也不遗憾。他们大部分是大土地所有者,并不像资产阶级那样需要去任公职,或者至少没有养成资产阶级那种爱过舒适生活的习惯。尽管他们在原则上比其他人更反对共和政体,但他们却比大部分人更能适应共和政府的长期存在,因为共和政体打倒了他们的七月王朝,向他们开放了走向政权的道路,一并满足了他们的野心和复仇心,而只是使他们感到确实存在的是很严重的恐怖活动。构成多数派主体的昔日保守派,想尽快摆脱共和政体,但因为他们对共和政体的疯狂憎恨,被他们对恐怖的惧怕所强力抑制,而且他们长期以来养成了跟着政权当局走的习惯,所以我们容易使他们让他们的领袖支持我们或只保持中立。众所周知,他们当时的主要领袖是梯也尔先生和莫莱先生。

在意识到这样的形势之后,我认为要使一切次要的目标服从主要目标。而主要的目标是:防止共和政体被颠覆,特别是防止出现路易·拿破仑的杂种王朝,这在当时是迫在眉睫的危险。

我首先想到的是,我不要犯我们的友人所犯的错误,因为我经常记着我们诺曼底人的那句古老格言的深刻意义。这句格言是:"主啊!保佑我不被朋友陷害,我就能保护自己不被敌人侵害。"

在国民议会中,我们的支持者的首领是拉莫里西埃将军。我曾经十分担心他的性格急躁、轻率冒失,特别是无为而自若。我知道他是那种希望把事办好而不想把事办坏的人,但他又喜欢与其什么也不办不如办点什么为好,而办坏了就自认倒霉。我想派他去一个远方大国出任大使。这个大国就是已经主动地承认我们共和国的俄国。他适于去恢复我们在上届政府时几乎中断了的与俄国的外交关系。我把选任的目光投向拉莫里西埃,叫他担起这个特殊而又重大的任务。他也是最能胜任这项必须由一位将军,而且是出名的将军去完成的工作的人选。我费了很大力气让政府派他出使,但最大的困难是说服共和国总统。总统首先表示反对,当时他不是以直率的语言[1],而是转弯抹角地对我说(他从不以语言表达他的思想,而有时是故意隐瞒思想),他希望在大国的宫廷里有他合意的大使。但这不是他的事情,因为大使要由我来领导,我只要求大使能合法国的意。我坚持自己的意见,但我又怕是不是会遭到法卢的抵制,因为在当时的内阁里,他是受到总统信任的人。我不知道什么原因,法卢同意了。于是,拉莫里西埃出发了。我在很久以前,就对他说过要派他出使俄国。

他出发后,我的朋友们的行动使我安下心来,于是想到必须获得我们的必要同盟者,或者与他们保持良好关系。① 在这里,我的任务在所有方面都是困难的,因为我除了要做好本部的工作以外,没有内阁的同意[2],我什么也办不成。在内阁中,有一些人是难得的最诚实的人,但他们在政治上保守和无知,以致我有时不得不遗憾地同知识的懒汉打交道。

至于王朝正统派,我认为应当让他们对国民教育的管理发生

---

[1] 以纯真的直率语言
① 栏外旁注:在这里,或许可以加一段前言,以说明我们的次要目的。
[2] 没有内阁其他部长的同意

第三章 国内政治——内阁……和总统困难重重

重大影响。我承认这样做要付出很大的代价①，但只有如此才能使他们感到满意，而反过来，在我们要抑制总统和阻止他推翻宪法的时候，会得到他们的支持。这个确保王朝正统派支持我们的计划，后来实行了。我们让法卢在他的部自由活动，内阁承认了他向议会提出的关于国民教育的计划。这个计划后来成了（1850 年 3 月 15 日的）②法案。我还竭尽全力劝告我的同僚，要同王朝正统派的主要人物在个人方面保持良好关系。我自己首先这样做了，同僚中原来就与王朝正统派有良好关系的人，也立即这样做了。最后我成了我们与他们之间的唯一中间人。

的确，我的出身和成长环境，使我比其他人更容易做到这一点，因为法国的贵族虽然已经不是一个阶级，但他们仍像一种共济会组织。这个组织的所有成员尽管个人观点不同，甚至互相敌对，但通过我不知道的某种看不见的纽带而能够相互理解。③

因此，尽管我在入阁前比任何人都反对法卢，但我入阁后便主动与他成为朋友。而且，他是值得我们设法利用的人[1]。我不知道在我的政治生涯中是不是还会遇到这种极为罕见的人。他在党派活动中，同时具有两件最必要的东西。第一，是具有不断地向既

---

① ［这个党派会造成许多麻烦］：这句话在原稿中用笔圈起来，预定删掉。
② 在原稿中，日期是空白的。
③ ［这些成员之间仍然存在的联系纽带是看不见的。但非常紧密，以致我发现同这些在利害关系和观点方向与我们完全不同的绅士达成协议，比同与我们的观点一致而利害关系又相似的资产阶级达成协议要容易百倍。在第一种场合，我与他们虽然意见有分歧，但我至少能够说我要说的话，并从本能上知道可以说什么和应当说什么。］：这段话在原稿中用笔圈起来，预定删掉。

［1］ 蒙骗的人

定的目标前进,不因遇到挫折或危险而改变方向的狂热的信心;第二,是具有可以广泛适用的和巧妙地实现唯一的计划[1]的既有韧性又有力度的毫不迟疑的精神。在这种条件下,他的诚实[2]正如他自己所说的,不只是考虑事业,而且不忘个人利益;但总的说来,他非常虚伪,具有非同一般的欺骗性,不过很有效果,因为他在把真伪暂时混进自己的信念之后,就为自己的利益而把真伪塞进他人的信念之中了。这种诚实的唯一秘密,就是能使谎言具有真实的外貌,把他领导的人或与他交往的人引入歧途。

我尽了一些努力,但始终未能使法卢和迪福尔之间建立起我所指望的良好关系,甚至未能建立起适当的关系。不错,两个人的长处和短处是完全相反的:迪福尔的长处正是法卢的短处,或者相反。在心灵深处仍保持真正的西方资产阶级特点的迪福尔,敌视贵族和神职人员,对法卢的处事原则和圆滑的处事方式完全不能将就,而我对此则有点赞赏。但是,我通过多方努力,终于使迪福尔理解不要在法卢主管的部的工作方面找他的麻烦;至于内政部方面的工作,无论如何要他允许法卢发生些微的影响(在可以允许的范围内和必要的范围内),但他却不愿接受我的意见。法卢在他控制的地盘安茹地区,有一个他认为本应当起诉制裁的省长,但他并没有要求撤他的职,甚至没有阻止他被提升,而只主张把他调到其他地方。他认为不把此人调走,这个人的地位就很危险,而且曼恩-卢瓦尔省选出的大多数议员,也要求把他调走。可惜这位省长

---

[1] 图谋
[2] 真诚

是共和政体的铁杆支持者,这一点就足以使迪福尔感到不安,同时也让他相信,法卢的唯一目的是把他拉进纠纷之中,利用他来打击他至今一直想要打击而未敢打击的共和派省长。这位省长拒绝调转,法卢坚持己见,迪福尔态度强硬。看到法卢急得在迪福尔的周围乱转,到处求情和呼吁,但又找不到进入迪福尔心灵深处的大门,真是一件大快人心的好事。

迪福尔最初是听任法卢去折腾,后来是连看都不看他一眼,或者以晦暗的斜视目光看他一眼[1],只是简单地回答他说:"我很想知道您为什么不利用您的朋友富谢身为内政部长的机会使您的那位省长摆脱困境。"尽管我认为法卢性格暴躁,但他忍耐住了。他来见我,向我倾诉他的苦衷,从他抱怨的口气中我看出他非常痛苦的心情。后来,我在他们之间进行调解工作。我设法叫迪福尔理解,法卢的这种请求是对一位同僚提出的,不能予以拒绝,至少不要同他搞坏关系。于是,我在一个月期间每天都在二人之间进行调解,而为此所用的精力和策略,比在这个期间我为处理欧洲的一些大事所用的还多。这件无聊的小事,有几次竟要使内阁垮台。迪福尔终于让步,但只是一种谁也不会感谢的拙劣恩赐,即不管法卢满意不满意,把他的那位省长调到别处去①。

但在我们的工作中最困难的部分,是像我已经说过的,怎么对付构成多数派主体的旧保守派。

---

[1] 不看他一眼,或者以一种责怪的斜视目光扫他一眼

① 这位昂热省省长叫博尔第戎,1849年调到格列诺布尔,不久后被撤职。法在他的《一个保王党人的回忆录》(共2卷,巴黎,1888)中提出一个与此略有不同的法(第1卷第1章,第499页)。

旧保守派既有共同的观点来使人们承认他们的优势,又有众多个人的激情来满足自己的要求。他们希望政府建立起强而有力的秩序。在这一点上,我们同他们的立场一样,也同他们一样想建立起这样的秩序,而且要做到他们所能想到的那样,甚至超过他们所想到的。我们对里昂及其邻近的省份实行了戒严。根据戒严令查封了巴黎的6家革命报刊,解散了在6月13日态度暧昧的巴黎国民自卫军的3个军团,将7名国会议员作为现行犯逮捕,对其他30名国会议员进行谴责。在整个法国,都采取了同样的措施,政府向各级机关发出通告,明确指出现在的政府能够遵守法律,也愿意大家在法律面前一律平等。

迪福尔在实施这些各式各样的措施时,屡屡遭到残存于议会中的山岳派的攻击;而他则以勇敢的、有力的、挖苦的雄辩语言回击,而且所用语言十分巧妙,摆出背水一战的架式。

保守派不仅想进行严厉的统治,而且试图利用胜利的机会制定镇压法和预防法。我们虽然认为有必要走这条道路,但又不想随着他们走得太远。

至于我,我的看法是:在这方面对国民的恐惧心理和合情合理的怨气给予重大的让步是贤明的和必要的;而在如此激烈的革命之后可以拯救自由的唯一办法,是暂时限制自由的范围。我的同僚们也认为应当如此。于是,我们先后提出制定3个法律的议案:第一,禁止俱乐部法;第二,王政时期都没有实施过的严格打击出格的报刊的新闻管理法;第三,使戒严状态正规化的戒严法。有人抗议说:"你们制定的是军事独裁法!"迪福尔回答说:"对!是独裁,但这是议会的独裁。它虽然没有顾及一个自救的社会而享有的不受时效限制的权利,但它丝毫没有可能占有优势的个人权利。无论是王朝的政府,还是共和制的政府,都绝对需要如此。这种必要性是谁制造出来的呢？是谁给我们带来了这种忍受18个月的激烈动乱、接连不断的阴谋、可怕的叛乱的痛苦经历的呢？不错,你们说得对,确实是在以自由的名义进行的这种革命以后出现了使我们又把自由破坏,并把可怕的武器交给当局的可悲局面！但是,犯了错误的不是你们又是谁呢？谁最支持共和制政府？是支持叛乱的人,还是一心要镇压叛乱的人呢？"

这些措施、法律和语言,曾使保守派感到高兴,但没有使他们满意。老实说,要想使他们满意,只有破坏共和政府而别无他途。尽管他们的谨慎和理性在抑制他们的行动,但他们的本能却一直把他们推向破坏共和政府的道路上去。

但是,他们特别需要的是,把他们的敌人所占的职位夺过来,并尽快转给他们的支持者或亲近者。我们又在这里看到导致七月王朝崩溃的所有激情。二月革命没有消除这些激情,而只是使它们稍稍得到满足。这是我们的巨大的和长期存在的危险。在这方面,我认为我们还可以作一些让步。但在公职人员之中,还有很多趁革命之机钻进政府的能力不强或腐化堕落的共和主义者。如何处理这批人,我的意见是立即清洗他们,而不要等到人们要求解除他们的职务。其方法是叫人们相信我们的决心,使忠实和有能力的所有共和主义者有权保卫自己。但我未能说服迪福尔去这样做①。我一再对他说:"我们打算怎样去做呢？同这些共和主义者在一起能拯救共和政体吗？不能,因为这些徒有其名的共和主义者大部分存心利用共和政体消灭我们,而值得称为共和主义者的人,在议会中也不超过100人。我们是在同一些并不爱共和政体的人一起拯救共和政体。因此,我们只能依靠妥协来治理国家:惟独对特别重大的问题绝不让步。这样一来,一切就逐渐上了轨道。现在,维护共和政体的最好的、也许是唯一的保障,就是我们要保住政权。于是,要用一切光荣的手段来使我们保住政权。"他对此回答说:这种斗争就像他每天大力反对社会主义和无政府主义那样,在斗争中要使多数派感到满意,这就像只影响人们的观点而不触动他们的虚荣心和个人利益总能使人们感到满意一样。他在拒绝我的一切建议时还表现得十分礼貌,但他的拒绝形式比他的拒绝内容还令人感到不快。我从来没有想到会有他这样的人:能在讲坛上高谈阔论,善于选择论据和使人高兴的语言,确实总能在让人高兴地接受他的想法时保持一定的说话分寸,在同他人交谈时又显得十分拘谨、沉静和笨拙。

与其说他是理智充沛的人,不如说他是才华横溢的人,因为他并没有真正意义上的理智,但并不是说他没有人们通常所说的理

---

① [他曾担任卡芬雅克内阁的内政部长。有几个必须被免职的工作人员又被他录用或至少保留了原职。他的虚荣心使他保护了这些人,而这些人的诽谤者使他产生疑心,又足以使他下决心抵制这些诽谤者的叫骂,他也抵制了这些叫骂。他不久就使自己成了他们这些人攻击的目标,他们不敢在讲坛上同他斗,因为在讲坛上他是辩论的高手。但他们背地里在走廊的阴暗角落不断攻击他。而我不久也发现,一场攻击他的暴风雨即将来临。]:这段话在原稿中用笔圈起来,预定删掉。

第三章　国内政治——内阁……和总统困难重重

智。他青年时期勤奋努力，思想内向，几乎有点孤僻。他在40岁时才结婚。这桩婚姻给他的孤僻带来新的形式。于是，他留在家里，不再孤独生活〔1〕，但也时常离开家里。不错，政治当时对他没有一点吸引力。他不仅同各种阴谋活动离得远远的，而且不与政党接触。他厌恶议会活动，害怕议会的讲坛，但只有这个讲坛才能使他拥有力量。他有自己的野心，但这个野心能被控制，而且平平凡凡。他认为与其说是管理政治，不如说是控制政治。①〔2〕他任部长时的待人方式，有时令人十分吃惊。有一天，卡斯特拉内将军②（不错，此人很狂妄，但值得信赖）要求同他会见。被会见的将军冗长地叙述了自己的希望和自认为应当做的分内事情。迪福尔也长时间地、仔细地倾听了他的叙述。然后，他站起来，一句话也没有回答，恭恭敬敬地把将军送到门口，使将军站在那里感到十分难堪。我对他的这种做法提出了批评，他回答说："我不能对他说使他不愉快的事情，可使他高兴的事情又没有！"可以想象，遇到这样的人谁都要大发雷霆。

---

〔1〕　独身生活
①　栏外旁注：这一段太长了，准备对这一段的后半部分另行处理。
〔2〕　异文：他年青时期勤奋努力，思想内向，几乎有点孤僻。尽管他后来学到如何理解群众的理智。但仍然是孤僻的、拘板的，总是以怀疑的眼光看人。[他参加政治活动后，稍微改变了他的习惯。他不仅同各种阴谋活动离得远远的，而且不与政党接触。他勤于工作，但不愿意与人往来。他厌恶议会活动，害怕议会的讲坛，但这个讲坛是他发挥作用的唯一地方。他有自己的野心，但能被控制而且平平凡凡。他认为与其说是管理政治，不如说是控制政治。他40岁时，与一位长相并不漂亮但他喜欢的女人结婚（我认为这是他第一次接触女人），这个女人是值得他敬重和爱恋的。这桩婚姻只是给他的孤僻带来新的形式。于是，他留在家里，不再孤独生活，但也时常离开家里。]带方括号部分被圈起来，预定删掉。
②　维克多·卡斯特拉内伯爵（1788—1862），复辟时期为旅长，七月王朝时期为少将和贵族，第二帝国时期为法国元帅和贵族院议员。

遗憾的是,这种事情也发生在很粗野的办公室主任身上①,而且比迪福尔做得更粗野,更愚蠢。比如说,当一些请愿者忐忑不安地由部长办公室转到秘书长的办公室,想得到一点儿鼓励时,又遇到同样的很不客气的粗暴接待。他们就像刚越过一道绿篱之后就跌进荆棘丛中。尽管有这些缺点,只要他在讲坛上怒斥山岳派,就能得到保守派的支持,但保守派的领袖们从来对他没有好感。

　　正像我明确地预见的,保守派虽不想让政府独立,但又想让政府由某个政党单独主持②。我认为,从6月13日至关于罗马问题的最后讨论,即在内阁存在整个期间,保守派没有一天不给我们制造麻烦。不错,他们从来不在议会的讲坛上攻击我们。但是,他们不断地秘密地鼓励多数派反对我们,非难我们的选择,批判我们的举措,恶意地曲解我们的发言,但又不想彻底推翻我们,而是使我们处于没有支点,一有机会打我们,我们就得倒下的状态。这样一来,迪福尔的信心不就总是不牢固了嘛。多数派的领袖们总想利用我们采用严格的措施,实施镇压性法律,以使我们的政府适于将来接替我们的人,而我们的共和主义观点这时就使我们比保守派更适于此。他们的计划很清楚,那就是随后把我们排除在外,让他们的代理人接管政府。他们不仅不想让我们在议会中发生影响,而且不断地设法妨碍我们影响总统的思想。他们还幻想叫路易·拿破仑心甘情愿地接受他们作为他的监护人〔1〕。于是,他们不断地纠

---

　　① 1848年7月1日,欧仁·布里索·瓦尔维尔出任办公室主任。
　　② [但是,他们对于不是他们推举的和拒绝作他们的工具的部长们的工作表示不满。]:这段话在原稿中用笔圈起来,预定删掉。
　〔1〕 最好只请他们做他的监护人

缠路易·拿破仑,而我们通过我们的官员也获悉,他们中的大部分人,特别是梯也尔先生和莫莱先生,不断地亲自去见路易·拿破仑,促使他并经他的同意,共同努力为了共同的利益而推翻共和国①。从6月13日开始,我每天都始终保持戒备状态,心惊肉跳,害怕他们利用我们的胜利把路易·拿破仑推上某种暴力夺权的道路;然后,像我对巴罗说的,某一天帝制就将从他的脚下冒出来②。我由此知道,我们的担心比我们本身想象的还要有根据。我退出内阁以后,从确切的情报来源获悉,1849年7月有过总统与议会合谋搞武力改变宪法的阴谋活动。多数派的领袖和路易·拿破仑准备联合搞奇袭,要不是贝里耶害怕上当受骗,或不敢采取行动,而像他通常所说的那样,拒绝援助路易·拿破仑,也不让他的党予以援助,奇袭就将发生了。他们并没有放弃举事,而是把它推迟了。于是,当我现在写这段往事时,即在我说的往事发生后仅仅两年,想起这些人中的大部分人一想起他们看到人民也完全像他们当年向路易·拿破仑建议的那样、为他而破坏宪法就气愤的时候,我觉得很难找到比这项明显的实例,说明人们没有节操,大言不惭地说自己如何爱国和主张权利的那种含有个人的小小激情的豪言壮语的虚伪性。

正如大家所看到的,我们并不是信赖总统而诬枉多数派。对于我们的共和国来说,路易·拿破仑是最大的而且是最持久的危险。

---

① [他们在责任内阁旁边成立一个秘密内阁。]:这句话在原稿中用笔圈起来,预定删掉。

② 栏外旁注:绝对有必要着重指出,我们的担心因总统需要钱而更加有根据了。在做梦都想弄钱的激情的驱动下,他走上冒险的道路,而且这种激情也使他喜欢过舒适而物质享受丰富的生活。他想充实他的挥金如土的奢侈生活。

我认为是这样。但是，在更深入地仔细观察他的时候，我对我们可以在他的心目中占有相当巩固的地位并不失望。事实上，我不久就发现，他虽然不断接近多数派领袖，采纳他们的意见，有时也照办，必要时同他们合谋，但又对他们的束缚感到难以容忍。他对接受他们的监护感到丢脸，一直偷偷地设法摆脱这种监护。这就向我们提供了同他接触和研究他的内心世界的可能性，但我们自己已经下定决心，在与多数派的大策士们接触时保持自己的独立性，坚持不让他们插手行政权。

同时，我并不认为即使我们部分地参与路易·拿破仑的谋划，我们就得放弃自己的主张。在想到这个特殊人物（不是说他的才能特殊，而是说能够促使他如此极端平庸的环境）的际遇时而使我心急的，是我认为他要想心情平静，就需要有某种精神食粮来培育他的心灵。对这样的一个人，在担任总统4年统治法国之后能安于过老百姓的平民生活，我深为怀疑。要他同意过那样的生活，那完全是做梦。在他任职期间，除非对他的野心表示能使他高兴，或至少使他满意的观点，让他不搞某些冒险的举措，也同样是非常困难的。我首先向他表示了使他高兴的观点。于是我对他说："我绝不会帮助你推翻共和政体，但我愿意努力使你在共和政体中确保重要的职位，而且我相信我的朋友们最终也会走上这条道路。宪法是可以修改的，关于禁止总统连选连任的第45条可以改变。我们自愿帮助你的目的就在于此。"后来，由于修改宪法的时机尚未到来，我便更进一步，让他把眼光放在未来，对他说：如果他能平稳地、贤明地、温和地统治法国，只想做法国的首席行政长官，而不做它的欺骗者和主人，尽管有第45条的规定，他也可以在人们几乎

第三章 国内政治——内阁……和总统困难重重

一致同意下于任期终了连选连任,而保王派在他的权力有限延长下也不会认为自己的期望破灭,共和派本身则会把它控制的政府看作是使人民习惯于共和政体和旁观共和政体的最好方式。我是真诚地向他说这件事的,因为我也对此深信不疑。我对他进行的劝告,实际上过去和现在我认为对国家和他本人都是有益的。他倾听了我的劝告,但没有对我的话作任何表示:这是他一贯的习惯。人们向他讲话,就像往井里投石头,只能听到石头落水的声音,而完全不知道石头以后如何。① 不管怎样,他似乎逐渐对我表示了好感。当然,在能与很好服务相容的一切条件下,我将作最大努力使他喜悦。当他偶尔向我建议任用一个有能力而且忠诚的人为外交官时,我会马上使该人出任。当他荐举的人能力不强,而要求的职位不太重要的时候,我一般也照办。但是,通常发生的情况是:一些对前途感到渺茫,因失望而曾投进他的党的无赖和坏蛋,也被他推荐上来,以表示他对这些人过去的帮助的感谢;或者,他总想推荐他所说的自己人出任重要的驻外大使。总之,他往往推荐一些阴谋家和骗子。因此,我每次见到他的时候,都向他解释一些不符合他的愿望的规则,说明一些阻止他行动的道德的或政治的理由。有时我甚至示意他,我甘愿辞职也不能照他的意见办事。在我发现他对我的拒绝没有提出任何独特的看法,没有有系统的反对想法时,我就不再提出要求或把问题放在以后解决。

---

① 〔但我认为,这不等于完全没有下文,因为我不久发现他有双重人格。第一个人格是他昔日的阴谋家、相信命运的梦想家的人格,认为命中注定他要成为法国的主人并因此再成为欧洲的主人。第二个人格是享乐主义的人格,这使他除了从容不迫地享受由现有的地位轻易得到的新的安乐生活之外,还不断梦想有朝一日高升。这两种人格在他身上轮流地交换,但每一次时间都不太长。〕:这段话在原稿中用笔圈起来,预定删掉。

因此,我没有使我的朋友们飞黄腾达。他们追求高官厚禄的热情高得无比,以各种要求不断地要挟我,而且态度十分恶劣,往往不顾礼貌,使我往往烦恼得要把他们从窗户丢出去,但我还是设法克制了自己。不过有一次,他们当中有一个确实该上绞刑架的坏蛋,态度蛮横地抗议说:路易·拿破仑公爵竟无权报答曾为他的事业受过苦的人,真是天大的怪事。我回答他说:"先生,共和国总统应当做的事情是丢掉恢复帝制的梦想,记住现在应为法国的政务服务,而不是为你们服务。"在远征罗马的问题上,正如以后我所说的,我一直坚决支持总统,直到他的政策有些过火和不合理,我仍在支持。因此,我得到他的好感。后来有一天,他向我极为明确地表明了他的好感。1848年末,在英国短期出任大使的博蒙,对当时作为总统候选人的路易·拿破仑发表了一些极具侮辱性的谈话。得知这些谈话的路易·拿破仑并没有因此激怒。我就任外交部长以后,曾多次试图使博蒙在总统的头脑里留下好印象,但我从来没有提议任用他担当某某职务——尽管他有能力,而且我也希望他出任。1849年9月初,驻维也纳大使出缺。这个位置,因为意大利和匈牙利问题,当时对我国的外交特别重要。总统亲自对我说:"我建议你让博蒙先生出任驻维也纳大使。我虽然对他很不满,但我知道他是你的好友,只根据这一点,我就可以作出决定。"[1]我高兴极了。谁也没有比博蒙更适合这个职位,于是,叫博蒙出任了驻维也纳大使。再也没有什么事情能比这更使我愉快的了。①

---

〔1〕 有必要说一说博蒙的逸事。他是我所说的急公好义的典型,也为我所作的叙述提供过证据。或许应当放弃这个主意

① 这里关于博蒙的段落在书报检查时被删去。

第三章 国内政治——内阁……和总统困难重重

我的所有同僚,都没有像我这样在不违背自己的意志和义务的范围内获得过总统的这种善待。

但是,迪福尔与人们对他的期待相反,在总统面前总是保持其固有的严肃态度。我认为,总统的简捷明快的作风,只能使总统对他感到五成的满意,而帕西好像喜欢使总统不愉快。我以为,帕西认为自己当部长是大材小用,因为他把自己称作冒险家。他成天故意与总统作对,曾反对他作为总统候选人,对待总统的朋友态度粗暴,以不加掩盖的轻视态度抨击总统的观点。可以说他在心里是瞧不起总统的。

总统最信赖的部长是法卢。我一直认为,法卢所以得到总统的信赖,是因为他给总统做了某种重大的事情,而我们当中的任何人都不会或不想为总统做这种事情。

从出身、教育、所属的社会来说,还可以从爱好来说,都是王朝正统主义的法卢,正如我已经指出的,好像完全是为了教会而生的。他并不认为他所信奉的正统主义能够胜利,只想通过我们的革命开辟出一条使天主教掌权的道路。只要他留在内阁一天,就会专心去搞这一工作。正如在内阁成立之初他对我说的,他们所忏悔的神甫告诉他,教会具有无上的权威。我认为法卢最初对路易·拿破仑拉他去为自己的目的服务一事上有错误的认识,以幸福的心情看着总统成为共和国的继承人和法国的主人,只想利用这个必然发生的事情为神职人员的利益服务。他使他的一派支持路易·拿破仑,只是不把自己交出去。

从我进入内阁到议会于8月13日休会,其间我们不管多数派领袖的意见如何而一直争取多数派支持我们。多数派使我们每天都在他们面前看到他们与敌人交锋,而他们的这些敌人对我们的疯狂进攻,便逐渐使他们对我们产生了同情。但在这期间,我们在总统的心目中却一点儿好感也没有得到。总统好像要我们支持他的主张,而我们却没有。

6个星期以后,事情发生了逆转。议员们被他们的朋友由地方轰了回来,因为这些地方上的人想把地方问题交给政府处理,而我们没有同意。相反,共和国总统却与我接近起来。他这样做的理由,我以后再讲。有人说我们这是在一方面有所失,而在另一方面有所得,得失相等。

因此,依靠两个方面的内阁,始终未能使两个方面调和,一直在两者之间摇摆,时而侧重这一方,时而偏向另一方。导致内阁倒台的,是罗马问题。

1849年10月1日议会刚一复会,就把罗马问题提了出来。这是第二次,也是最后一次提出这问题。①

---

① 法国军队进入罗马后,便着手回复罗马教廷的权力,但一开始便遇到困难。庇护九世不听人们一再向他提出的建议,不同意进行他在巴黎答应的自由主义改革。路易·拿破仑对于用法国部队去复辟意大利的反动政权的想法十分反感。这个对于担任外交部长的托克维尔来说十分重大而复杂的罗马问题,为路易·拿破仑接近议会中的保守派多数提供了机会。因此,路易·拿破仑也发现部长们不太顺从他的意志。最后,他要求内阁集体辞职。1849年10月31日,内阁向他提出辞呈。关于托克维尔与罗马问题,请参看:外交部图书馆的保守分子莫理斯·德格罗的《回忆录》中的《托克维尔及其与罗马问题》一节(1859—1959百年纪念丛书,巴黎,1960年);A. B. 迪夫和M. 德格罗的《外国人占领下的罗马和教廷国》中的《致加利耶上校的信》(1849年7月—1850年3月),巴黎,Imp. Nat. ,1950年;《托克维尔全集》第9卷中托克维尔与戈比诺的通信。关于内阁的倒台,可参看奥迪龙·巴罗的《遗著回忆录》第3卷。

第 四 章
外 交 问 题

至此，我一直没有中断对于我们内部的苦难的叙述，转而去讨论我们在外部遇到的、我比任何人都负有重任的外交难题。现在，我想换个方向，叙述这个问题中与我有关的部分[1]。

我初到外交部视事，看到外交事务的现况时，我对面临的困难之多和之大感到惊讶，但最使我不安的问题，是我本身的能力问题。

当然，我对做好工作很有信心。我在七月王朝的最后议会中的相当可悲的9年经历，大大增强我不爱政治的性格，尽管二月革命的经验使我得到的教训，稍稍加强我此次出任外长的信心，但在这样的时候接受如此的重任，还是很犹豫的。我是怀着很大的担心出任的。

不久以后，我就注意到一些表面上使我放心，而实际上使我完全不能放心的现象。我首先发现，一些事情根本不是十分困难的事情，但却经常变成非常重大的事情，后来这种事情经常出现，但实际情况根本不是如此。事情的复杂性并不与它的重要性同步。往往是表面上非常简单的事情，其结果却可能影响非常广泛和令

---

[1] 现在，我回过头来，叙述这个问题中与我有关的部分

人十分害怕。此外,凡是以自己的意志影响全体人民的人,手下总是有一批能够为他出主意,辅助他,替他承担一些日常事务的人。这些人是为了使他振作起来和保卫他而说的,在一些次要的工作和低层干部中见不到这种人的身影。最后,所要追求的目的崇高,也能使人振奋其全部精力:即使任务稍有困难也不怕,因为还有许多优秀的工作人员[1]。

　　在我面对小小的责任时,就感到气馁和不安而困惑[2]。摆在我面前的是重大责任时,我会感到心中平静,有一种奇妙的安定感。我从来不给自己的意志加热。当我感到事情非常重大时,我便立即全身投入,坚持到底。对失败的思想,我一直觉得难以容忍;而对我也参加的这出世界大戏的可悲前景,我并不局促不安。我的神情泰然,感到很自豪,而不是羞怯[3]。不久以后我就发现,在政治上,也像在其他大多数事情上一样,也许像在所有的事情上一样,印象的鲜明性并非来自产生印象的事实的重要性,而是来自事实的或大或小的重复频率。一个人在处理小事的时候,即使这件事只是他偶然负责处理的,他也要慌乱和激动;而他要遇见大事的时候,这件大事即使每天都发生,他也会泰然处之,因为这件事的出现频率太高,已使他对此事麻木了。我曾说过,因为我不同那些在任何方面都不值得我注意的人套近乎,使他们觉得我高傲而

---

　　[1] 能干的工作人员
　　[2] 就感到着急和混乱而困惑
　　[3] 我的精神的弱点不是羞怯而是自豪
　　我的精神的弱点是羞怯之心大大少于自豪心。[我害怕平凡甚于毁灭。]:括号内的一句被圈起来,预定删掉

第四章 外交问题

讨厌我,以致过去由此树立很多敌人。我十分担心,在我计划进行的重大工作中,还会遇到这样的暗礁。但我很快发现,傲慢在某些人身上是随着地位的上升而成正比地加重的,而我则完全不同,我在这样的条件下会更容易接近群众,甚至在我感到自己无比优秀时,也会在群众当中表现得更为殷勤近人。但在当了部长以后,我不再特意去找人支持,也不怕以冷漠的态度对待他们,而支持过部长的那些人却需要接近占有部长地位的人,以使自己可以相当容易使一些不重要的话具有重要意义。还由于当了部长,我在办事时不再单纯考虑那些蠢人的想法,而是考虑他们关心的事情。这些事情经常容易成为我们谈话的话题。

因此我发现,我应当担心的不是我不适于我拟完成的任务,而这个经验不仅使我敢于面对现在,而且对我今后的人生也起了鼓舞作用。如果有人问我你在如此混乱、障碍重重、短促得你刚开始一项工作就草草收场的外交部工作中有什么收获时,我会回答说我得到了巨大的收益,也许是世界上最大的收益,即我对自己有了信心。

在国外事务方面也同国内事务一样,我们的最大障碍主要不是来自外交问题方面的困难,而是来自同我一起办理外交问题的人。我一开始就发觉了这个问题。在王朝时代培养起来的我手下的外交官,大部分对他们现在服务的政府,在内心深处怀有极大的嫌恶感,而且以民主的和共和的法国的名义叫嚷恢复昔日的贵族政体,偷偷地努力在全欧重建君主专制政体。此外,不得不在二月革命带来的黑暗中生活的这些外交官,为了反对政府而与同法国政府斗争的蛊惑群众的党派携起手来。但他们绝大多数人的弱点是胆小怕事。我们的大部分驻外使节,害怕同驻在国的任何政治团体接触,甚至不敢向本国政府反映不久以后可能受到谴责的观点。他们以在报告中写上一大堆鸡毛蒜皮的小事(因为在外交当中,驻外人员喜欢在没有什么要写的时候,或在没有什么想说的时候,也要写报告)来掩盖自己的无所事事,把自己包装得好好的。他们既不在报告中反映他们对所报告的事件的观点,也不提出我们应当对此作出什么结论的意见。

我们大部分外交官身上确实存在的这种沾沾自喜的无所作为的恶习,只是他们的本性的天衣无缝的表现。我认识到这一点以后,多半任用新人来代替他们。

我本以为可以使多数派领袖放弃这种恶习,但没有成功,所以我只能同他们和睦相处,而且在不受他们的影响下力求使他们高兴。这是一项困难的工作,但我战胜了困难,因为我在内阁中虽然在政治上最反对他们,但又是唯一能够使他们接受的人。在不理睬他们的意见的同时满足他们的自尊心:这至少应当说是我的秘诀。

我在小事方面,也做到像在大事方面那样十分精心。我发现,满足人们的虚荣心,可以达成最有利的交易,因为你给对方一小点儿实惠,往往会使他在虚荣心的驱使下还给你最大的实惠。① 不错,为了有利地利用对方的虚荣心,就要把自己的虚荣心完全置之度外,而且只能使自己的计划成功。这是一种非常难的交易。我

---

① 〔由于他们的野心或贪欲,自然要发生一些不愉快的事情。〕:这段话在原稿中用笔圈起来,预定删掉。

在这种环境下做得还非常顺利,获得很大的收益。至今从事过外交工作,并自信有权制定法国的外交政策的,有3个人。他们是布罗伊先生、莫莱先生和梯也尔先生。对这3位先生我全尊重。我常请他们到我家做客,有时我也到他们那里去请教,不断地谦虚问这问那,请他们提出建议,但他们的建议几乎从来没有被我采纳。① 这自然要使这几位大人物非常不满。我更多的是叫他们喜欢我请教他们,但未必执行他们的建议。如果认为无法执行,我就不再请教他们。特别是对梯也尔先生,我的这种做法非常有效。为人谦逊,由衷地希望内阁持久,在25年的政治生涯中十分了解梯也尔先生的一切缺点的雷米萨,有一天对我说:"大家不太了解梯也尔先生,他的虚荣心比他的野心大得多。他要求人们对他的尊重甚于对他的服从,注重权力的外表甚于权力本身。你可以多多向他请教,然后他就会喜欢你。他最在意的是你对他的敬意,而不是你的行动。"我照他的提示做了,取得很大成功。我在担任外长期间有两个必须解决的大问题:一个是皮埃蒙特问题,另一个是土耳其问题。我采取的方针与梯也尔的想法完全不同,但我们一直把相当良好的友谊保持到最后。

至于总统,特别是在处理对外问题时,总是暴露出他对偶然的命运使他担负起来的重大使命还没有足够的执行能力。不久我就

---

① 栏外旁注:我在这里需要声明,希望大家知道我并没有有系统地请教他们,我只是采纳了一些我认为好的建议,但我以为有义务拒绝更多的在我看来是从党派利益出发或由懦弱的人提出的建议。例如,在1840年执行过蛮干政策,以后就只想按照自己的习惯执行政策的梯也尔先生,出于无限宽容精神对我说……(我去努力回想这句很能说明问题的话。)

发现,这位在一切行动上傲气十足的先生,还不善于采取什么措施来应付行将发生的事情。因此,我每天都要向他分析所有的外交文件,并当他的面作出处理的决定。至今,他只是依靠汇报了解世界上发生的事情,除了外交部长想叫他知道的事情以外,他什么也不知道。因此,在他的精神活动中,总是缺乏事实的坚实基础,而容易被他满怀的一切幻想所支配。

我有时发现他的想法空洞、虚幻、不够慎重和混乱,而大为吃惊。不错,当我向他说明事态的真实情况时[1],也容易使他理解事态将要造成的困难,因为他不善于争辩。他沉默不语,但这不表明他完全信服。他的一个梦想是:同德意志中的一个或两个国家结成同盟,以便在这个同盟的帮助下改写欧洲的地图,取消1815年条约给法国划定的国界。他看到我认为找不到这个或那个国家来缔结这样的同盟和无法达到这个目的后,便决定亲自出马与这样的国家的驻法大使进行试探。其中一个国家的大使,有一天来访,他兴致勃勃地对我说,贵国总统问我,如果以某种平等的条件与代价,你们是否同意让萨沃依归属法国。另一件事情是,总统想把他早已选好的一个人,作为特使派往德意志诸国去直接探听对方的意见。他选的是佩尔西尼①,令我给他签发委派书。我照办了,但我心里明白,这样的谈判不会有任何成就。我认为佩尔西尼负有双重任务:第一是在国内使权力的篡夺容易进行,第二是在国

---

[1] 在我向他说明事态的真实情况的细节时

① 维克多·菲亚兰·德·佩尔西尼(1808—1872),路易·拿破仑年轻时代的伙伴,1848年成为拿破仑派的最积极的成员之一。当选为立法议会的代表,曾暂时出使德意志(1849),1881年12月2日政变的组织者之一。

第四章 外交问题

外扩张领土。他先去了柏林,后去了维也纳。正像我料想的,他受到隆重的接待,参加欢迎宴会,然后空手而归。

我在谈论人物上用了过多的时间,现在回到外交问题上。

在我出任外交部长的时候,战火已在几个国家熄灭,但欧洲仍处在战火之中。

西西里战败被征服;那不勒斯人被人支配,如同奴隶;诺瓦拉战役开始不久,意大利人就失败了;获胜的奥地利人与夏尔-阿尔贝之子谈判,让其父退位由他担任皮埃蒙特的国王;奥军越过伦巴第边界,占领了教皇领地的一部分、帕尔马和普莱桑斯,还不请自来地进军托斯卡纳。当时的托斯卡纳大公在他的臣民的帮助下已经复辟,只是臣民的忠心和热情后来逐渐减弱。威尼斯没有被奥军骚扰。罗马在击退法军的第一次进攻之后,便向意大利的所有煽动家求援,在全欧掀起反法的怒潮。二月革命以后,德意志似乎没有更加分裂和混乱。统一德意志的梦想已经破灭,而德意志的旧体制的现实,也无法实现统一。① 一直试图建立这种统一的国民议会,由于议员人数越来越少,而不得不离开法兰克福到处游说,表现出一副无能为力和乞怜的样子。但是,国民议会的衰败并没有重建秩序,反而给无政府状态提供了自由的空间。

在德国,温和的革命家们,也可以称他们为天真的革命家们,自认为通过讨论和立法就可以和平地把德国的人民与诸侯置于统一的政府之下,而在他们遇到挫折和失望而退出政治舞台时,就让

---

① 栏外旁注:对于德意志的整体情况,我在法兰克福旅游期间自然作了仔细观察。

位给暴力的革命家们。主张暴力的革命家们总是确信,只有彻底推翻旧的各邦政府和完全废除旧的社会体制,才能实现德国的统一。结果,在议会的多次讨论之后,却出现了到处骚乱的局面。政治的对抗变成阶级之间的战争。穷人对富人的天然仇恨和嫉妒,在许多地方,特别是在中德意志的一些小邦,在莱茵河流域,成为社会主义理论的内容。在符腾堡,发生了叛乱。在萨克森,发生了可怕的造反,在普鲁士的帮助下才得以镇压下去。另几处造反扰乱了威斯特伐利亚。普法尔茨全境造反。在巴登,驱逐了大公,成立临时政府。但我在1个月前经过德国时就已预言,最后的胜利无疑是属于大公或国王们的。暴力行动本身加速了大公或国王们的胜利。一些大的大公或国王回到自己的首都,掌握了军队。他们还有尚待克服的困难,但已经没有危险。其中的某些大国,从极盛时期马上沦为二流国家,也并非不无可能。在也以暴力改变公共秩序时,就为暴力提供了干涉的动机、机会和权利。

普鲁士已经开始这种行动。普鲁士人以他们的武力镇压了萨克森的暴动,进入莱茵河的帕拉蒂纳,干预符腾堡,并且进犯巴登大公国。这样,他们就以其军队和影响控制了整个德意志。

奥地利虽然摆脱了威胁它生存的可怕危机,但它在这方面还有艰巨的工作要做。它在意大利获胜的军队,在匈牙利吃了败仗。

对自己的这个属国都无法控制的奥地利,遂向俄国去求援。沙皇在5月13日发表声明,告诉欧洲它要向匈牙利进军。

尼古拉皇帝至今自恃强大无比而静观形势。他自觉安然地,但并非漠不关心地观察着远方各国的动乱。而现在,他感到只有他能在大国政府中代表欧洲旧社会和欧洲权威的传统的古老原则。他不仅认为自己是它们的代表,而且自诩为它们的保护者。他的政治理论和宗教信仰,他的野心和逞强意识,也在推动他去担起这个角色。于是,他以通信鼓励或以荣誉嘉奖所有在欧洲的某个地方战胜过无政府状态或甚至自由的人们,好像这些人是他的臣民和为加强他的权力做过贡献似的,以此来建立他在欧洲的霸权,似乎要建立一个比此前的第一帝国还要广袤的第二帝国。因此,他给欧洲最南端的镇压了西西里人民造反的菲兰杰里①颁发一枚勋章,并亲笔写信表示他对这位将军的行动满意。这位皇帝站在他所具有的优越地位和可以安心观看欧洲发生的互斗事件的处境,可以自由作出自己的判断,然后不仅以某种轻视的态度静观他所注视的革命派的蠢行,而且能以此种态度静观他所支持的党派和君主的缺点与失策。他只根据情况表示这方面的意见,既不明确表态,也不精心隐瞒自己的意见。

1849年8月11日,拉莫里西埃在密电里给我写道:"沙皇在这天早晨对我说,将军,请你相信,贵国的王党派有可能联合激进派推翻不喜欢他们的王朝而使自己取而代之。我是相信有这种可能的。特别是贵国的正统王朝派没有不这样认为的。长期以来,我就认为,正是这些正统王朝派使得波旁王朝长期以来未能复兴。这是我承认贵国的共和政体的理由之一,而且也是我认为贵国的国民具有德国人所没有的良知的理由。"皇帝过了一会儿又向他说:"我的表兄弟,普鲁士国王,我与他虽有亲密的亲属关系,但他

---

① 夏尔·菲兰杰里(1786—1867),那不勒斯的将军,写过关于1848年和1849年西西里岛叛乱的著作。

一点也不听我的忠告。我们之间的政治关系十分冷漠,以致影响了我们的亲属关系。"

"请看他的行动不是在领导那些梦想要统一德国的狂人吗!在他与法兰克福的议会发生争吵的现在,他不是开始感到自己必须同他所扶植的石勒苏益格公国和荷尔斯泰因公国的军队开战吗?他能不想干这种最无耻的事情吗?现在,谁知道,他要把他的宪法草案引向何处呢?"这位皇帝又补充说:"请不要认为因为我在匈牙利的问题上进行了干预,我就想承认奥地利在这个问题上的行为是正当的。这个问题是由奥地利的一些最严重的错误和一些最大的蠢行日益积累而形成的,最后在一些颠覆学说的推动下使国家遭到入侵,奥地利政府落到秩序破坏者的手里。我不能对此置之不理。"在谈到意大利的问题时,这位皇帝说:"我们,还有希腊人,丝毫也不想利用传教士在罗马执行教皇的世俗权,不过我们也允许这些传教士去工作,只要他们能做一些工作,而你们能够建立起可以维持下去的权力即可。"拉莫里西埃被这种好像有点强制,又似乎是教皇在下令的轻松口气所刺伤,于是认为必须捍卫天主教的制度,以致这位皇帝最后说:"好了,好了!法国可以按自己的愿望去当天主教国家,但是要小心革新派[1]的肆无忌惮的理论和激情。"

在行使权力时严肃而坚定的沙皇,在日常生活方面简朴,差不多像个平民。他只保卫他的至上权力的实质,从不以此显示豪华和匮乏。7月17日,法国的驻圣彼得堡外交使者从华沙写信告诉

---

[1] 无政府主义者

我:"12日皇帝就来到这里。他是为了参加日前举行的皇后生日盛典,没有带一个随从,乘驿站马车(他自己的马车在离华沙大约240公里处坏了)突然来到的。他以非常快的速度,两天半就走完这段路程。他明天[1]就要离开这里。看到这位君主把12万大兵投入战场后,便像一个驿站信使风尘仆仆赶来及时参加妻子的生日庆典,使人不能不为他的朴素与权力的鲜明对照所感动。再没有什么东西比这更符合斯拉夫民族精神的了,由此可以说文明的基本要素就是家族精神。"

实际上,如果认为沙皇的无限权力只是建立在武力之上的,那是非常错误的。他的无限权力主要是建立在俄国人的意志和强烈的共同感情之上的,主权在民的原则应当是所有政府的基础,而不管它们叫什么名称;而在自由较少的制度下,这个原则只能暂时隐身。[2]俄国的贵族接受了欧洲的原则,特别是它的恶习;而俄国的人民并没有接触过我们西方的东西和使西方有了活力的新精神。他们不仅说皇帝为正统的君主,而且把皇帝视为神的使者,几乎就是神本身。

在我方才所描述的这个欧洲的中部,法国的处境是不利的和软弱的。法国的任何一次革命,都未能建立起正规而巩固的自由。一切旧的权力,正在革命所造成的废墟之上恢复起来,但不是[3]以它们被打倒时的形式,而是以与其非常相似的形式恢复的。我

---

[1] 21日
[2] 人们把这个原则当做政治制度的基础,或用它装饰政治制度,但它总是存在于某个地方
[3] 实际上不是

们未能帮助它们巩固起来,保证它们胜利,因为它们建立的制度令人讨厌,我不仅说二月革命建立的制度,而且说我们的新习俗中的最持久的和最顽强的观念的实质也令人讨厌。此外,它们躲避我们也是有理由的。因此,在欧洲重建普遍适用的秩序的重任没有由我们法国承担[1]。这项任务已由另一个国家担负起来。这个国家当然是俄国了。只把次要的任务留给了法国。让法国的革新派来领导这项工作,这在当时还是不可想象的,其原因有二:第一,同他们磋商和善意地指导他们的活动,是绝对不可能的,因为他们过于乖张而且没有真正的工作能力;第二,如果国外支持他们,他们在国内就要为所欲为。一鼓励他们的激情和学说,马上就要在法国点起战火,使革命问题在当时的所有问题中占据统治地位。①
于是,我们既不能与那些指责我们激励过他们但又背叛了他们国家的人们携手,又不能与那些非难我们曾经鼓励其人民造反的君主携手。我们由此陷入只能依靠英国人的那种空头的好意。这就像二月革命前的孤立状态一样,与最反对我们的欧洲大陆各国和最温和的英国都不互相来往。这也就不得不像当年那样每天拮据地生活,但这也难以办到。在某些方面于世界上保有过而且现在仍保持着那样伟大形象的法国国民,在看到这一现象后就起来反对时代给他们带来的困难。法国国民虽然不再高高在上,但仍然优秀;他们害怕行动,而愿意夸夸其谈;他们要求本国政府自强起

---

[1] 我们法国未能承担

① 〔而且,在这条道路上走下去,我们将被拖入一些道德原则的战争,为了避免征服,我们不得不腾出手来制服革命的狂暴。在两个极端的政党之间,既没有想要共同行动的伟大设想,又没有即时行动的伟大联盟。〕:这段话在原稿中用笔圈起来,预定删掉。

来，但不允许政府冒险去完成这一任务。

在这样的国家和这样的时代,外交部长的处境是最可怜的。①

---

① 下面的一长段,是托克维尔准备删去的,因为他写道,"这一大段,会破坏行文":

在对我所述的一切进行深思熟虑以后,我选定了两个行动准则。它们在我担任外长期间对我起了很大作用,而且我认为以后对负责指导我们现在的法国外交工作的人也将有很大作用。

第一个行动准则是:毫无保留地与国外的革命党断绝关系,因为我们不能采用黎塞留的那种在法国打击新教而在德国帮助新教复兴的政策。但同时他又决定不能随便否定法国大革命、自由、平等和宽恕的诸项原则,鼓励恢复秩序,不激励旧政权时期的激情,而且他认为这种激情是不可能消灭的,因为在法国,当人们都在为革命而战斗的时候,作为人民的精神风貌特点的自由风气是不会消失的。当然,法国的自由风气本身不会使法国将来被人征服,因为只有放肆才能使共和政府失去人心,而自由风气至少会对共和政体有用,直到它可能使人们害怕共和政体之前会使共和政体受到尊重。

第二个行动准则是:不做显然超出我们的能力的事,不做我们做不了的事,绝不逞强支持我们支持不了的事,绝不进行我们无力进行的威胁。一句话,保持好我们现在所能占据的地位,而不要指望将来。我们在世界中的现实地位不再让我们居于前排,但我们能够坚守在前排。在人们议论我们的地位时,我们也要不顾一切地坚持在前排。如果总统和议会认为我碍事,可以马上把我辞掉。我在初次接见外国大使时,我对他们说:"我不是职业外交家,我想向诸位说的,从头至尾都不离开主题。我知道,法国已不能再控制欧洲了,也不想预测欧洲未来会出现什么事件。因此,我们对欧洲没有任何企图。请大家记住,我们完全听任你们在我们国门以外的事务上自由行动,甚至不想在这方面有所作为以显示我们的重要性和我们要参加竞争。但对我们周围的邻国和与我们有直接关系的问题,我们有权施加不仅重大的而且具有决定性的影响。我们绝不参与欧洲的其他部分以及一些公国、波兰和匈牙利发生的问题。但在比利时、瑞士和皮埃蒙特,我警告你们不要进行任何与我们的意见不同并引起我们争执的活动。对于我们不仅根据有关的协定而且出于战争的需要而可行使我们的权力的国外土地,我们要冒一切风险加以保护。我不想掩盖,在这时候进行对外战争,对我们来说是非常困难的和十分危险的,而且会引起社会秩序大乱,使我们的财产和生活受到严重损失。但请你们注意,即使在我方才说的这种情况下,我们将要走上战争的道路。你们至少应当相信,如果总统和议会不让我像现在这样走下去,我将辞职。"

我对派往各国的我国外交官,总是以这样的话来叮嘱他们。

244　　这时，人们都以比内阁成立时还要不安的心情注视着法国。我们6月13日在巴黎快速取得的完全胜利，对整个欧洲发生了非常强大的影响。人们一般都在等待法国将要发生新的动乱。处于半解体状态的革命派只希望这种状态再现，并重整自身的力量以便能够利用这种动乱。取得一半胜利的欧洲各国政府，害怕突然受到这种危机的袭击，正为给予革命派以最后打击做准备。6月13日事件，在欧洲大陆的各地掀起苦恼和欢喜的呼声。这个事件突然决定了欧洲的命运，并从莱茵河的一侧加速了这一命运的发展。

　　已经控制普法尔茨和莱茵河流域的普鲁士军队，不久就开进巴登大公国，镇压了造反者，几个星期就占领了除拉施塔特以外的公国全境。①

245　　大公国的革命派逃亡到瑞士。当时，意大利和法国的革命派，实际上欧洲所有地方的革命派，都向瑞士逃亡，因为整个欧洲，除

---

　　① 这个注里的第二段，曾被托克维尔删去，并说"至少对于读者来说，或许应当删去"。但在第一版时，又被编者加了进来。

　　再也没有比这些革命家的行为更卑鄙的了。在暴乱开始的时候驱逐了或杀死了他们的长官的工兵，而见到普鲁士军队就逃跑了。带头闹事的人，不去指挥防卫战，只是互相指责和非难，并在掠夺公有财产和国家的钱财之后逃往瑞士去了。

　　在斗争进行期间，我们坚持不让暴乱者从法国得到任何援助的方针。他们当中有许多人渡过莱茵河，来到我国避难，但我们把他们解除武装监禁起来。正像可以不难预想的那样，胜利者马上实行了胜利后的暴行。被抓进监狱里的人大多数被处死，一切自由被无限期地禁止，刚刚重建的政府也被置于严格的监护之下。我不久发现，法国驻大公国的代表不仅不去制止这种暴行，而且认为那里发生的事情是好事。我立即致函对他说："先生，我听说有许多人被军队处死，还有许多人被宣判死刑，我不理解这些事情为何没有引起你的注意，你为何不设法阻止，即使没有接到我的指示，你也可以加以阻止。我们应当在尽力不参与斗争的范围内协助平息暴乱。我们尤其希望，有我们协助的胜利，不要被法国一向谴责的和总是认为恶劣的、不策略的强暴行为所玷辱。

第四章 外交问题

了俄国,都经历了革命,或仍处于革命之中。逃亡者的人数很快就达到1万或1万2千人。这是一支随时准备再逃到瑞士邻国的大军。所有邻国的政府都慌张起来。

早就对瑞士联邦表示不满的奥地利,特别是普鲁士,还有在这件事情上与瑞士联邦毫无关系的俄国,都声称要派兵入侵瑞士的国土,还以受到革命威胁的各国政府的名义要派警察去瑞士。这是我们无法容忍的。

我首先试图向瑞士讲清道理,说服它不要对威胁视而不见,而要以当然的权利,把威胁邻国安全的主要煽动分子驱逐出自己的国境。我反复向瑞士联邦驻巴黎的代表陈述:"你可以事先准备应向他们提出的正当要求,而如果各国宫廷提出不正当的或过分的要求,你可以指望法国来保卫你们。我们宁愿冒战争的风险,也不叫你们受他们的压迫和侮辱。但是,如果你们首先还不理解自己的处境,只想依靠你们自己,你们就自己独自去抵抗欧洲吧!"我的这些话收效不大,因为瑞士人的自尊心和自负心是无比强大的。这个国家的农民没有一个不坚信自己的国家能够顶住世界上的一

有一个我们十分关心,而你或许不像我们这样关心的问题。我想说的是,关于大公国的政治制度问题。请不要忘记,共和国政府的目的是帮助这个国家清除无政府状态,但又不助长它破坏自由。我们绝不能帮助它恢复违反自由的制度。立宪君主国需要我们在法国的周围建立或维持一批自由国家。共和政体更需要我们负起这项责任。政府要求在那里的每个外交官,必须忠实地按照我们的紧急需要与政府保持步调一致。请去晋见大公,让他理解法国的想法。绝不允许在邻近我们的边界建立一个由普鲁士控制的州,也不允许以一个专制独裁的政府去代替独立的立宪的君主国。"

不久以后,停止了屠杀和处决。大公声称他接受和决心维护立宪体制。这时,凡能做到的一切都做到了。[因为统治都是以他的名义进行的。普鲁士人成了真正的主人。]:括号内的文字被圈起来,预定删掉。

切君主和一切民族。我当时采取了另一种办法,它使我得到更好的效果。我采取的办法是,劝告收留了很多逃亡者的外国政府暂时不对逃往瑞士的所有逃亡者实施大赦,不准许犯了罪的所有逃亡者回到祖国。而在我们方面,则封锁了国境,不让逃亡者到瑞士后又想通过法国去英国和美国,其中包括没有作恶的逃亡者和所有的煽动分子。因为所有的通道都被严密封锁,所以这些最活跃的,至少对欧洲来说一般是最活跃的1万或1万2千名危险分子,都留在了瑞士。要养活他们,使他们有住处,甚至还得给他们钱花,因为他们得不到国内的接济。这使瑞士人立即感到庇护权给他们带来了麻烦。瑞士人想尽一切办法使逃亡者中的著名领袖人物无限期地居留下来,以免这些人给邻国造成危险,但革命者的军队实在不好处理。瑞士的一些最激进的州首先大声疾呼,要求尽快把这些造成麻烦而又费钱养活的客人驱逐出境。但是,由于不事先驱逐在瑞士待得好好的革命领袖,外国政府就不可能同意为可以和愿意离开瑞士的大批没有作恶的逃亡者开放国境,而最后只好把革命领袖驱逐出境。为使这些人主要依靠自己的力量去往欧洲各地,瑞士人采取了让这些人自愿离开瑞士的办法,以减轻面临的困难和少花点钱。人们对瑞士人的民主的特点没有很好理解,它对外交问题往往持有非常模糊和非常错误的看法①,只用国内的理由去解决国外的问题。

在瑞士出现这些情况时,德国的整个局势也在发生变化。在

---

① [往往不了解对手的甚至自己的真实状况。]:这句话在原稿中用笔圈起来,预定删掉。

各国人民反对政府的斗争之后,接着出现各国之间的君主的斗争。我以十分重视的态度和深表困惑的精神观察着革命的新局面。

德国的革命不是像欧洲其余国家那样以一个简单的原因发生的。它既来因于时代的一般精神,又来因于德国自己的统一理想。在目前这个阶段,革命的鼓动宣传虽然失败了,但德国的统一理想并没有被放弃,鼓舞这一理想的需求、回忆和激情仍然存在。普鲁士国王把这一理想视为自己的专利,用它为自己服务。这位只有雄才而无大略的君主,一年来一直在对革命的恐惧和想利用革命的渴望之间游移不定。他竭尽全力和鼓足勇气同时代的自由的和民主的思想斗争;但他支持德国统一的思想,就像一个思想混乱的赌徒要孤注一掷,如果他敢于[1]实现他的愿望,他就要用他的王位和生命去冒险。为什么?因为他要粉碎现存的制度和君主(诸侯)的利益对建立中央政权必然进行的反抗,就得求援于人民的革命激情,而腓特烈·威廉如果得以利用人民,他本人不久就将被人民打倒。

只要法兰克福议会保持其权威和权力,普鲁士国王就要慎重对待它,并尽力利用它使自己成为新的帝国的首领。而当法兰克福议会的信用扫地和无能为力的时候,普鲁士国王便改变态度,但他统一德国的企图未变。他试图成为这个议会的继承人,战胜革命而实现德国统一的梦想,并利用德国的民主主义者来动摇所有君主(诸侯)的地位。为此,他邀请德国各邦的君主,同他们探讨建立一个比1815年的联邦更紧密的新的联邦,以他为中心组成联邦政府。作为回报,他要帮助这些君主在本国重建或加强自己的权

---

[1] 如果他曾经敢于

力。这些厌恶普鲁士但又害怕革命的君主,大部分接受了普鲁士向他们提出的这笔有利可图的交易。奥地利认为这笔交易如果成功自己将被普鲁士吞并,便只有提出抗议而没有更好的反对办法。德意志中部的两个主要的君主国:巴伐利亚和符腾堡学习奥地利的做法,但德意志的中央部分和北部则加入了这个短命的联邦。联邦成立于1849年5月26日,史称"三王同盟"。

于是,普鲁士一举统治了由梅梅尔到巴塞尔的广大地区,转瞬之间将2 600万或2 700万德意志人置于自己的统治之下。这一切都发生在我出任外交部长以后不久。

我承认,看到这奇异的现象,起初我思想上掠过一种奇怪的想法,并马上确信,总统在对外政策上并不像我最初以为的那么愚蠢。这个本想长期压抑我国的德国北部的宫廷同盟,后来破裂了。大陆上的两个最大王国:普鲁士和奥地利总是争吵,几乎处于战争状态。难道我们要结成一个60年来没有实现的亲密而友好的同盟关系,从而或许能够部分补偿1815年的损失的时机还没有来到吗?但法国想在不被英国反对的条件下帮助腓特烈·威廉实现其野心,从而可以参与瓜分欧洲,这将引起一场可以导致重新划分领土的大危机。

时代好像已为酝酿这种思想做好了准备,以致这种思想已经充满德意志的几位君主本人的头脑。几个强大的君主,只想以牺牲邻国的办法来改变国界和扩大权力。人民所患的革命病,也好像感染了政府。巴伐利亚的首相冯·普弗尔滕先生[①]对我国的大

---

① 冯·普弗尔滕(1811—1880),巴伐利亚内阁首相兼外交大臣。

第四章 外交问题

使说:"没有可以由38个国家组成的联邦。必须使许多国家降为附属国。例如,在像巴登大公国这样的国家里,不使其中几个力量相当强大的君主各自独立,并隶属于它,怎样有望重建秩序呢?"他接着说:"如果这样,内卡河流域就自然属于他们了。"①

至于我,历来把这种想法视为梦想,所以立即把它丢弃了。

我很快就认识到:普鲁士绝不可能,也绝不愿意在外交上替我们斡旋;普鲁士对于德意志其他国家的控制能力是稳定的,但也将是为时不长的;普鲁士国王一遇到困难就会违反自己的诺言而抛弃我们,对他绝不能过于信任;特别是他的如此巨大、如此宏伟的计划既不符合他的还不够稳定的社会,又不符合他国内的比我国还混乱和危险的时期,更不符合他暂时拥有的、像我暂时当上部长的这种过渡的权力。

我面临着一个十分重大的问题。这个问题以后要不断浮现在我的脑际,所以我现在先把它提出来。这个问题就是:法国的利益是强化还是削弱德意志联邦的纽带?换句话说,我们是要使德意志成为一定程度上的单一国家呢,还是要使它继续作为由一些分散的人民和分散的君主合成的结合得不够密切的集合体而存在下去呢?力图使德意志一直分裂成大量的各自独立的国家,是我国外交的旧传统;显而易见,这只有在德意志背后仅有波兰和半文明的俄国的时代才能实现。但在今天还能实行这一政策吗?要回答这个问题,取决于要回答另一个问题:俄国的存在对欧洲独立造成的危险,在今天是真实的吗?至于我,认为我们西方迟早不是被沙

---

① 托克维尔注:1849年9月7日电报。

皇奴役就是受其直接的不可抗拒的影响。所以认定我们的首要利益是支持全体德意志民族结成同盟,以对抗沙皇。世界的局势变了,这使我们必须改变旧的方针,不要害怕帮助我们的邻国强大起来,以便有朝一日能够同我们一起反对共同的敌人。

俄国皇帝自己也清楚地看到,统一后的德国对他会造成什么障碍。拉莫里西埃在他给我的亲笔信中告诉我,沙皇有一天十分率直地和一贯高傲地对他说:"如果德意志一旦实现您比我还不愿意见到的统一,则为了维持这一统一就需要一个能够实行拿破仑本人都未能实现的事业的人物;但如果这个人物在德意志出现,而他们那些武装起来的民众又构成了威胁,则这种事态就与您和我都有关了。"

在我研究这些问题的时候,当时的形势不能对它们作出决议,甚至无法进行审议,因为德意志本身正不可抗拒地退回旧的体制和旧的权力混乱状态。法兰克福议会试图统一失败了,国王试图统一也遭到同样的命运。

把德意志的几位君主推向腓特烈·威廉怀抱的,只是对革命的恐惧。随着依靠普鲁士人的努力把各地的革命镇压下去,人们不再恐惧革命,而联合在普鲁士之下的、可以称之为普鲁士的新臣民的各国君主,又想恢复自己的独立。可惜,普鲁士国王的雄心妨碍了他的初步成功达到最终的胜利。如果愿意以大喻小,我想说普鲁士的历史与我国的历史有点相似,而且同我国一样,当普鲁士国王在重建秩序并且因为重建了秩序时,他不得不遭到挫折。尝到了普鲁士霸权滋味的各国君主,不久就寻找机会摆脱这种霸权。使他们得到这种机会的是奥地利,奥地利在匈牙利取得胜利后,就

第四章 外交问题

以其巨大的力量和与自己有关的过去事件的缘由,而重新登上德意志问题的舞台。此事发生在1849年9月。在普鲁士国王面对这个强大的对手,又看到它后面有俄国的时候,马上就失去了勇气,并像我预计的,逐渐地回到他昔日所扮演的角色。1815年的德意志联邦机构重新取得了支配权,各邦的议会重开。不久,经过1848年的这整个强大运动,在全德意志只留下两条明显的痕迹:第一,小国越来越依附大君主国;第二,对封建制度的残余进行了致命的打击,由人民完成的对封建制度的破坏得到君主们的追认。在德意志各地,封建地租的永久存在权,向领主缴纳的什一税,徭役,财产转移税,大部分贵族享有的狩猎权和司法权,全部废除不得恢复①。王权恢复了,但贵族政治没有重建②。

我早就确信我们对德意志的内部危机不会发生任何作用,所

---

① 托克维尔注:1849年10月10日博蒙发自维也纳的个人书简。——1849年7月23日勒费布尔先生发自慕尼黑的电报。

② 在这个注里,还有第三段,后来被托克维尔删去。他写道:"我想删掉,或加注说明,因为它切断了我的思路。"在《回忆录》的第一版中,编者曾把删去的第三段加在注里。

我一开始就曾预见,奥地利和普鲁士不久就将回到旧的道路上去,相继受到俄国的影响。我在方才叙述的事件发生之前很久,即7月24日发给我们的一位途经德意志的大使的训令中,就已提到这个预见。也像我发出的其他许多电报一样,这个训令是我亲笔写的。其内容如下:

"我知道,这种折磨着整个欧洲旧社会的疾病是不可救药的,它的病征可能有所不同,但它的本质到处是一样的:欧洲的所有旧政权,都将或早或晚地受到政变或破坏的威胁。但我不愿意放弃下述想法:最近发生的事件不会使全欧洲的权威加强。在共同防卫的利益的压力下,在最近发生的事件的共同影响下,俄国并非不可能不愿意和不能协助北德意志和南德意志的和解,不愿意和不能使奥地利与普鲁士接近,而整个强大运动依然在推进以牺牲二流政府和公民的自由为条件的三个君主国在原则问题上的新同盟。请您根据这个观点来考察形势,并汇报考察的结果。"

以尽量与互相斗争的各方保持良好的关系。我特别着意于与奥地利保持友谊关系。与奥地利的友谊，正如我在前面讲述罗马问题时所说的，对于我们是不可或缺的。我首先努力使奥地利与皮埃蒙特之间的长期谈判得到良好的结果；我对这个问题之所以十分关心，是因为我相信：这个事件得不到正确的解决，这里建立不起巩固的和平，欧洲就安定不下来，随时可能陷入巨大的危险。

皮埃蒙特自诺瓦拉战役开始就与奥地利谈判，但没有成果。奥地利最初想让皮埃蒙特接受一些无法接受的条件，而皮埃蒙特方面则要保留其命运不允许它放弃的要求。经过多次中断的谈判，在我出任外长的时候又重新开始。我们有相当多的重大理由切望和平尽快实现。只要签不成和约，在欧洲什么事情都不会得到最终的解决。全面的战争，随时可能从大陆的这一小角引起。皮埃蒙特离我们很近，因而我们非常担心皮埃蒙特失去其刚脱离奥地利而获得的独立，失去其新建立的使它同我们接近的立宪政体。如果再兵戎相见，这两种实惠都将毁于一旦。

因此，我十分热心地代表法国在双方之间进行斡旋，以我认为最适合的语言劝说双方和解。

对于奥地利，我一再向它解释，叫它相信达成这样的和约对于确保欧洲的全面和平是迫切需要的，并努力使它感到自己的要求有些过分。

对于皮埃蒙特，我向它指出我认为名誉和利益可以允许它作出让步的几个问题。我想尽一切办法，事先叫它的政府清晰而准确地知道，它可以期待我们的支持，但不要抱有危险的幻想和作出

第四章 外交问题

有这种幻想的姿态①。我不准备详述双方争执的事项,因为这在今天,已经毫无意义。我只想说,最后似乎可以达到意见一致,除了赔款以外再没有什么争执。人们都这样认为,而奥地利又通过它驻巴黎的大使转告我们它一定采取妥协的态度。我已经确信和平就要实现,但就在这时,我获悉奥地利的全权代表突然改变态度和腔调,在7月19日提出措辞十分强硬的、过于苛刻的最后通牒,限期在4天内回答。这4天过后,就等于宣布停战失效,再起战

---

① 托克维尔注:1849年7月4日致布瓦斯勒孔德的电报。
栏外旁注:我认为需要注出电报的内容:
"奥地利皇帝陛下政府给皮埃蒙特规定的各项条件,无疑是严酷的,但并没有威胁这个王国的领土完整和它的荣誉。这些条件既未剥夺王国应当保存的力量,又未剥夺它对欧洲的一般政局和特别是对意大利的政局应当发生的正当作用。奥地利要求它签署的协定,无疑使它感到不痛快,但它又不是灾难性的,而且在战争状态宣布结束以后,它就不会遇到因害怕而自然产生的一切问题了。

"法国过去和现在都不遗余力地去促使这个问题得到和平解决。今后,法国将坚持主张奥地利政府进行它认为不仅符合皮埃蒙特的利益,而且有利于永远和容易保持全面和平的改革;法国还期望利用外交可能提供的一切手段来取得这样的结果,但它的期望不会超过这个范围。法国并不认为,把问题提出来,皮埃蒙特的利益得到保证,就万事大吉了。由于法国持有这种坚定而成熟的看法,所以它要毫不迟疑地向他们解释这一看法。要使他们默默地相信一些紧急的决定不会使他们上当受骗;要暗示他们,不要指望得不到法令支持的行动能通过命令而实行或直接推行。简而言之,不要这样做,不要自己作出担保,不要担保而后又不承认和不想承认。这就是一个政府能够单独实行的我认为是慎重而适中的工作方法。

"先生,您可能记得,在我蒙总统先生的信任而出任此职时,共和国政府并没有受到这样的谴责。它除了自己准备实行的事情以外,什么也没有宣布;它除了自己决定的事情以外,什么也没有承诺。这样,它既可以自豪地事先宣布它不想做什么,又可以迅速而有力地执行它宣布要实行的事情。"

"希望您向阿泽利奥先生详述这封电报的内容。"
马西莫·塔帕雷利·阿泽利奥侯爵(1798—1866),皮埃蒙特王国1849年议会主席。

火。拉德茨基①元帅已经调集他的部队,准备再赴战场。这个消息同我们得到的和平保证完全相反,使我感到震惊和愤慨。奥地利高傲地、强暴地提出的过高要求,好像宣布和平不完全是奥地利的目的,奥地利还在考虑皮埃蒙特的独立或许还有它的代议制度,因为只要意大利的这一地区有自由的空气,奥地利就会感到它在意大利的其他地区也不安全。

我立即想到,不管付出什么代价,都要不使最靠近我们的这个邻国受到压迫,不要让奥地利军队开进保护我们的国界安全的邻国的国土,不能容忍这个自1848年以来稳健地建立起自由的唯一国家的政治自由遭到破坏。我又发现,奥地利对我们采取的这种态度,表明它试图欺骗我们,要想试探我们的忍耐心有多大,或按人们一般的说法,是想摸一摸我们的底。

我发现,这是我面临的非常情况之一,它不仅危及我的外交部长职位(说真的,这不是大不了的冒险),而且危及法国的命运。于是,我在参加内阁会议的时候,就面临的事态作了报告。

总统和所有的同僚,一致认为应当采取行动。马上就以电报命令里昂的部队向阿尔卑斯山麓集结。我回到家后,便亲笔(因为外交上的软弱无力的文件不适合当时的条件)写了如下的信②:

---

① 拉德茨基伯爵(1766—1858),奥地利的陆军元帅,在意大利的北部建立起奥地利的统治,在诺瓦拉战役中击败皮埃蒙特军队(1849年3月23日)。

② 托克维尔注:1849年7月25日致布瓦斯勒孔德的信。
布瓦斯勒孔德生于1799年,起初在军队中工作,1848年2月出任拉马丁内阁秘书长,3月被任命驻都灵大使,后转任驻那不勒斯大使,1849年10月为驻华盛顿大使。

第四章　外交问题

"如果奥地利政府坚持您昨日的电报中所说的要求，如果它脱离外交讨论的范围而宣布停战失效，并试图在都灵签订它所主张的那种和约，则皮埃蒙特可以指望得到我们不会抛弃它的保证。现在的局势已不再是皮埃蒙特自发地拿起武器，不听我们的劝告而发生诺瓦拉战役之前的局势。现在是奥地利没有受到挑战，而自己主动地采取行动。奥地利的要求的性质和它的行动的暴戾，使我们有理由认为它不仅没有把和平放在眼里，而且在威胁皮埃蒙特的领土完整，或者说至少在威胁撒丁政府的独立。

"我们不能让这样的试图在我们的门前实现。如果在这样的情况下皮埃蒙特受到攻击，我们将要保卫它。"

我还觉得应当把奥地利的代表——一位从外表和性格上看就非常狡猾的小外交官①找来，当面痛斥他一番。我认为，在我们这样见面的场合表示愤怒是明智的，所以我便利用还不善于接见外交官的藏拙办法，十分粗暴地〔1〕向他表示了我们的惊异和不满，以致他向我抱怨他一生还从来没有遇到过这样非礼的接待。

在我方才略述的电报没有到达都灵之前，双方进行了和解的谈判〔2〕。赔款问题也已经谈妥，差不多是按我们事先拟好的措辞写进和约。

奥地利政府唯恐拖延而加速谈判，所以条件也放宽多了。

---

① 亚历山大·冯·休伯纳男爵（1811—1892），1849年在巴黎负责奥地利的外交事务，同年9月被任命为驻法大使。
〔1〕 以粗暴而激烈的措辞
〔2〕 双方几乎要缔结和约

施瓦岑贝格公爵①给我送来为其本国辩解的各种说明和申辩。终于在8月6日签订了和约,使犯了许多错误和遭到不幸的皮埃蒙特喜出望外,因为和约给它带来的好处将比它当初大胆提出的要求多得多。

当时,这个问题特别明显地反映了英国的外交态度,尤其是反映了主持英国外交工作的帕默斯顿勋爵的态度。他的表现值得在这里陈述。谈判开始以来,英国政府就一直对奥地利极其憎恶,大力鼓舞皮埃蒙特绝不要接受奥地利强加给它的条件。在都灵,英国的这种态度更为明确。在做出方才所述的决定之后,我第一件要做的事情,就是向英国通报这个决定,并劝说英国采取相同的步骤。于是,我向我国当时的驻伦敦大使德鲁安·德·吕②发去电报,令他向帕默斯顿勋爵宣读我的电报,并探听这位外交大臣有什么意向。德鲁安·德·吕回答我说③:"在我向帕默斯顿勋爵转达您的决定和您给布瓦斯勒孔德的训令时,他认真地听了,表示非常同意。但在我对他说:'阁下,您现在看到我们想走到什么地步了,您能不能告诉我你们自己打算走到什么地步?'时,帕默斯顿勋爵当即回答说:'英国政府在这个问题上的利害与贵国政府不同,我们只准备给予皮埃蒙特政府以外交的支援和道义的支持。'"这不

---

① 施瓦岑贝格公爵(1800—1852),奥地利国务活动家,出任首相后把革命镇压下去,恢复了哈布斯堡王朝的君主权威。他制服了匈牙利的造反,抵制了普鲁士的要求,使奥地利在德意志的原有优势得到恢复。

② 爱德华·德鲁安·德·吕(1805—1881),外交家,七月王朝时期众议院的自由反对派议员,先后为制宪议会和立法议会的代表,曾任第一次巴罗内阁(1848年12月20日—1849年6月2日)的外长,后来出任驻伦敦大使。

③ 托克维尔注:1849年7月25日和26日电报。

是象征性的援助吗!

英国,由于其法律的开明和旧习惯的强大力量而成为各国的革命逃亡者的避难地,但由于其自身的强大和孤立于我们当中的地位而引起各国君主的愤怒。在这种情况下,英国就不由自主地在欧洲大陆的内部事务上起了维护自由和正义的作用。英国喜欢指责甚至攻击强者,维护和鼓励弱者,但它这样做的目的,好像只是为了显示它的良好风度和证明它的良好理论[1]。一旦别的国家需要它保护时,它就给予道义上的支援。

关于这个问题,我愿意做一个小结,即英国的这种做法总是得到很大的成功。皮埃蒙特人最后依然认为,只有英国帮助了他们,而我们法国几乎把他们放弃了。在都灵,英国得到极大的好评,而法国受到深重的怀疑。国家也和人一样,它爱自己获得的名声甚于爱它实际得到的好处[2]。

在走出这一艰难的处境之后,我们马上又遇到一个危险的局面。我们遗憾地和担心地观察着匈牙利的局势。这个不幸的国家的厄运,引起了我们的同情。俄国的干涉使奥地利转瞬之间服从于沙皇,沙皇也由此逐渐插手处理欧洲的全部事务,这不能使我们愉快。但是,所有的事件都发生在我们的影响范围之外,我们对此毫无办法。我在致拉莫里西埃的训令(1849年7月24日)中写道:"我不必向您说我是以多么激动而痛苦的心情观察匈牙利事件的。遗憾的是,在目前的条件下,我们在这个问题上的作用只能是

---

[1] 显示它的良好作风和它所论述的良好理论
[2] 恭维它的精神好于给予它以利益

消极的,有关条约的条文和精神没有给予我以干涉的任何权利,而且我们远离战争舞台的地位,在法国事务和欧洲事务的目前情况下,也要求我们保持一定的克制。不能作有效的发言和不能采取有效的行动,以致在这个问题上不得不有损我们的尊严,说了一些没有实质内容的空话和表示了无法实现的良好愿望。因此,在匈牙利事件上应做的事情,只限于仔细观察事件的经过和研究将会发生什么事情。"①

众所周知,力量不如敌人的匈牙利被打败投降。匈牙利的主要领导人和几位仗义帮助匈牙利的波兰将军,在8月末渡过多瑙河,来到维丁,要求土耳其保护。其中两位主要人物:德姆宾斯基和科苏特②,从维丁给我国驻君士坦丁堡大使写信③。这两位领导人物的态度和精神面貌,从信上凸现出来:军人的信写得言简意赅,而律师和演说家的信则冗长华丽。我想起这位先生的信中有如下一段话:"我是善良的基督徒,我宁愿选择流亡的不可名状的痛苦,而不选择死的安息。"这两位最后都要求法国的保护。

在两位流亡者请求法国帮助期间,奥地利和俄国的大使向土耳其政府提出引渡他们的要求。奥地利是根据贝尔格莱德条约提出要求的,但这项条约并未规定它有这项权利;俄国根据《库楚克·凯纳吉条约》(1774年7月10日)提出它的要求,但该条约关

---

① 托克维尔注:似乎应当加注。
② 亨利·德姆宾斯基(1791—1864),波兰将军,1849年任匈牙利起义军司令。
拉约什·科苏特(1802—1894),匈牙利爱国者,1848年人民起义的领导者之一,起义失败后逃往土耳其,被监禁到1851年。
③ 托克维尔注:8月22日和24日来信。

于引渡的条文十分含糊。总之，从根本上说，那不是人们所说的国际法，而是人们都知道得很清楚的而且最常应用的大国的强权。它经常以行动和语言来表现。两国的大使一开始就摆出要和平还是要战争的架式。他们根本不想讨论，只要求土耳其回答：是或否，如果回答否，那就立即同土耳其断绝一切外交关系。

土耳其的大臣们，对这种蛮横的要求软中有硬地回答说：土耳其是中立国家，国际法不允许它引渡逃亡在本国的流亡者，它要仿照奥地利和俄国曾拒绝引渡逃到匈牙利、特兰西瓦尼亚或比萨拉比亚亡命的叛乱的穆斯林的先例。土耳其的大臣们，抑制着自己的不满表示，在多瑙河左岸可以做的事，也似乎可以在多瑙河右岸做。他们最后声称两国的要求有违他们国家的荣誉和宗教，他们愿意负责把流亡者监禁起来，把他们放到不可能为害的地方，但绝不想把他们引渡给刽子手。

我国的大使向我报告说：年轻的苏丹昨天对奥地利的使节说，我虽然反对匈牙利的叛乱分子的行为，但我又不能目睹这些不幸的人走进死的边缘。而且人道也不允许他把这些人引渡出境。大使的报告中附有土耳其首相雷希德巴夏①对我的传话："我为此失去权力，也感到自豪。"这位首相还用感动的语调说："在我们的宗教中，凡要求怜悯的人，都应当得到怜悯。"这些话才像文明人和基督徒说的。而奥地利大使和俄国大使，则只要求诚实的土耳其人回答：要么引渡流亡者，要么走上很可能引起战争的断交的道路。

---

① 穆斯塔法·雷希德巴夏(1802—1858)，奥斯曼帝国的政治家，外交大臣，在1846年和1856年间多次出任首相。

穆斯林居民全体愤怒起来。他们赞扬和支持政府的做法。穆斯林的穆夫提拜访我国的大使，对我们出于人道和正义而给予的支持表示感谢。

这个问题一发生，土耳其政府就向法国和英国的大使求援。土耳其政府呼吁这两个大国的舆论给予支持，请两国政府帮助出主意，一旦那个北方大国采取威胁步骤，就宣布支持土耳其。两国的大使立即回答说，他们认为奥地利和俄国的要求超出它们的权利，并鼓励土耳其政府进行抵抗。

就在这个时候，沙皇的一位副官来到君士坦丁堡。他手持沙皇不辞辛劳亲笔写给苏丹的信，要求引渡在匈牙利战争期间帮助匈牙利的波兰人，以及以前曾经反对过俄军的波兰人。这种不光彩的做法，最后没有达到它希望达到的目的，甚至没有达到它想发动战争的目的。它使人感到奇怪：沙皇在这种情况下连为发动战争找借口的独特理由都没有敢写出来。拉莫里西埃的信里，有一段对这种原因写得非常精辟，指出在欧洲边缘的这个国家，舆论是不敢发表意见的，似乎在这个国家里，人们既无能力，又无自己的机关报发表公众的意见。

拉莫里西埃在这一段中对我说①："您知道，匈牙利战争是为支持奥地利而进行的，它既为民众所憎恶，又被政府所轻视，是一场很不得人心的战争。它什么好处也没有带来，白白花了8 400万法郎。俄国想把贝姆②、德姆宾斯基和在波兰逮捕的其他波兰

---

① 托克维尔注：1849年10月11日和25日来信。
② 约瑟夫·贝姆（1795—1850），波兰将军，在1849年匈牙利人民起义期间因帮助匈牙利人民反对奥地利和俄国而出名。

人带回去,以补偿为战争而付出的牺牲。特别是在军队中,对这些人抱有真正的怒气。这种满足民族自尊心的愿望,虽然有点野蛮,但在士兵和民众中却很高昂。皇帝虽然大权在握,但他也得重视他所依靠的和使他产生真正力量的群众意愿。在这里,这不只是满足他个人的自尊心的问题,而且也涉及这个国家的国民感情和军人感情。"

毫无疑问,这一切构成了使沙皇采取我方才所说的野蛮行动的理由。拉齐维尔亲王①把沙皇的信呈了上去,但什么回答也没有得到。土耳其苏丹虽然要再接见他一次,但他以高傲的态度拒绝晋见,然后就离开回国。俄国和奥地利两国的大使,随后就正式声明两国皇帝同土耳其政府中断一切外交关系。

土耳其政府在这样的危机的形势下采取了坚定不移的老练而谨慎的态度,可以与欧洲的一些经验丰富的政府比美。土耳其苏丹在拒绝两国皇帝的要求(不,应该说是命令)的同时,还给沙皇写了一封信,其中说他不愿意同沙皇讨论因对条约的解释不同而产生的权利问题,而是向他致以友谊的问候,祝他幸福安康,希望他相信土耳其政府不会采取使他在世界上丢脸的措施。另外,苏丹又重申他本人将把流亡者置于不能为害的状态。阿卜杜勒·梅迪德派他国内最有能力和最贤明的人之一的福阿德·埃芬迪②带着这封信亲赴圣彼得堡。也向维也纳写了这样一封信,但这封信是

---

① 列昂·拉齐维尔亲王(1808—1885),沙皇尼古拉一世的副官。
② 阿卜杜勒·梅迪德(1823—1861),1839—1861年土耳其苏丹。
福阿德·穆罕默德巴夏,即福阿德·埃芬迪(1815—1869),土耳其国务活动家,1849年以特使身份赴俄。

通过土耳其驻奥地利的大使交给奥地利皇帝的,这种一看就明白的小小差异,表明在请求两国皇帝的同意方面有轻有重。这些情报在9月末便到了我的手里。我首先考虑的是,要把这些情报转给英国。我同时给我国的驻英大使写了一封私人信件①,我在信中对他说:

"对这个问题比我们还关心,而又不会置身于这个问题可能产生的纠纷之中的英国将要采取的行动,当然将对我们具有巨大的影响。要使英国政府明确而断然地说出它要走到什么地步。我一直没有忘记皮埃蒙特事件。如果英国想让我们把事情讲得明明白白,那它可以期待我们非常坚决。否则,我们可以搪塞。您要确实了解各类托雷党人对这些事件持有什么态度,这也特别重要。要知道,一个代议制政府,由于议会的支持变幻不定,执政党的支持并不总是十分安全的。"

尽管局势严峻,但英国政府的大臣们当时因国会休会而四散在各地,要想召集他们开会也需要相当长的时间,因为在这个世上唯一还由贵族统治的国家,大臣们大部分也是大地主,一般都是大贵族。他们这时都在自己的领地休养其疲于政务的身体。他们懒得离开领地。在这期间,英国的所有报刊,不分党派,都搞得热火朝天。它们怒斥俄奥两国皇帝,煽动舆论支持土耳其人。受这种热浪冲击的英国政府,立即决定了自己的方针。它宣称,问题不只关系到苏丹[1],而且关系到英国在世界上的影响②。于是,英国政

---

① 托克维尔注:1849年10月1日的私人信件。
〔1〕 这次,英国政府没有犹豫。正像它自己说的,问题不只是关系到苏丹
② 托克维尔注:1849年10月2日德鲁安·德·吕先生的私人来信。

府决定：一、派使者去俄国和奥地利；二、令地中海舰队开赴达达尼尔海峡，以增强苏丹的信心，必要时保卫君士坦丁堡。英国政府要求我们采取同样的行动和与它共同行动。当天晚上，它就下达了出动英国舰队的命令。

得到这些最后决定的消息，给我带来很大困惑[1]，但我立即感到必须承认我国大使采取的勇敢行动，支持土耳其苏丹①；而至于动武的做法，我并不认为动用武力是明智之策。英国人约我们与他们一起行动，但我们的立场同他们的完全不同。使用武力保卫苏丹，英国是拿它的舰队冒险，而我们则是拿自己的生存冒险。在这样的非常局势下，英国的大臣们可以指望他们将得到国会和国民的支持，而我们在这种情况下，如果问题发展到战争，则很可能被议会，甚至全国人民所抛弃，国内的贫困和危机这时会成为超过其他一切的现实问题。我还认为，这时进行强制不但无助于我们实现自己的任务，反而会发生破坏作用。要知道，问题在于俄国（我认为奥地利对俄国只起帮凶作用），如果它要突然提出占领土耳其后分割东方的问题（我实在难以想象它会提出这个问题），则我们派遣舰队也阻止不了这个危机；如果它只是表现得很凶，而实际上是发泄它对波兰人的愤恨，我们不但难以依靠舰队阻止沙皇，反而会因为他感到发泄不满时失去面子，而使危机更加严重。我就是怀着这样的想法参加内阁会议的，但我在会议上立即得知，总统已经发出出动舰队的命令，而且像他在命令中所说的，舰队已经

---

[1] 使我不知所措
① 托克维尔注：1849年10月5日和9日致拉莫里西埃和博蒙的私人信件。

出发了。总统的这个决心是受英国大使诺曼比①勋爵的影响而作出的。这位有18世纪风度的英国外交官深受路易·拿破仑的信赖,同路易·拿破仑的情妇霍华德②小姐一起生活,甚至叫他的夫人来陪伴他们。正确地说,路易·拿破仑的这个情妇应该是他最宠爱的情妇,因为他同时拥有好几个情妇。我的大部分同僚同路易·拿破仑一样,也认为我们应当答应英国急速共同行动,派我国的舰队去达达尼尔海峡。

由于不能推迟我认为不够成熟的这个方案,我提议至少在执行它之前〔1〕应当派人去询问一下法卢的意见。法卢当时由于操劳过度暂时离开巴黎,在乡下休养。朗瑞内承担了这项任务,到乡下去见了法卢,向他说明了事情的原委。他回来向我们报告说,法卢毫不迟疑地表示同意派舰队出征。于是,立即下达派舰队出征的命令。但是,法卢在这之前既未同多数派的领袖,又未同他的友人商量,甚至没有很好地考虑他的这种表态的后果。这种思考不周的活动,是他时常有的,因为在教育和生活习惯使他养成善于盘算,甚至耍两面手法之前,他的天性就已使他轻率而冒失了〔2〕。大概他在向朗瑞内表示意见之后,又从其他人那里得到不同的建

---

① 康斯坦丁·亨利·菲普斯(1797—1863),诺曼比第一侯爵,1846—1852年英国驻巴黎大使。著有一部关于1848年革命的轶史《革命的一年》,于1858年出版,后被译为法语,因揭露一些鲜为人知的事情而知名。

② 霍华德小姐(1822—1865),路易·拿破仑的情妇,曾为路易·拿破仑的政变筹款。参看安德烈·莫洛亚《霍华德女士:一位造就了一个皇帝的女人》(巴黎,加利马尔出版社)。

〔1〕 在采取决定性的不可更改的步骤之前

〔2〕 因为教育和生活习惯使他养成了城府很深和玩弄手段的习性,而天性又使他轻率而诡计多端

议,或自己作出与发表的意见完全不同的反思。因此他给我写了一封很长而又表达混乱的信①,其中极力辩解他没有很好理解朗瑞内的意思(这是不可能的,因为谁都知道朗瑞内的言行是最清楚和最明了的),而且对问题又不许作含糊其辞的回答。他又回到他原来的观点,但努力推脱自己的责任。我立即写了如下的便函,对他作了回答:

"亲爱的同僚!内阁的决定已经作出。现在,除了等待事件的发展之外,再没有什么可做的了。而且,关于这个问题,全体阁僚都负同一的责任,这里没有个人的责任。我虽不同意所采取的措施,但措施既已通过,我就义无反顾地拥护。"②

在对法卢进行这样安慰的同时,我对自己的任务总是有极为不安和甚为困惑的感觉。我对维也纳的反应一点也不感到不安。但是,在行为上如此粗暴地、在言词上如此不容置疑地对待苏丹,并想对我们对其虚荣心的指责鲁莽地碰一碰的沙皇,想干什么呢?幸亏我在圣彼得堡和维也纳各有一位精干的外交官,他们可以使我对发生的事情心明眼亮。我命令他们③:"要精心处理问题,要留意我们对手的自尊心而不使他们反对我们,要避免同英国的大使发生过于亲密和过于露骨的关系,因为他们的政府是你们所在国家的嫌恶对象,但你们要与英国的大使保持正常的良好关系。为了获得成功,要表示友谊,而不必畏缩。要真实地显示我们的立场,我们不要战争,我们厌恶战争。我们害怕战争,但我们不能让

---

① 托克维尔注:1849年10月11日法卢来信。
② 托克维尔注:1849年10月12日致法卢的信。
③ 托克维尔注:1849年10月5日和9日致拉莫里西埃和博蒙的私人信件。

自己丢脸。土耳其政府要我们提建议时,我们不能劝他们做卑鄙可耻的事情。当土耳其政府表现出来的勇气,使我们认为可能带来灾难的时候,也不能拒绝他们要求的援助。因此,我们要准备好摆脱困难的手段。科苏特的生命值得发动全面战争吗?东方问题在这个时候以这种方式表现出来不是出于列强的利益吗?不能找到一个不伤全世界名誉的折衷办法吗?人们最终希望什么呢?人们不想叫一些可恨的恶魔投降吗?这的确不值得引起重大的纷争。如果这是一个借口,而在这个问题的深处,事实上存在着向奥斯曼土耳其帝国伸手的野心,就将决定着一场有人希望的全面战争,因为我们这样的一些极端的和平主义者也不能不拿出剑来而听任君士坦丁堡陷落。"

幸亏在这项训令到达圣彼得堡时问题终于得到解决。拉莫里西埃在没有接到训令前就采取了适当的行动。他在这种情况下采取的慎重而有理有节的行动,使不了解他的人感到惊讶,但我一点儿也不惊异。我知道他的性格是急躁的,但在所有的外交中最难处理的阿拉伯外交中培养起来的他的精神却是审慎、洗练甚至巧妙的。

拉莫里西埃一从俄国的直接渠道听到纷争的消息[1],就迅速地、非常激动地表明了他对君士坦丁堡发生的事情的态度;他的语气虽然柔和,但不乏谴责的味道。他注意自己是正式的外交代表,避免采取威胁的语气。他既要同英国的大使步调一致,又要留意不陷入共同行动之中。当福阿德·埃芬迪带着阿卜杜勒·梅迪德的信来见他时,他秘密地转告说,他不能会见他,以免影响会谈的

---

[1] 一从君士坦丁堡得到消息

成功，但土耳其可以指望法国的援助。

他得到土耳其苏丹派来的使者的极好协助，这位使者聪明机智，思维敏捷。尽管土耳其苏丹已要求法国和英国的支持，但福阿德·埃芬迪到达圣彼得堡后，并没有要求去会见这两个国家的代表。在他没有向沙皇表达他的自由意志之前，他拒绝会见任何人。他说，他的使命的成功全凭沙皇的一句话。

沙皇看到他的威胁没有成功，事态没有按照他的预期发展，自然十分不快，但他能够克制自己，没有发作。尽管不久以前他顺便说过，"奥斯曼帝国已经死了，剩下来的事情只是安排出殡下葬了"，但他的内心深处还不想把东方问题明挑出来。

以发动战争来迫使苏丹引渡投靠他的避难者和指责他违反国际法，是十分困难的。在这个问题上，沙皇得到本国人民的野蛮的激情的支持，但却受到整个文明世界的舆论的抨击。他已经知道英国和法国的反应。沙皇在还有时间对苏丹施压之前，就决定了让步。于是，这位大帝在他的臣民，甚至外国人的深为惊异之下退却了。他召见了福阿德·埃芬迪，撤回了他对苏丹提出的要求。奥地利紧跟其后，学习沙皇的做法。帕默斯顿勋爵的照会到达圣彼得堡时，整个事情就结束了。最好的结果是任何方面都没有意见，但在这个问题上，法国所要的只是成功，而英国的内阁，除了成功之外，还要好名声。为了激励国内的民心，得个好名声是必要的。英国大使布鲁姆菲尔德勋爵在沙皇的决定公布后次日，便前往会见俄国外交大臣涅谢尔罗迪伯爵，虽受到冷淡接待[1]，但还是

---

[1] 托克维尔注：拉莫里西埃1849年10月19日来信。

向他宣读了帕默斯顿勋爵的照会。照会以谦恭的而非强硬的口气要求俄国不要强制苏丹引渡流亡者。——俄国回答说,它很难理解这项要求的目的和对象,这个问题好像得到解决,但它与英国没有任何关系。布鲁姆菲尔德勋爵问他事情已处理到什么地步。涅谢尔罗迭伯爵高傲地拒绝回答,而且什么理由也没有说。他说:"因为这样就要承认英国有权干涉与其没有任何关系的事务的权利。"英国大使坚决要求把照会的副本留在涅谢尔罗迭的手里,他最初拒绝,后来很不情愿地留了下来,但他无精打采地说,要答复这个长得惊人的照会将要使人疲惫不堪,然后将英国大使打发走。这位大臣最后说:"法国已向我说了这件事。但它说得更早、更好。"

在我们获悉这个危险的纠纷终于解决的时候,即在看到原来悬而未决的两个影响世界和平的重大外交问题:皮埃蒙特战争和匈牙利战争有幸解决之后,我们的内阁也就要垮台了。

附录

本书第一版发表的四篇笔记和第二版加进的另外三篇笔记，是安德烈·萨尔丹从托克维尔的文件中找到的，后三篇以前未发表过。其中的第四篇是关于《回忆录》中从六月事件开始至奥迪隆·巴罗内阁改组（1849年6月）这一期间的思想活动。如果托克维尔要补写这一部分，他会将它放进去。第五篇是他拟写的《我任部长期间》的写作计划，后来写成本书的第三部分和这个附录。第六篇是托克维尔与总统的一次谈话。

一

古·德·博蒙谈2月24日

今天(1850年10月24日),我与博蒙有一次值得记录下来的谈话。现将他的谈话记在下面。

2月24日上午7时,博蒙同朱尔·拉斯泰里①和另一个人(博蒙把这个人的名字告诉了我,但被我忘了)来找我,约我去梯也尔先生家,说巴罗、迪韦吉耶和其他一些人也在那里。

我问博蒙:您知道夜里梯也尔和国王之间都决定了些什么?

博蒙回答:据梯也尔,特别是当时给梯也尔作记录的迪韦吉耶对我说,梯也尔午夜1时被召见,国王当时尚未作出决定,一开口就问梯也尔能否与巴罗和迪韦吉耶一同入阁,在梯也尔一再推辞之后,国王终于让步。国王把梯也尔留到天亮,但国王在送走他时对他说,各方还没有结合在一起(显而易见,国王准备在天亮以前建立另一个内阁班子)。

接着博蒙说,我在这里必须把一个可笑的轶闻告诉你们:你们知道比若在这个具有决定性意义的夜晚于杜伊勒里宫就任陆军总司令的时候在想什么吗?他想的是:在梯也尔组阁的时候,比若一

---

① 朱尔·拉斯泰里侯爵(1810—1883),七月王朝时期的众议院议员,先后为制宪议会和立法议会的右翼保守派代表。

心要当陆军大臣。事态向着他也认为不可能实现的方面发展。但是他仍在想,即使当不上陆军大臣,至少也要在陆军部确保支配性的影响。最后,在2月24日夜里天还没有亮的时候,他在宫里亲笔写了一封4页的信给梯也尔,说他知道困难在于梯也尔阻碍他出任陆军大臣,但他今后将一如既往,跟梯也尔保持友好,并确信他们总有一天会共同执政。最后,他说他理解梯也尔的道理并加以遵守,但他又请梯也尔至少要任命他的友人马涅①先生为陆军部的副大臣。

博蒙重新进行一般叙述,继续说:

——我到圣乔治广场的时候,梯也尔和他的朋友们已去杜伊勒里宫。我赶快去追他们,并与他们同时到达那里。巴黎的形势已经非常紧张。但国王依然以其喜欢言谈和您也熟知的方式接见了我们。在接见之前(我甚至认为,是博蒙有意把这段插话放在这里的),我们之间谈论了目前的局势。我坚决主张把比若革职。我说,如果以武力对付群众运动,事实上就得利用比若的名义和他的蛮劲……②但大家都希望寻找妥协办法,停止敌对行动。我说,打出比若的名义只能起相反的作用。大家支持我的意见,梯也尔虽然不愿意,但也勉强地接受了。大家采取了人们所说的迂回战术:让比若仍保持总司令的头衔,任命拉莫里西埃为国民自卫军总司令。梯也尔和巴罗走进国王的办公室,我不知道他们谈了些什么。

---

① 皮埃尔·马涅(1806—1879),七月王朝时期的众议院议员,1847年为副大臣,1851年又进入路易·拿破仑的内阁。

② 栏外旁注:这除了说明博蒙早些时候正式向我谈的事情外,还更说明在新内阁的根本思想上已在某些地方作了让步。

向部队下达了停止射击、向宫殿方面撤退、把防务交给国民自卫军的命令。我本人便忙了起来,与雷米萨一起起草向人民说明这项命令和使他们周知的布告。9点钟左右,大家同意梯也尔和巴罗可以以个人名义同民众进行亲自接触。梯也尔下台阶的时候,有人把他挡住,叫他回去;我费了很大劲,才把他劝回去。只有巴罗一个人去了,我跟在他的后面(在这里,博蒙的叙述同巴罗的叙述是一致的)。据博蒙说,巴罗在这次行动中表现得令人钦佩。我一再劝他回去都没用,但走到圣德尼桥头的街垒前时,就不能再往前走了。我们回来的路程就困难多了:我们穿过人群前进时,后面跟着的一批人,总是比夹道观看的人怒气冲冲得多;在走到旺多姆广场时,巴罗害怕后面跟着的人群不听他的劝阻而去攻占杜伊勒里宫;他偷偷地离开队伍,走回自己的家里。我回到宫中,觉得情况十分严重,但还没有达到绝望的地步。我看到我离开的时候留在宫里的人现在乱作一团,感到十分吃惊。杜伊勒里宫处于可怕的混乱之中。我既无法理解这里方才发生的事情,又不敢相信这时听到的具有天翻地覆性质的情报。我累得和饿得要死。我走到一张桌子前面,急忙抓起一些食物大嚼。在我吃东西的三四分钟内,有一个国王副官或亲王模样的人来找过我10多次,向我胡乱说了一通后,也没理解我的答话就又离开了。我急急忙忙找到梯也尔、雷米萨、迪韦吉耶和其他一两名准备参加新内阁的人。我们一起来到国王的办公室,在这里举行一次仅有的、我也参加的内阁会议。梯也尔开始发言,大谈一通关于国王和家长的义务的大义。——国王对演说的感人部分并未感动,而是就演说的实质说:这就是说,你们要我退位。梯也尔点头称是,并说明了理由。迪韦吉耶热烈支持他的意见。对突如其来的场面毫无思想准备的我，直率地表示了我的惊讶，并大声说：并不是一切全完了！梯也尔对我的喊叫十分气愤，而我不得不认为，梯也尔和迪韦吉耶一开始就怀有一个隐蔽的目的，那就是不考虑国王的意见，使他处于十分狼狈的地位，强迫他退位后，由涅穆尔公爵或奥尔良公爵夫人担任摄政，而实际上是由他们自己来统治法国。我原以为国王可能坚持到一定时候，但他最后自己就泄气了。在此，我对博蒙的谈话有一段当时没有记清楚；而是以后在我同他的另一次谈话时又问清楚的。现在，我来叙述他告诉我的随后举行的退位场面。

在这期间，事件接连发生，情报相继传来，宫内一片恐慌。梯也尔声称他已经无法控制局面。情况也确实如此，只有巴罗也许可以勉强维持。这时，梯也尔不见了，一直到最后我再也没有见到他。这是他的一个大错，因为即使他辞去组阁的任命，他也不应该在这样危急的时刻放弃王族而不管他们；虽然他不是他们的大臣，但也应当同他们磋商善后。我一直看完退位仪式：国王的小儿子蒙邦西埃公爵请他父亲赶快写退位书，说什么即使退位也要干净利落，而国王对他说："就这样了，不能再快了。"王后完全绝望了，但还很刚强。她知道我在内阁会议上曾反对国王退位，所以摇着我的手说：不能饶恕这样的卑鄙行为，要保卫王位，如果再能见到国王，我将在他的面前自尽。退位书经过签名。涅穆尔公爵叫我赶快去通知现在卡鲁塞尔广场的热拉尔元帅[①]，告诉他我已亲眼

[①] 热拉尔伯爵(1773—1852)，法国元帅，七月王朝时期的大臣(1830)和内阁秘书长(1834)。

看到国王签名,所以可以正式向人民公布:国王已经退位。我跑去作了传达,然后又回到宫里。所有的房间都空无一人。我从一个房间走到另一个房间,走了一圈,一个人也没有见到。我来到花园,遇到巴罗。他刚由内政部来到这里,也跟我一样在找人而没有找到。国王由通向大街的后门逃走。奥尔良公爵夫人好像由喷泉旁边的一条地下通道出去的。他们没有任何必要丢弃王宫而逃走,因为当时宫中还很安全,群众也是在他们走后1个多小时才进入宫中的。巴罗绝对是真心想救公爵夫人的。他为公爵夫人、年幼的王子和我们急忙准备了马车,让我们一起穿过人群逃走。实际上,当时只有这样一种可能,但这是非常危险的。由于我们没有找到公爵夫人,我们便去了内政部。你在路上遇见我们,以后的事情你都知道,我就不必再说了。

二

与巴罗的谈话（1850年10月10日）
巴罗谈2月24日

我认为，莫莱先生是在巴黎林荫大道的屠杀事件发生后拒绝组阁的。梯也尔对我说，凌晨1点他被召见，他向国王提出他可以作为组阁的必要人选；国王最初不同意，后来作了让步；接着，他们在御前开会，一直开到上午9点。

清晨5点，梯也尔来到我家，把我从床上叫起来。我们讨论了局势。他回家了，我在8点又独自去他家回访。我见他正在不慌不忙地整理胡须。从凌晨1点到上午8点，国王与梯也尔竟然什么也没有做，真是可悲。他整理完胡子后，我们一起去了王宫。民众已经沸腾起来，筑起街垒，邻近杜伊勒里宫的房屋已有枪声响起。但是，我们进入宫中，见到国王仍然十分冷静，保持着常态。他向我说了几句你也可以想象得到的平常见面语。这时，比若还处于总司令的位置上。我坚决要求梯也尔不要由比若以总司令的名义来收拾局面，而劝他任命在场的拉莫里西埃为国民自卫军的司令以改善局面。梯也尔同意了这项安排，国王和比若本人也表示同意。随后，我建议国王解散众议院。国王回答说："决不！决不！"国王怒气冲冲，指着梯也尔和我的鼻子，把门关上离去。显而易见，他原先是同意我们这些大臣在初期拯救局势的做法，而发现我们放纵民众以后,就决心放弃我们而去求救议会了。在通常的情况下,遇到这样的场面,我是要立即离开的。但事态严重,我没有离去。接着,我提议我亲自到民众中去,告诉他们我们成立了新的内阁,以安抚民心。在我们不能即时印刷文件和发布公告的条件下,我决定自己充当一个广告人。在这一点上,我应当公正地看待梯也尔的表现:他也要跟我一起去,但我担心他的出现会产生不良效果,而没有叫他同我一起去。于是,我自己一个人出发了。我没有携带武器,从每个街垒前面经过。他们放下了武器,把街垒敞开。高呼:"改革万岁!巴罗万岁!"我们一直这样走到圣德尼门,这里有一座三层楼高的街垒,守卫街垒的人对我们的要求没有答应,不让我们接近街垒,也没有做出允许我们通过这里的任何表示。因此,我们只有返回。在回来的路上,我发现民众的情绪比来时更激动了。但并没有听到煽动叛乱的呼声,更没有人喊出立即革命的口号。我只听到艾蒂安·阿拉戈①粗声粗气的话音。他迎面而来,对我说:"如果国王不退位,我们晚上8点前就要面临一场革命。"我继续往旺多姆广场走去。有数千人跟在我的后面高喊:"到杜伊勒里宫去!到杜伊勒里宫去!"我在思忖自己应该做什么。如果我带领这群人去杜伊勒里宫,我就成了这一行动的实际带头人,但这可被视为革命和暴力的行动。如果我知道杜伊勒里宫里这时所发生的事情,我是不会犹豫不去的,但我还是有些不安。在我看来,民众的态度好像还没有决定。我知道,所有的部队正在有

---

① 艾蒂安·阿拉戈(1802—1892),法国的文学家和政治家,天文学家阿拉戈的弟弟。制宪议会代表。

秩序地向王宫集结,政府的大员和将军们也都在宫里。因此,我很难想象会出现一旦发生动乱就将使民众掌握王宫的情况。我向右转去,准备回家暂时休息一会儿。我还没有吃饭,已经累得精疲力竭。在家休息一会儿后,马尔维尔①从内政部捎话来说,要我火速回内政部,签署发往各省的电报。我坐上自己的马车,在群众的欢呼声中驶往内政部。随后,我由这里又去了王宫。我还不知道宫中都发生了什么事情。我到达王宫花园对面的河畔,遇见龙骑兵团正回营房。团长告诉我:"国王已经退位,部队正在撤退。"我急忙往宫门跑去,经过拱顶狭廊,费了很大劲儿才进入宫内的庭院,看到所有的部队正慌忙地从各个出口撤出。我总算走进宫内的庭院,但这里已经几乎没有人了。涅穆尔公爵在这里,我请他告诉我奥尔良公爵夫人现在何处。他回答说他也不知道在何处。但他估计这时她可能在喷泉旁边的小楼里。我跑到那里,但人们告诉我,公爵夫人已经走了。我推开小楼的大门,走进各个房间寻找,而实际上全都空无一人。我离开杜伊勒里宫,并嘱咐留在宫里的阿文:如果见到公爵夫人,千万不要带她去议会,因为议会什么也做不成。我本来曾想,如果见到公爵夫人和她的儿子,就让他们骑马离开,从人群当中走出去。为此我已经准备了马匹。我没有见到这位王妃,就回内政部去了。在途中我遇到了你,你向我说了内阁中发生的一切事情。大家让我赶快去议会。我一到议会,极左翼的领袖们就把我包围起来,半推半拉地把我拽进第一会议室。在这

---

① 莱昂·马尔维尔(1803—1879),七月王朝时期的众议员,王朝左派的成员,先后被选为制宪议会和立法议会的代表。第一届巴罗内阁的内政大臣,10 天后辞职(1848 年 12 月 29 日)。

里,他们要求我在议会提出我也是其中一分子的临时政府的名单。我把他们撵走,走进议会的大厅。以后的事情你都知道,我就不说了。

三

1848年2月24日纪要迪福尔先生和他的朋友为阻止二月革命所做的努力——梯也尔先生使这些努力不起作用应负的责任

今天(1850年10月19日),里韦①让我同他一起确认一件特别值得记忆的事情的具体情节。

在王朝颠覆前一周,一些保守派众议员就已感到内阁和阁僚还没有感到的不安。他们认为,与其冒险去参加改革宴会运动,还不如在不使用暴力的条件下推翻内阁。他们当中的一个人,即萨兰德鲁兹致函比约,向他提出这个建议。改革宴会定于22日的星期二举行。21日这一天,迪福尔先生和他的朋友提出一项不信任内阁的动议,而这个动议的拟定,要由萨兰德鲁兹和他代表发言的那些人一起商定。这些人由他提名,一共是40多人。在反对派不参加改革宴会并阻止民众参加的条件下,将由他们投票通过这项动议。

---

① 让·夏尔·里韦(1800—1872),经过十余年的行政官生活后,1839年由科雷兹省选为众议院议员。1846年竞选罗讷省的制宪议会代表失败,1849年被选入国家行政法院。他是托克维尔的朋友。路易·拿破仑发动政变后退出政界,一直到第二帝国垮台没有复出。

三　1848年2月24日纪要迪福尔先生和……应负的责任

2月20日是周日，我们聚会在里韦家讨论这项提案。据我能回忆出来的，出席者有迪福尔、比约、朗瑞内、科尔塞勒、费迪南·巴罗①、塔拉博、里韦和我。

萨兰德鲁兹的提案由比约向我们做了说明，立即被我们接受并作成议案。议案是由我执笔的，稍加修改后被我的朋友们采纳。议案的措辞我忘了，但十分温和，而这个议案一旦被通过，内阁就将被迫下台。

剩下的问题，是如何满足保守派支持议案的条件，即放弃改革宴会。我们一直没有参加这个运动，所以这不是我们能不能放弃的问题。这就需要我们派出一个人直接去找迪韦吉耶和巴罗，向他们提出如何履行所提的条件。里韦提出同对方进行谈判来解决这个问题，并叫我们等到晚上听谈判的结果。

晚上，里韦果然来报告谈判的结果。其内容如下：

巴罗热情地参与了谈判，他紧紧地握住同他谈判的人的双手，声明他准备一切均按提出的要求进行。由于看到可以不负阻止改革宴会的责任，他似乎感到肩上的担子轻了。但他补充说，这项举措并不是他一个人完全负责，他还要听一听他的朋友们的意见，没有他们协助什么事也办不成。这我们就太知足了！

里韦去访迪韦吉耶。迪韦吉耶不在，去了音乐戏剧学院。但家人说，晚饭前可以回来。里韦在他家里等他。迪韦吉耶回来了。里韦向他转达了保守派的提案和我们的动议。迪韦吉耶以相当轻

---

① 费迪南·巴罗（1806—1883），律师，奥迪隆·巴罗的弟弟。七月王朝时期的众议员，1848年12月10日选举后任总统的秘书长，后出任内政部长（1849年10月31日—1850年3月16日）。

视的态度听了传达。他说,他们的提案和你们的动议都提得太早,到时候不好收回。保守派后悔他们行动太迟了。迪韦吉耶和他的朋友们,害怕不让民众进行早已计划好的示威游行不能不损失他们的威望,而且可能破坏他们在民众中的一切影响。随后,他又补充说,我现在向你们谈的只是我个人的即时感受;但我要去梯也尔家赴晚宴,我今天晚上将派人给你们送去一封短函,你们可以从其中获悉我们的最终意见。

这封短函果然在我们开会的时候送来了,其中简述了迪韦吉耶去赴宴前提出的意见,并说这也是梯也尔的意见。这就必须放弃我们提出的议案。我们立即散会,因为大势已定!

我认为,迪韦吉耶和梯也尔在他们的拒绝理由中并没有把首要理由说出来。这个理由是:政权将被保守派和我们共同出力或只依靠我们提出的动议而悄悄地推翻,政权就将落到我们手中,而落不到那些登上改革宴会这个巨大的夺权机器的人们手中。

迪福尔的行动 1848 年 2 月 24 日

今天(1850 年 10 月 19 日)里韦对我说,他从来没有同迪福尔谈过 2 月 24 日这一天他经历的事情,但从他的家属和亲友的谈话我可以得出如下的结论:

2 月 23 日 6 时 15 分钟左右,莫莱先生同德·蒙塔利韦①先生商定后,派人去请迪福尔到他家里来。迪福尔在去莫莱家的途中

---

① 德·蒙塔利韦(1801—1880),法国贵族院议员,在七月王朝期间多次出任大臣。

在里韦家稍停,请里韦在家里等他,说他从莫莱家回来的时候还要来这里。迪福尔没有回来,里韦在很久以后才见到他。但里韦认为可能是这样:迪福尔到了莫莱的家,同他进行了长时间的谈话后,宣称自己不想参加新内阁,认为目前的局势需要领导运动的人物即梯也尔和巴罗出来组阁,然后离开莫莱的家。

迪福尔回到家里,对巴黎的局势表示非常害怕,他的岳母和妻子比他还害怕。于是,在清晨5点,他把她们带出家门,前往巴黎郊区旺沃。他一个人由旺沃回来,在八九点钟的时候我见到了他,忘记了他是不是跟我说过他早晨去旺沃的事。我与朗瑞内和科尔塞勒到他家去了,但我们很快就离开他家,约好正午在众议院聚会。迪福尔没有到会;实际上他前来开会了,但只走到众议院大厦门前没有进去,因为大厦这时显然已被民众占领。事实也确是如此,他只好离开大厦,上路去旺沃看他的家属。

四

为1848年6月至1849年6月的《回忆录》所写的笔记(1851年4月)

关于六月事件至我入阁期间的部分笔记

卡芬雅克掌权。他的表现①。宪法的审议。我的两次演说②；两次演说均获成功。议会的这次大型讨论会虽然准备不充分，但开得十分动人，会上认真地研究了国家的重大利益，讨论了在危机频仍时期的广泛问题。我觉得我在这次会议上的发言，比在以前的议会会议上为攻击对手而进行小小争论时和为党派的小小分歧而进行论战时容易得多了。讨论的性质，议会的一般倾向。（要回头看记录中的讨论，至少要回头看附有注释的法典的实质部分。）我投票赞成两院制，这似乎与我的主要友人有分歧。几乎全体一致赞成宪法。卡芬雅克最初只想与老共和派一起组织政府，后来感到只靠他们不能处理好政务，认为必须在他

---

① 栏外旁注：从六月事件以后至我入阁(5月11日)期间。这一期间的事件，均与年鉴核实过。

② 栏外旁注：第二次演说是一个重要行动，使我要这样作的是舆论。我在演说中提出的理由，已经说过了。

1848年9月12日关于劳动权的演说，后来收在博蒙编的《托克维尔全集》，第9卷，第536页。而10月5日关于分权的演说，见10月6日的议会讨论公报。

四 为1848年6月至……所写的笔记(1851年4月)

的内阁里吸收昔日的议员。为使迪福尔入阁进行了谈判①。迪福尔想带他的两位朋友入阁。他提名维维安和我,其中一人任公共工程部长,一人任教育部长。卡芬雅克不同意,迪福尔以不推荐科尔塞勒作为妥协方案。卡芬雅克只想让迪福尔入阁。他愿意让给维维安,但玛丽和……②催促或支持他入阁。他们声称,如果我入阁,他们便退出;卡芬雅克也坚决反对我。迪福尔放弃我,维维安告诉我:他一个人入阁,但他入阁有一个条件,即由我负责已经开始的与英国和奥地利就意大利问题进行的谈判③。我不满意。我犹犹豫豫地接受了。我毫未重视这次谈判,实际上这次谈判也毫无成果。

我投票赞成宪法使我与朋友们之间产生分歧。迪福尔对我采取放弃态度和他们对我产生的不满,使梯也尔先生相信利用我,把我拉进他的阵营的时机到了。雷米萨的间接提示。他认为梯也尔对我的意见,是说我有优越感。我以大加感谢的态度接受梯也尔的这种赞许。我同意回到因《商业报》④的事情而再也没有往来的

---

① 栏外旁注:迪福尔比任何人都先被提名。尽管他是共和国成立之前最稳健的人,并曾拒绝参加改革宴会运动。他与七月王朝的最后内阁没有任何合作,忠心支持共和国。具有民主主义的感情。他是主张立宪的人,真能与他的手下人维维安共事。

② 原稿如此,应为人名。

③ 1848年10月,卡芬雅克将军任命托克维尔为出席布鲁塞尔会议的法国代表,会议的一方为法国和英国,另一方为奥地利和皮埃蒙特,以调节两者之间的纠纷。这次会议没有开成。路易·拿破仑当选共和国总统后,托克维尔便于1848年12月10日提出辞呈。

④ 《商业报》,一份报道政治、商业和文学进展的日报(1837—1848)。我们从托克维尔致雷夫的信(1844年7月7日)中得知,《商业报》的所有者曾要求托克维尔对该报的编辑宗旨给予庇护性支持,托克维尔认为这是在报刊上发表反对派所持观点的机会,特别是不让梯也尔"垄断所有的报刊",而同意了这项要求。见梅耶编:《托克维尔全集》,第6卷,载《英国通信》,第1卷,第75页。还可见勒迪耶的前引书,第148页和151页。

梯也尔那里,同意与他接近,但同他保持一定的距离,只限于礼尚往来,避免全面合作。这次接近使我比以前能更就近、更清楚地观察梯也尔先生。我对他的全面评价:他是一位值得认真评述的人物。公众对他有几点误解和我自己对他的误解。他的为人可能不太好,但与我的想象不同。

六月事件造成的反抗运动,在国民中激烈地继续着;所有的选举都在证明这一点,无数的种种迹象也在证实这一点。政府虽然害怕这一运动,但它本身却在一定程度上被搅了进去,各派保王党又有了希望并联合起来。另一方面,至今同我们在一起的共和派,大多数开始离开我们而投向山岳派。这个日益明显的运动,即使在卡芬雅克统治时期就随着国民抛弃共和派而成为普遍的运动,特别是在卡芬雅克失去政权的时候,就更普遍化了。

我虽然不愿意被保王党拖着走,但为了恢复社会的秩序和纪律,打败革命党和社会主义者,我还是同保王党一起投票赞成可以收到上述效果的一切措施。

路易·拿破仑总统参加竞选。二月革命的特点继续反映在真正意义上的人民和主要的活动家的身上,反映在没有出名的人物参与的,甚至似乎没有上层阶级或中产阶级施加影响而好像是自发地发生的事件上面。路易·拿破仑突然参选并获得成功。这就是这次选举的意义。我最初判断路易·拿破仑一定当选,而卡芬雅克将遭失败。我把这个判断告诉了德塞萨尔①。从六月事件次日我与他的谈话:我们就步入比君主政体时期还不自由的状态。

---

① 德塞萨尔是卡昂上诉法院法官,芒什省的制宪议会代表。

四 为1848年6月至……所写的笔记(1851年4月)

但是,我却决定帮助卡芬雅克。我的动机是:我觉得路易·拿破仑会把共和国引向绝境,我不想受他的牵累。我认为,既然自己被卡芬雅克任命为公职人员,所以支持他的竞争对手是不合适的。我不顾我的选民的呼声和威胁,参加了卡芬雅克的阵营,但我没有为这个早已预想会失败的事情冲锋陷阵。卡芬雅克的主要朋友的想法与我不同。一些给我以教训的大臣的幻想,使我永志不忘。拉莫里西埃的数学计算,一些省长向迪福尔提交的报告,卡芬雅克在议会里战胜他的一切对手,在辩论中压倒了他们,迪福尔冷讽热嘲路易·拿破仑。随着民众的动向日益有利于路易·拿破仑,路易·拿破仑把议会的首领们拉拢过去。他争取巴罗的方法。在虚荣心和野心的驱动下,莫莱和梯也尔脱离卡芬雅克而倒向对立面的阵营。梯也尔最初是强烈反对对立面,后来是强烈支持它。王朝正统派没有决心去达到自己的目的,他们大部分最后随了大溜儿。社会的尾部最后随着头部前进。只有中产阶级全体支持卡芬雅克。巴黎的国民自卫军大多数支持他。瓦雷讷街的夜晚示威游行。12月10日事件。卡芬雅克及其部长们的态度。权力移交会议:我在议会中经历的最盛大的大会,也确实是历史上出现的最盛大的大会之一。对新当选者的狂热欢迎。首次阅兵。我远望阅兵而知其一般。我们深感悲哀。我感到我国的自由行将消失在一个混合的和可笑的君主政体之中。他在这个最初的一刻就可能把共和国推翻。实际上,他的亲密朋友们在促使他这样做,如佩尔西尼的信。我辞去全权代表的职务,尽管我不是受雇于卡芬雅克的,但我觉得同他一起辞去公职还是比较好。我生病休养。我对1849年最初几个月议会中发生的事情毫无干系。4月末,我为了恢复健康去莱茵河沿岸旅行。出发前,我与巴罗在出兵罗马的前夜交谈。我对出兵一事的观察。我在德意志旅游,在德意志国民议会的最终阶段我正在法兰克福。这个议会的教益和革命性。我坚信我的如下两个看法,并写信告诉了我的所有朋友:1)德意志患了一种革命病,这个病可以暂时缓解,但无法根治,最后必将旧社会拖垮;2)目前的阶段是各邦君主和军事力量正向全面的胜利迈进。我在法兰克福获悉罗马出兵受挫、议会的最近震荡以及使我感到震惊和害怕的大选(尤其是最后两项事实的结果)。尽管我不在国内,也没有声张,但我在芒什省仍以第一名当选。我急忙赶回法国。我发现稳健派在过分相信自己的胜利后处于反常的惊异状态,他们兴奋得不知所以,而他们所取得的胜利并未达到他们所想象的那样充分;他们疯狂了,强度大于憎恨心和虚荣心的恐怖感,促使议会里的党派首领们主动大声疾呼迪福尔和他的朋友们与巴罗一起入阁。我认为,内阁的危机开始了。

在叙述我在德意志旅游的时候,当详细描述当时德意志的情况。

为此我将利用:1)一个小笔记本上的记录,特别是关于各地舆论的记录;2)这一时期我写给科尔塞勒和博蒙的信件;如果他们还保存着这些信件,我准备借阅①。

这一篇是依据有关法国的新闻报道和摘录里韦的好像是利用

---

① 栏外旁注:从迪福尔加入卡芬雅克内阁到12月10日选举这段时期,还要参阅博蒙这一时期的来信。

四 为1848年6月至……所写的笔记(1851年4月)

吃饭的时候抓紧时间写的书信写成的<u>①</u>。

这里可能写入记述内阁的第一章的开始部分的某些内容。

---

① 栏外旁注:这一篇到此结束。我同时告诉读者:在读完这封来信后,我几乎是立即出发了。

1849年5月21日,里韦写信给托克维尔劝他回国。里韦十分悲观地描述立法议会选举后法国的政治局势后,接着写道:

"在局势发展到危险的地步,被恐怖驱使的思想继续控制着人们的头脑,反映在失落的社会的方方面面;被这种思想推上暴力道路的人们,千方百计地梦想没有理性的举动,幸亏他们为此还没有建立一支坚强而有力的军队。最后,只有很少一部分人希望能够拯救国家,并在这时坚毅地把国家从迷途中领出,走上理性和宪法的道路。我在这样做的人们当中,只看到迪福尔是最坚定的和最勇敢的。他在巴黎的成功,使他的努力得到公正的评价。虽然人们只是刚刚看到他的自尊心得到满足。但还是要这样认为的。他认为自己有责任把事情做得对国家有利。我实在感动极了,我采取坚决的态度已经有3天了。他面对肯定到手的权力既未表示虚伪的谦虚,又未表示徒劳的追求。我们8个人在我家围着一张桌子坐着,只缺你这位大人物!这8个人中,有两个人,即弗雷龙和朗瑞内,不用我说,你也知道,他们是选举现场上的拼命英雄。一位新参加的,是贝多将军。我们的谈话十分严肃,就像面临敌人的围攻,但产生了令人满意的结果:每个人像是接受任务似的,受到迪福尔的决心和意志的鼓舞,完全理解自己负有应当执行的重大任务。我认为,这里在议会即将召开的会议期间,不会发生某种灾难性的动乱;而我以坚定的和爱国主义的精神面对的新任务,只是设法安抚民众的情绪,使他们产生某些希望,挫败无政府主义者的计划。"

(托克维尔档案)

五

关于我将要写的《回忆录》部分内容的提要（1851年4月，在归国途中）

1849年5月

我在德意志旅游，法兰克福国民议会的大多数议员已经辞职而议会即将结束前我在法兰克福的停留。

我的印象：德意志深深地感染了革命精神，旧社会受到致命的打击，各邦君主获得当前的胜利。

我获悉选举的结果和"红色党"的意外成功。我急忙启程回国。新的议会定于5月28日或29日召开。国内的局势：继过度自信之后而出现过度恐怖。人人心中有两个想法：一个是即将不可避免地到来的危机；一个是需要一个能够团结稳健的共和派、有能力战胜危机和孤立真正意义上的革命党的内阁。人人都把目光投向迪福尔和他的朋友，认为他们是内阁所需的人物。

巴罗一再试图拉我们同他一起入阁，而我们只希望平稳地掌握政权，我尤其如此。我一直认为前途不是十分光明，国内正经受危机，对罗马问题应负的责任，从总统方面和政党的领袖方面都得不到任何坚强的支持。他们任何一方在求我们帮助摆脱困境时，就暗中决定：一俟灾难过去就把我们抛弃。我们的胜利本身在一定程度上导致我们的失败。我们建立秩序后反而成为无用的存在，变成障碍。

总之，我们在政权中代表着稳健而合理的共和国的理想，但几乎没有一个人想要这样的共和国，每个人想要的是高于或低于这个共和国的政权，甚至是其他别样的政权。

我的看法就是这些。但我的内心又想入阁。野心和救国于危难的愿望混在一起。

内阁成立

各种困难。我在内阁中孤军奋战（无论是在迪福尔的内阁中，还是在加入卡芬雅克内阁时）。总统无论如何要保法卢入阁（法卢得到总统的信任，为拉拢王朝正统派也确实需要他，而没有王朝正统派的支持，什么事情也做不成。但我在当时对这一点却没有充分的认识）。然而，人们当时确信……①在十分危急的时候，要办好什么事都是不可能的。

在制宪议会作出决议的3天前，就发出进攻罗马的命令。这项消息开始传播。巴黎革命骚动。新议会在原众议院的会议厅开会。山岳派不久便采取好战的和非立宪的态度，他们为在选举中意外获得成功而发疯，在罗马问题上找到良好的革命题目（原文如此）。它要求弹劾几位部长。我的处境十分困难：我不想对罗马问题的过去负责（我在入阁前就向巴罗言明这一点），但我又不想推掉这个问题。我以问题被夸张、情报错误和赖德律-洛兰在议会的

---

① 在这里，原稿缺一页，没有找到。

讲台上发动进攻为由实行主动出击，猛烈地抨击了赖德律-洛兰。多数派对我狂热支持，我从今天起在多数派中建立了威信。虽然出现过一些不快，但我一直是最受多数派欢迎的内阁部长。

坊间都在注意我们的行动。一种革命的行动显然在准备之中。来自各省的报告，巴黎警察的报告，这些报告都有些夸张。我从这种夸张中看到各省政府的真实情况之外的虚伪情况，最后还能依靠全面的认识作出比依靠虚伪而夸张的细节的了解更为准确的判断。尽管警察报告上来的危险极其大于我自己根据情况所作的判断，但我依然坚持自己的判断，而且我这样做是对的。但是，我陷入难以摆脱的不安。

6月13日事件①。这一天的特点是：一年前是军队没有参谋部，而这次是参谋部没有军队。梯也尔的紧张；对造反和霍乱表示的恐怖。梯也尔躺在议会的议长圆椅子里，抚摸着自己的肚皮，在政府还没有提出要求的条件下怒气冲冲地下令在巴黎实施戒严。议会也有同样的焦急态度。我到内政部去拜访迪福尔，请他向议会提出这个要求。3点钟的时候，他来到议会。巴黎实行戒严。造反者溃散，几名领导人物被捕。我们实际上坐到自己的位置上专心从事自己的工作，只是从6月13日才开始。

我对自己本身和对新工作的工作能力的几点自评②。我觉得自己做大事比做小事更能成功，负大责任比负小责任更坚定。地位和事业的重大，使我产生某种坚持力，我在不知不觉之中开始产

---

① 栏外旁注：总统这天的态度是冷静而坚定的。
② 栏外旁注：我在与总统、党派领袖、议会往来时的观点，我在与欧洲往来和处理欧洲事务时的观点。

五 关于我将要写……的提要(1851年4月,在归国途中)

生绝望的心理①。我还发现,政治工作的难度并不与它的重要性成正比,看起来难办的事情,而实际做起来并不困难。我愿意以一句名言自况,这句名言是:平时韬光养晦,而后一鸣惊人②。

法国的国内问题,我在法国所遇到的问题,欧洲的情况,在废墟中再建起来的一切旧政权,在任何方面也没有建成合理而巩固的自由的二月革命,到处疯狂的革命家,法国的政治地位几乎没有任何变化,法国没有发生应有的作用,各国旧政权对法国保持警惕,仍然信奉与我们的新思想和新制度对立的原则。更有甚者,我们在保卫新思想和新制度方面永远不可能发挥主要作用,这项作用属于俄国了。这些政权的敌对党派,怪诞荒谬的革命者不可能进行支持,因为:1)人们不能相信他们能指导行动,不能以理喻人;2)他们的激情和过激行动很快就将使法国自垮。

另一方面,也不能使法国对国外实施重大的举措。国外的所有重大运动,在国内的破坏中几乎肯定都存在机会。政府当前除了煽动群众的党,再也得不到其他党的支持,而且,力量的平衡变得对法国不利。总之,外交部长就是在可悲的背景和可悲的处境下处理国家的对外事务,而国家有影响力的思想不可能再有了,国家没有力量可以自负,因而它希望它的政府总以大声发言,但人民对政府却非常不满,政府则剑拔弩张地对付人民③。

我过去一直是从远处旁观这一切的,而现在是亲临其境观察

---

① 栏外旁注:为什么?要加以研究,值得注意的心理学研究。
② 栏外旁注:我还发现,我自己一个人独处比在群众当中更容易宽宏、仁慈和专心。
③ 栏外旁注:只想指挥而不想实际作战,摆出一副自我尊大和爱好和平的样子。

其详情的。这使我感到,我们过去在对外问题上对路易·菲力浦政府的攻击是过火的。(尽管这个政府实际上没有廉耻和缺乏国民的感情,但它面临的困难也确实是巨大的。)

我认为这个政府没有任何远大的企求,只等待事件的自然发展,努力使权力保持自由而稳健的性质;从不积极行动,而停留在尽量与英国保持良好关系,在一切方面给人以讨好的印象,决不饶舌,但还坚持高傲的态度;只说法国应当说的话,也要对方只说他们应当说的话,如果对方不同意,也冒险做一两件使对方不满的事,而遭到对方反对,便退缩回来,不使对方因此而受辱。

在这些普遍困难中的一个特殊纠纷产生于罗马问题①。因这个问题而产生国内困难;我立即决定使其他一切问题服从这个问题。

欧洲给我造成的一些麻烦,而国内出现的麻烦最为严重。

如果我们真想把煽动民众的党派打倒,使法律和政府恢复活力,我们就能同多数派在较长的一段时间内保持良好的理性关系(我所以说较长的一段时间,是因为多数派实际上希望时间更长一些,他们要在这个期间恢复地位、权力,真正回到王朝时期)。但是,这样做一开始就使我们的地位处于险境,何况6月13日以后,看到各党派的领袖们的令人讨厌的贪心,就不再为他们等待掌握政府和进行排他性统治而苦恼了。但他们也非常清楚,我们可以成为他们的朋友,但不会成为他们的手下人。由此产生一场小小

---

① 栏外旁注:我与有关国家的宫廷及其大使交换意见。我对此十分清楚。语言清楚简洁,而无豪言壮语,但这是一个决心使自己所要求的稳妥事情成功的人的话语。

的连续不断的明争暗斗①。不间断的阴谋,为使总统控制政府而作的不断努力。他们利用这种方法与总统合谋推翻共和国,而王朝正统派阻止这样做。

王朝正统派不可能使他们完全喜欢,而迪福尔的粗暴而冷漠的做法又激怒他们②。我完全采取另一种方法,我认为我这样做很对。我在各方面都对他们想要满足自己的自尊心而显示影响的做法表示让步,同时我又执意保持自己的实权。在小事方面,以及关于人事问题,只要我能做到,我就做到使他们尽量满意。

特别是我常请他们提意见,并仔细地聆听他们提出的意见;或到他们家里去交换意见,或经常请他们到我处来交谈。说来也真奇妙,我虽然在大事上并没有按照他们的提议办,但却没有失去他们对我的好感,特别是与梯也尔的关系。在皮埃蒙特问题上,在匈牙利流亡者问题上,部分地在罗马问题上,我的做法都与他的想法完全相反,但却维持着良好的友谊。

内阁的内部障碍与困难

除了法卢,所有的内阁成员都是同道。他们之间信念一致,现实的情感一致,互相尊重。(而且,据昔日的一些内阁部长说,在过去的任何一届内阁中,都没见过这样的现象。)法卢是一个例外。法卢是什么样的人呢?他主要代表教会,而不代表某一个政党。我知道,在我入阁之前他与巴罗之间有过一些争吵,但他对迪福尔

---

① 栏外旁注:对尚加尼埃的人身攻击。

② 栏外旁注:他的做法的实例。他与卡斯特拉内的会见。他为内阁首脑,表现出最怕被支配的样子。什么也不允许朋友干,总是听部下的话。

和梯也尔有天生的反感,只是没有立即破坏内阁而已。迪福尔与法卢的关系①,使他们难于在一起工作,只有我能担负起使双方互相爱慕和尊重的任务。我的努力。

最后,所有困难中的最大困难是总统。我对总统的评价是:对他的支持者所要求的事情来说,他是最无能的人;从他赢得反对者对他的信赖来说,他是最有能力的高手,甚至那些为了利用他而提名他当总统但最后放弃提名他的人,也信赖他。我对他的基本看法,为了不让他去追求非法的未来,就要给他一个合法的未来,因为屈就临时总统的职位绝不是他的所愿。我一再向我的内阁友人提出这个看法。我甚至当总统的面表述同样的看法。我经常对他说:"我不会帮助你推翻共和国,但我愿意帮助你在共和国获得稳定的最高位置。"我的做法很快就使我同他建立良好关系,除了法卢以外,我同他的关系比其他任何阁僚都好。但是,我又必须反对他作出的某些决定,因为他不断提出一些坏主意。但是,我以正当的理由反对他,并在事情有可能办理的时候以真诚的愿望②使他感到快乐。

他的周围是一些骗子和坏蛋,据尚加尼埃说,这些人总是对内阁怀有极大的敌意,经常背叛多数派的领袖。他们心中的最大不满,是我们没有把所有的官位交给他们。

总统的一些老朋友或在选举时结交的朋友。

迪福尔当面顶撞他。帕西的不当态度和爱戏弄人的粗野。

---

① 栏外旁注:昂热的行政长官问题。
② 栏外旁注:总统是绅士,他与我的主要联系渠道。在任用博蒙时他向我提议的简捷方式。我对他能够这样做而高兴。为什么?

五　关于我将要写……的提要(1851年4月,在归国途中)

事实的进展。

在内政方面,由于迪福尔态度生硬和录用多数派所反对的人,致使多数派内部反对我们的声浪高涨。他不可能使他们满意,但手段要在形式上和次要问题上却采取让步的手段,以缓解他们的敌对情绪①。

外交问题

重读有关的文件之后,再专门叙述所有的外交问题②,并以罗马问题结束。这个问题使内阁诞生,也使内阁垮了台。从头叙述到尾,直到我们退出这个事件的经纬,并附带一段简短的结束语。在结束语里,将告诉人们我们被推翻的情况,因为我们没有表现出活力,同时不仅对罗马,而且对整个意大利,我们都作了让步。

如果我一开始不做这样长篇的叙述,而能够在叙述当中加上一些想法,比如把迪福尔与法卢的争吵加进去,也许会更自然和更有趣③。

---

①　栏外旁注:我认为是最大的敌对情绪。
②　栏外旁注:瑞士问题、皮埃蒙特问题、匈牙利逃亡者问题、罗马问题。罗马问题的全部历史,放在最末一章叙述。
③　栏外旁注:一些可以自立一项的轶事,比如,我对诺曼比爵士的态度、向俄国派遣拉莫里西埃、侵犯通信秘密等,我不知道放在何处叙述为好。私拆信件这种卑鄙手段是无用的。密探。总统的反对派害了自己。

六

1851年5月15日我与共和国总统的谈话(我从意大利回国后与他首次见面)

5月13日,我接到总统府副官的便函,通知我总统要在后天1点接见我。我按时去了。寒暄之后,总统立即问我对政局的看法。

我——请允许我对您直言不讳。

总统——当然啦!

我——那好吧!我认为局势恶化多了,对全世界、对法国、对您来说,都恶化多了。

我们暂时各自想如何说下去。随后,我决定自己先说:

"必须紧扣着问题说。既然你问到我,我就当面谈一谈局势。你有三种方法从现有的政体下摆脱出来:依靠议会,依靠人民,依靠自己的力量即行政权赋予你的力量。对于最后一种方法,我的看法是:如果你求助这种方法,你不仅要把国家推向巨大的灾难,而且会使你自己陷进真能使你灭顶的危险。

"至于依靠议会的支持来摆脱现有的政体,则需要有使事情能够成功的时机。在目前条件下,我认为你应当放弃这个希望,也不要相信已经高喊要修改宪法的多数派会跟着你一起去按照你的利益破坏宪法。那些劝你以撤掉某些部长并改任其他人来使你达到这个目的的人,完全错了。"(我认为确实如此,并真诚地向他表示,我跟他谈话的目的不是求他赐予部长的位置。)

他表示同意。

"只剩下依靠人民的支持来摆脱现在的政体的办法了。据我的理解,这就是不顾宪法的规定而去再次竞选总统,于是政变的责任就由人民自身来负。这是最没有暴力、最不违法的解决办法。我还认为它是可能的。但要采取的行动与你的不同……①

……"(1)您的国内行政是令人讨厌的、挑拨性的和暴力的,是为某种野心和某种地方的怨恨服务的。所有的错误在福谢的领导下将会更加严重。这样的统治方式不仅使您不断地离开朋友,而且将中间色彩的人推向红色一边,使我们不得不进行可能引起革命的选举。

"(2)您的政府看来过于支持神职人员,投入到极端的天主教派和神甫的怀抱。这不仅对您是危险的,而且对宗教也是危险的,还会使一切中立派自愿地靠近红色一边。"

谈话又从另一侧面转向5月31日法令②。我当时就说:"我认为这项法律是巨大的灾难,几近犯罪。它剥夺了我们在今天的社会还享有的唯一权利即普选的道义力量,但并没有消除普选所带来的危险。它把一大群民众推到我们面前,但这一群民众并没有享有权利。"总统跟我一样,也敌视5月31日法令。他说:"但

---

① 在这里原稿缺一页,没有找到。
② 1850年5月31日选举法。这项法律歪曲了普选制度,它规定的选民资格是:在当地居住3年以上,有证据证明是当地的纳税人。因此,这样的选举资格规定,使工人占多数的300万选民失去了选举资格。

是，也不能否认这项法律产生了一些良好的效果。而我也不像福谢和巴罗什①那样认为它是神圣不可侵犯的。要修改这项法律，但要在选举稍前进行。你认为我以 600 万张选票当选之后就喜欢仅以 400 万张选票就能使我当选的选举制度吗？"

谈了 45 分钟后，我们就分别了。我没有想到我们的谈话会如此诚恳；他向我致谢，并热情地约我常去他那里小坐。

没有任何困难透过这个人的不动声色的面容进入他的内心世界，这样的谈话也不能不给你留下印象。

我的印象是：

第一，他几乎（不是完全）放弃通过议会来达到目的的想法。

第二，还没有放弃独自发动政变的想法。

第三，他相当欢迎他所说的人民通过选举进行的政变，认为这是最好的出路。但他不想采纳我提议的办法，而破坏 5 月 31 日法令的思想终于占了上风，但在最后时刻，又想向人民呼吁和打击议会。

---

① 朱尔·巴罗什(1802—1870)，福谢内阁(1851 年 4 月 10 日—10 月 14 日)的外交部部长。

七

修改宪法——1851年6月21日应我之邀来我家会晤中贝里耶与我的谈话。我们二人都是宪法修改委员会委员

我首先对他说：关于如何表达的问题，我们之间可以暂时放在一旁不管。你们没有做过关于修改宪法的宣传，而只参加过选举运动。他回答说：不错，您判断很对。我对他说：好吧，我们马上可以看到你们如何正确地工作了。我随即要对您说的是，我在即将到来的选举中不能抛开许多重要工作，特别是我已参与的工作，而只参加完全以拯救稳健党派为目的的策划活动。你们是主动使宪法的修改体现出共和主义的特点，从而使稳健的共和派有公正的理由赞成修改宪法，还是等着我们推动你们去完成这一任务，这要你们自己选择。他表示同意，但摆出一些他的党友的激情和偏见所造成的困难。我们用了一些时间讨论应当如何行动后，又就事情的实质问题，研究了应当采取的政策本身。

下面是我就我准备留下记录的问题对他的谈话大意。

我对他说：贝里耶，您应当知道，尽管我们站在一个位置上，但你们要独自负责，使我们一切都得跟着你们走。如果王朝正统派同那些想要反对总统的人联合起来，斗争还是可能发生的。您曾经有些不顾贵党的利益，把贵党引向相反的道路。从那以后，任何

联合抵抗,我们都不可能了;我们也不能只同山岳派在一起。因此,我们受到挫折,随后你们也受到挫折。但结果怎么样了呢?我明白您的想法,您的想法显然是:您认为局势使总统的影响力加强是难以遏止的,有利于总统的动向也是阻止不了的。你们抗拒不了这个潮流,便冒险投入这个潮流使它更加激化,但你们、你们的朋友和不大同情总统的秩序党的一些反对者又希望斗到下届议会开会。你们认为,只有在议会里可以找到抵制总统的坚强支柱。于是,你们今天在抵制总统的过程中,就想在议会里保存一个可能反抗总统的人们的核心。反对现在拥护总统的潮流,可以使他失去民心而不能再次当选,但又将使社会主义政党和波拿巴主义者占便宜,而你们又不愿意看到他们任何一方取得胜利。这太好了!这项计划有其合情合理的一面,但也有一个主要困难。这就是说,如果选举能在明天举行,而且你们的策划能像12月选举那样立即创造出破纪录的成果,则我可以理解你们的计划,但我们离举行选举还有一年多。不管你们怎样努力,恐怕在来年春天以前也不能把选举的事情办成。你们认为受到你们帮助和促进的波拿巴主义运动从现在起到那时候能够停止不前吗?你们提出修改宪法的要求以后没有看到被政府的一切走狗操纵和没有受到我们的有力打击的舆论接二连三地提出各种要求,直到提出欲把我们引向公然支持总统的非法连任和干脆执行他的计划的要求吗?你们能往那里去吗?如果你们愿意这样,你们的党也愿意这样吗?你们不愿意这样。因此,你们到了必须停下来的时候,以便加固自己的地位,抵制国民与行政权结合起来的努力,也就是使一方失去民心,使另一方失去支持,或至少令政府在选举中采取你们所希望的中立态度。你们将会屈服,将会使你们所反对的力量无限增强。这就是一切。我在这里向你们预告:你们不是完完全全,以致最后在忍受总统加于你们的屈辱下走下去,就是在收获你们策划的所有成果的时候把成果丢尽,而对自己的人和国家承担起建立一个可能是由平庸之辈治理的,但由于局势的意外力量而被革命和我们的君主继承的政权的责任。

贝里耶一言未发,呆若木鸡。应该分手的时间已到,我们彼此告辞。

人名索引

（按汉语拼音次序排列，页码为原书页码，即本书边码）

A

阿卜杜勒·梅迪德 ABDUL-MEDJID：258，262

阿拉戈 ARAGO（Etienne-Vincent）：272

阿文 HAVIN（Leonor-Joseph）：111—113，272

阿泽利奥 AZEGLIO（Massimo Tapparelli, marquis d'）：252

埃贝尔 HÉBERT（Michel-Pierre-Alexis）：48

安德烈安纳 ANDRYANE（Alexandre-Philippe）：77，78

安培 AMPÈRE（Jean-Jacques-Antoine）：87—89

奥尔良公爵夫人 ORLÉANS（Hélène-Louise-Elisabeth de Mecklembourg-Schwerin, duchesse d'）：69—72，74，75，77，78，111，269—272

B

保罗米埃 PAULMIER（Charles）：52

巴尔贝斯 BARBÈS（Armand）：136—139，141

巴拉斯 BARRAS（Paul）：184

巴罗，奥迪隆 BARROT（Odilon）：42，43，48—50，59，60，68—70，78—80，128，160，181，185，187，189，192，200，204，206—208，210，216，267—270，274—276，279，280，282，283，285

巴罗，费迪南 BARROT（Ferdinand）：274，275

巴罗什 BAROCHE（Pierre-Jules）：289

巴斯蒂德 BASTIDE（Jules）：161

人 名 索 引

贝多 BEDEAU （Marie-Alphonse）：63—65，155，176，200，281

贝里耶 BERRYER（Pierre-Antoine）：74，229，290，291

贝姆 BEM（Joseph）：258

比费 BUFFET（Louis-Joseph）：205，206

比若 BUGEAUD（Thomas-Robert）：65，78，214，267，268，271

比谢 BUCHEZ（Philippe-Joseph-Benjamin）：135

比西奥 BIXIO （Jacques-Alexandre）：155，162

比约 BILAULT（Adolphe）：72，78，274

勃朗 BLANC（Louis）：118，137，141

波利尼亚克 POLIGNAC（Jules, princede）：48

波塔利斯 PORTALIS（Auguste）：56

博蒙 BEAUMONT（Gustave de）：43，55，58，68，69，79，123，190，191，200，231，250，260，261，267—269，280

博蒙夫人 BEAUMONT（Mme Gustave de）：56

布罗伊 BROGLIE（Léonce-Victor，duc de）：101，119，237

布朗基，阿道夫 BLANQUI（Adolphe）：157

布朗基，路易·奥古斯特 BLANQUI（Louis-Auguste）：135，139，157

布里克维尔 BRIQUEVILLE（Armand François, comte de）：112

布鲁姆菲尔德 BLOOMFIELD（John-Arthur-Douglas）：263

布瓦斯勒孔德 BOIS-LE-COMTE（André-Olivier-Ernest Sain de）：252—254

C

夏尔－阿尔贝（皮埃蒙特王） CHARLES-ALBERT，roi de Piémont：238

查理一世（英国国王） CHARLES Ier，roi d'Angleterre：85

查理十世 CHARLES X：48，59，85，86，121，212

D

达代尔斯瓦尔 d'ADELSWARD（Renaud Oscar d'）：135

德古塞 DEGOUSÉE（Joseph-Marie-Anne）：132

德鲁安·德·吕 DROUYN DE LHUYS（Edouard）：254，259

德姆宾斯基 DEMBINSKI (Henri):256,258

德塞萨尔 DESESSARTS(ou DES ESSARTS):279

迪穆兰 DUMOULIN:73

迪潘 DUPIN(Audré-Marie-Jean-Jacques, dit Dupin ainé):71,186

迪韦吉耶·多兰内 DUVERGIER DE HAURANNE(Prosper):44, 47,101,267,269,275

迪维维耶 DUVIVIER(Franciade-Fleurus):176

迪沙泰尔 DUCHÂTEL(Charles-Marie Tanneguy, comte):45,47, 51,69,119

迪福尔 DUFAURE (Jules-Armand-Stanislas):40, 55, 56, 59—61,123,160,179,185,192, 200,203,205,206,210,211,217, 223—228, 231, 274—276, 277, 278, 279, 280, 282, 283, 285, 286,287

多尔内斯 DORNÈS(Auguste): 155,162,180

F

法卢(伯爵) FALLOUX(Frédéric-Alfred-Pierre, comte de): 155, 204, 205 —207, 209, 222—224, 232, 260, 261, 282, 285, 286,287

菲兰杰里 FILANGIERI (Charles):240

腓特烈·威廉四世(普鲁士国王) FRÉDÉRIC-GUILLAUME IV, roi de Prusse:247,248,249

福阿德·穆罕默德巴夏(即福阿德·埃芬迪) FUAD-MEHMED-PACHA(ou FUADEFFENDI): 258,262

福谢 FAUCHER(Léon):199, 224,289

傅立叶 FOURIER(François-Marie-Charles):219

弗雷隆 FRESLON:281

G

古德硕 GOUDCHAUX (Michel):163—166,171

H

华盛顿 WASHINGTON(George):180

霍华德小姐 HOWARD (Elisabeth-Anne Haryett, dite Miss):260

J

加尼耶-帕热斯 GARNIER-

人 名 索 引

PAGÈS (Louis Antoine):76
吉拉丹 GIRARDIN (Emile de):53
基佐 GUIZOT (Francois):34,45,48,53,66,80,83,88,119

K

卡尔诺 CARNOT (Hippolyte):145,146
卡芬雅克 CAVAIGNAC (Louis-Eugène):155,161,162,174,198,213,217,226,277,278,279,282
卡斯特拉内 CASTELLANE (Victor,comtede):227,285
克勒米厄 CRÉMIEUX (Isaac-Moise,dit Adolphe):72,73,77,162—165
科尔邦 CORBON (Claude-Anthyme):192,193
科尔默南 CORMENIN (Louis-Marie de LaHaye,vicomte de):162—165,179,183,187,188—193
科尔塞勒 CORCELLE (Claude-François-Philibert Tircuy de):59,123,153,200,274,276,278,280
科克雷尔 COQUEREL (Athanase-Laurent-Charles):186
科苏特 KOSSUTH (Louis):256,261

科西迪埃尔 CAUSSIDIÈRE (Marc):118
孔代 CONDE (Henri Ier, prince de):158
孔西德朗 CONSIDÉRANT (Victor):155,180,219
库尔泰 COURTAIS (Amable-Gaspard Henri de):140,141

L

拉德茨基 RADETZKY DE RADETZ (Joseph Venceslas, comte):252
拉法耶特,埃德蒙·德 LA FAYETTE (Edmond de):144
拉法耶特,玛丽·约瑟夫 LA FAYETTE (Marie-Joseph MOTIER, -marquis de):38
拉齐维尔 RADZIWILL (Léon, prince):257
拉科代尔 LACORDAIRE (Jean-Baptiste Henri,le Père):134
拉克罗斯 LACROSSE (Bertrand-Théodore Joseph, baron):71,207,208
拉马丁 LAMARTINE (Alphonse de):71,73—77,94,125—130,133,140,141,145,146,155
拉马丁夫人 LAMARTINE (Marianne-ElisaBirch, Mme Al-

拉莫里西埃　LAMORICIÈRE（Louis-Christophe – Léon Juchault de）：68，91，152，154，172—175，200，221，222，240，241，249，255，257，259—262，268，271，279，287

拉梅内　LAMENNAIS（Félicité-Robert de）：179，181—183

拉斯帕伊　RASPAIL（François-Vincent）：135

拉斯泰里　LASTEYRIE（Adrien-Jules, marquis de）：267

赖德律-洛兰　LEDRU-ROLLIN（Alexandre-Auguste）：73，74，77，78，118，128，129，136，215，216，219，283

朗瑞内　LANJUINAIS（Victor-Ambroise, vicomte de）：56，59，60，72，123，160，200，205，206，211，260，274，276，281

勒费布尔　LEFEBRE（Armand-Edouard）：250

勒佩尔蒂埃·道内　LE PELETIER D'AUNAY：166

勒鲁　LEROUX（Pierre）：218

雷米萨　RÉMUSAT（François-Marie Charles, comte de）：34，59，100，160，204，237，268，269，278

雷斯　RETZ（cardinal de）：101

雷希德-巴夏　RECHID-PACHA（Mustapha）：257

雷夫　REEVE（Henry）：278

里韦　RIVET（Jean-Charles）：273—276，280

黎塞留　RICHELIEU（cardinal de）：101，244

路易十四　LOUIS XIV：33

路易十六　LOUIS XVI：85

路易十八　LOUIS XVIII：121

路易·菲力浦（一世）　LOUIS-PHILIPPE：31—35，47，52，55，80，83，85，100，106，112，177，267—272，284

路易·拿破仑　LOUIS-NAPOLÉON：111，148，188，210—213，216，217，221，228—231，238，252，253，260，278，279，282—286，288，289，290，291

吕利埃尔　RULHIÈRE（Joseph-Marcelin）：207，208

罗伯斯庇尔　ROBESPIERRE（Maximilien）：118

M

马尔维尔　MALLEVILLE（Léon de）：48，272

马丁　MARTIN（Edouard, dit Martin de Strasbourg）：191

马拉斯特　MARRAST（Armand）：77，118，176，179—182，

184,187,192

马涅　MAGNE (Pierre):268

玛丽　MARIE (Pierre-Thomas-Alexandre-Marie de Saint-Georges, dit):72,278

梅里美　MÉRIMÉE (Prosper):149,150

米尔纳　MILNES (Richard Monkton, lord Houghton):149,150

米拉波　MIRABEAU (Honoré-Gabriel Riqueti, comte de):38

莫莱　MOLÉ (Louis-Mathieu, comte):53,55,59,60,83,101,148,200,221,228,237,271,276,279

蒙邦西埃　MONTPENSIER (Antoine-Marie-Philippe-Louis d'Orléans, duc de):269

蒙塔朗贝尔　MONTALEMBERT (Charles Forbes, comte de):153

蒙塔利韦　MONTALIVET (Camille Bachasson, comte de):276

N

内格里耶　NÉGRIER (François-Marie-Casimir):176

涅穆尔　NEMOURS (Louis-Charles-Philippe d'Orléans, duc de):69,72,269,272

涅塞尔罗德　NESSELRODE (Charles-Robert, comte de):263

尼古拉一世　NICOLAS Ier, empereur de Russie:33, 240—242,249,258,261—263

诺曼比　NORMANBY (Constantin-Henry-Phipps, marquis de):260,287

P

帕里斯　PARIS (Louis-Philippe-Albert d'Orléans, comte de):69,70

帕默斯顿　PALMERSTON (Henry-John Temple, vicomte de):33,253,262,263

帕西　PASSY (Hippolyte-Philibert):207,232,286

佩尔西尼　PERSIGNY (Jean-Albert-Victor Fialin, comte, puis duc de):238,279

佩利科（西尔维奥）　PELLICO (Silvio):78

佩罗内　PEYRONNET (Charles-Ignace, comte de):48

普弗尔滕　PFORDTEN (Louis-Charles-Henri, baron von der):248

Q

乔治·桑　SAND (George):

148,149

R

让维耶 JANVIER：165

热拉尔 GÉRARD（Etienne-Maurice）：269

S

萨兰德鲁兹 SALLANDROUZE DE LAMOR-NAIX（Charles）：52,53,274

塞纳尔 SÉNARD（Antoine-Marie-Jules）：167

尚加尼埃 CHANGARNIER（Nicolas）：208,213,217,218,285,286

施瓦岑贝格 SCHWARZENBERG（Félix-Louis-Jean-Frédéric, prince de）：254

索布里耶 SOBRIER（Marie-Joseph）：138,139

索泽 SAUZET（Jean-Pierre, dit Paul）：67,68,72,73

T

塔拉博 TALABOT（Léon）：79,80,274

特拉西 TRACY（Antome-César-Charles-Victor Destutt, comte de）：207,208

特雷拉 TRELAT（Ulysse）：138

梯也尔 THIERS（Adolphe）：42,43,59,60,70,74,80,83,94,100,119,148,160,174,200,204,208,216,217,220,228,237,267—269,274—276,278,279,283,285

托克维尔夫人 TOCQUEVILLE（Marie Mottley, Mme Alexis de）：46,86,105,156,161,169,198

托克维尔，于贝尔·德 TOCQUEVILLE（Hubert de）：90,91,159,161

托克维尔，勒内·德 TOCQUEVILLE（René de）：90,91,159,161

W

瓦万 VAVIN（Alexis）：53

维埃亚尔 VIEILLARD（Narcisse）：111,112

维维安 VIVIEN（Alexandre-François）：179,181,190,191,206,278

沃拉贝尔 VAULABELLE（Achille Tenaillede）：180,184

沃洛夫斯基 WOLOWSKI（Louis-François-Michel-Raymond）：132

乌迪诺 OUDINOT（Nicolas-

Charles-Victor):77,78

X

夏多布里昂　CHATEAUBRIAND
（François-René de):177
香浦　CHAMPEAUX　(de)：126—128

Y

于贝尔　HUBER（Louis, dit Aloysius):138,139

图书在版编目(CIP)数据

托克维尔回忆录/(法)托克维尔(Tocqueville,A.)著；
董果良译.—北京：商务印书馆,2010(2019.11 重印)
(汉译世界学术名著丛书)
ISBN 978-7-100-07026-3

Ⅰ.①托…　Ⅱ.①托…②董…　Ⅲ.①法国—近代史—史料—1848　Ⅳ.①K565.41

中国版本图书馆 CIP 数据核字(2010)第 049025 号

权利保留,侵权必究。

汉译世界学术名著丛书
托克维尔回忆录
〔法〕托克维尔　著
　　　董果良　译
———————————————————
商　务　印　书　馆　出　版
(北京王府井大街36号　邮政编码100710)
商　务　印　书　馆　发　行
涿州市星河印刷有限公司印刷
ISBN 978-7-100-07026-3

2010年11月第1版　　开本 850×1168　1/32
2019年11月第4次印刷　　印张 11¾
定价：35.00元